あるくみるきく双書

田村善次郎・宮本千晴【監修】

宮本常一とあるいた昭和の日本

16

東北③

農文協

はじめに

――そこはぼくらの「発見」の場であった――

「私にとって旅は発見であった。私自身の発見であり、日本の発見であった。書物の中で得られないものを得た。歩いてみると、その印象は実にひろく深いものであり、体験はまた多くのことを反省させてくれる。」これは『私の日本地図』の第一巻「天竜川にそって」の付録に書かれた宮本常一の「旅に学ぶ」という文章の一節である。これは宮本先生の持論でもあった。近畿日本ツーリスト・日本観光文化研究所に集まる若者の誰もが幾度となく聞かされ、旅ゆくことを奨められた。そして「どうじゃー、面白かったろうが」というのが旅から帰った者への先生の第一声であった。一生を旅に過ごしたといっても過言ではないほど、旅を続けた宮本先生にとって、旅は面白いものに決まっていた。それは発見があるからであった。発見は人を昂奮させ、魅了する。

この双書に収録された文章の多くは宮本常一に魅せられ、けしかけられて旅に出、旅に学ぶ楽しみと、発見の喜びを知った若者達の旅の記録である。一編一編は限られた村や町の紀行文であるが、こうして地域ごとに集めてみると、期せずして「昭和の風土記日本」と言ってもよいものになっている。

日本観光文化研究所は、宮本常一の私的な大学院みたいなものだといった人がいるが、この大学院は学歴も職歴も年齢も一切を問わない、皆平等で来るものを拒まないところであった。それだけに旺盛な好奇心と情熱をもった多様な性向の若者が出入りしていた。『あるく みる きく』は、この研究所の機関誌的な性格を持った月刊誌であり、所員、同人が写真を撮り、原稿を書き、レイアウトも編集もすることを原則としていた。編集者もデザイナーも筆者もカメラマンも、当時は皆まだ若かったし、素人であった。公刊が前提の原稿を書くのは初めてという人も少なくなかった。発見の喜び、感激を素直に表現し、紙面に定着させるのは容易なことではない。何回も写真を選び直し、原稿を書き改め、練り直す。徹夜は日常であった。素人の手作りからの出発であったが、この初心、発見の喜びと感激を素直に表現しようという姿勢、は最後まで貫かれていた。

月刊誌であるから毎月の刊行は義務である。多少のずれは許されても、欠号は許されない。特集の幾つかに宮本先生の古くからのお仲間や友人の執筆があるし、宮本先生も特集の何本かを執筆されているが、これらは欠号を出さず月刊を維持する苦心を物語るものである。

『あるく みる きく』の各号には、いま改めて読み返してみて、瑞々しい情熱と問題意識を感ずるものが多い。それは、私の贔屓目だけではなく、最後まで持ち続けられた初心、の故であるに違いない。

田村善次郎　宮本千晴

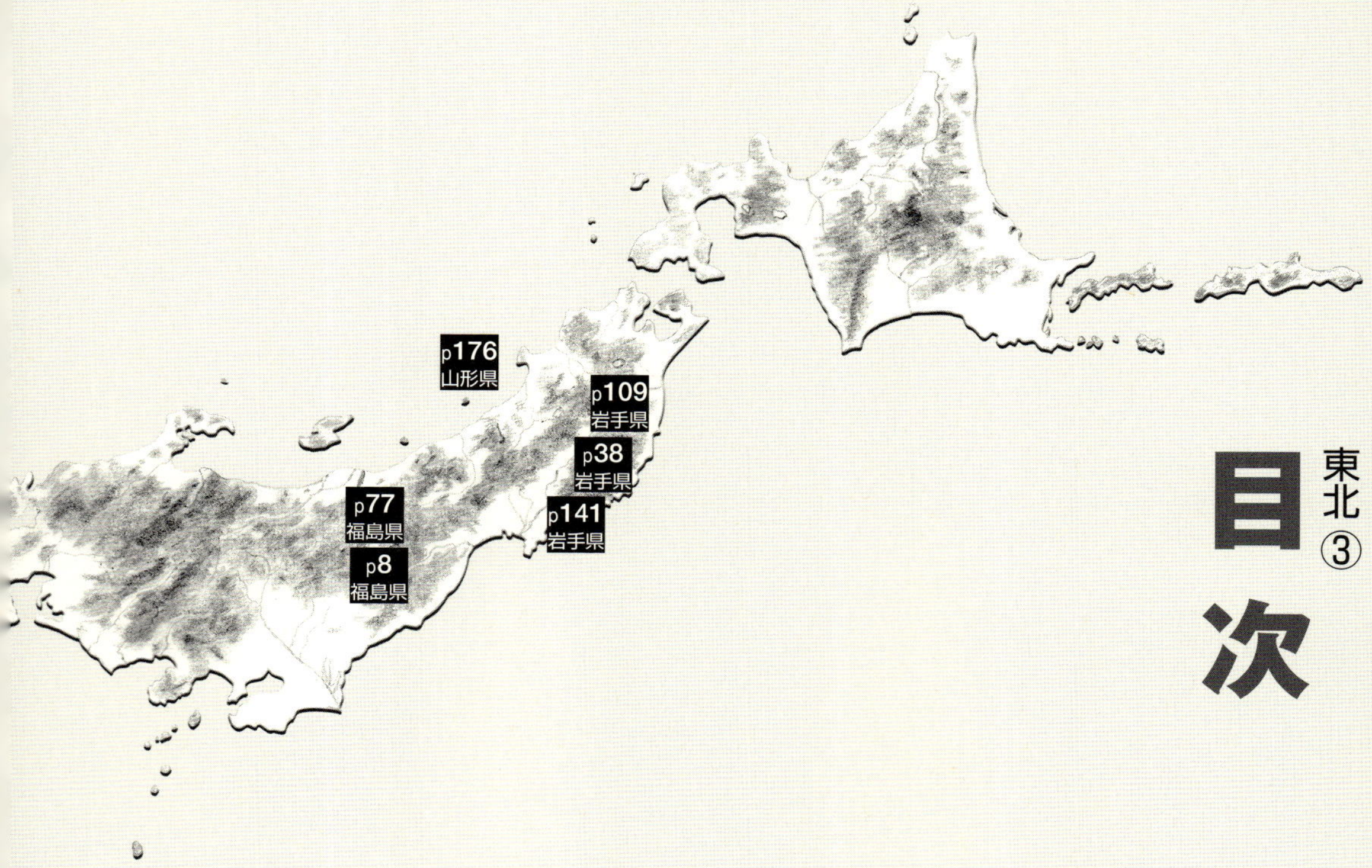
p176
山形県
p109
岩手県
p38
岩手県
p77
福島県
p141
岩手県
p8
福島県

東北③ 目次

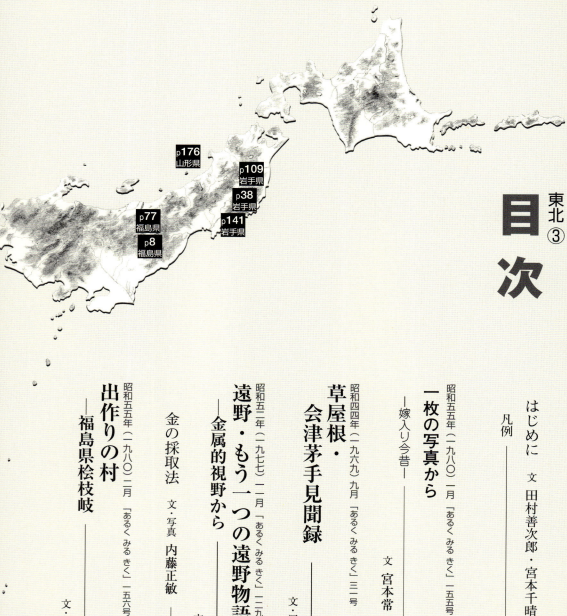

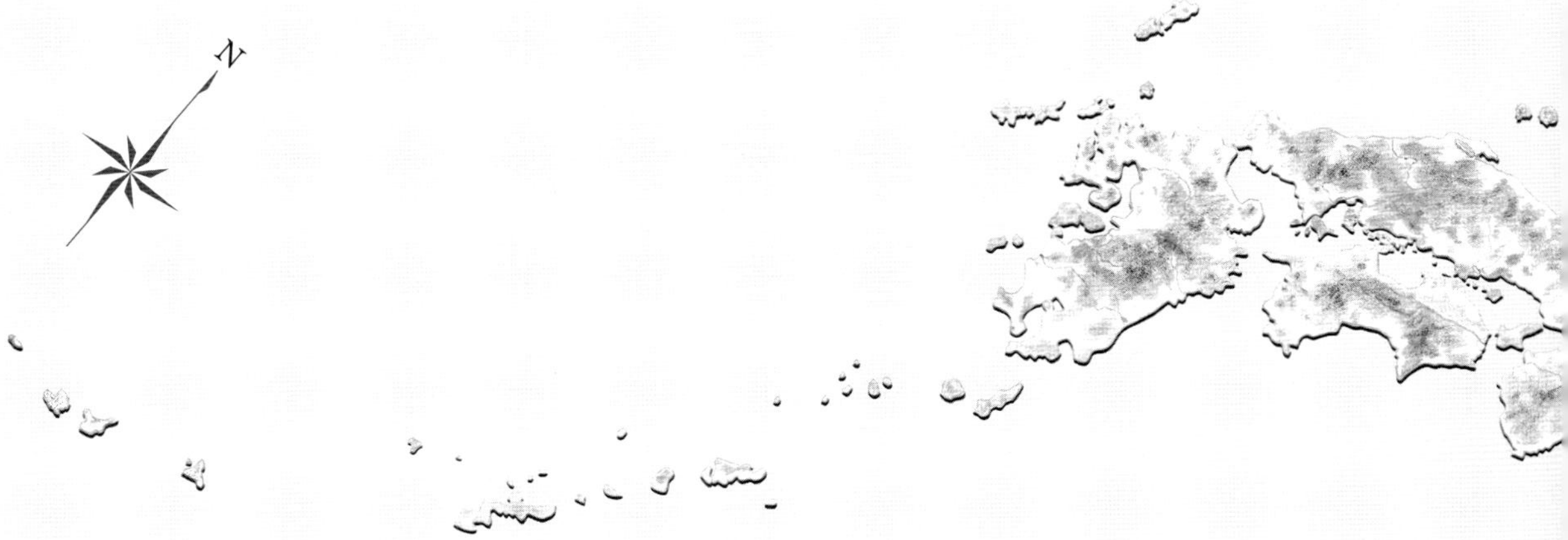

凡例

＊この双書は『あるくみるきく』全二六三号のうち、日本国内の旅、地方の歴史・文化、祭礼行事などを特集したものを選出し、それを原本として地域および題目ごとに編集し合冊したものである。
＊原本の『あるくみるきく』は、近畿日本ツーリストが開設した「日本観光文化研究所」の所長、民俗学者の宮本常一監修のもとに編集し昭和四二年（一九六七）三月創刊、昭和六三年（一九八八）一二月に終刊した月刊誌である。
＊原本の『あるくみるきく』は一号ごとに特集の形を取り、表紙にその特集名を記した。合冊の中扉はその特集名を表題にした。
＊編集にあたり、それぞれの執筆者に原本の原稿に加筆および訂正を入れてもらった。ただし文体は個性を尊重し、使用漢字、数字、送仮名などの統一はしていない。
＊印字の都合により原本の旧字体を新字体におきかえたものもある。
＊写真は原本の『あるくみるきく』に掲載のものもあれば、あらたに組み替えたものもある。また、原本の写真を複写して使用したものもある。
＊図版、表は原本を複写して使用した。また収録に際し省いたもの、新たに作成したものもある。
＊掲載写真の多くは原本の発行時の少し前に撮られているので、撮影年月は特に記載していないものもある。
＊市町村名は原本の発行時のままで、合併によって市町村名の変わったものもある。
＊収録にあたって原本の小見出しを整理し、削除または改変したものもある。
＊この巻は森本孝が編集した。

一枚の写真から

宮本常一

―嫁入り今昔―

山形県河北町谷地《やち》　昭和46年（1971）　撮影・須藤　功

婚姻の習俗ほど各地まちまちだったものはなかった。それが大正時代に入って大きくかわって来たのである。女が男の家へ入り込む儀式から、出逢い婚といって、男の家とは別のところに式場を設け、そこへ男の方も女の方も出かけていって、両方の親族が同時に顔をあわせて式をあげる方法がとられるようになり、さらにキリスト教の結婚式にならって神前結婚というのがおこなわれるにいたり、漸《ようや》く新しい形式が定着したように見うけられる。

それ以前のことについて少しふれてみると、西日本では土地によっては男が女の家へ通いつづけて、子供ができると、妻子ともども家へ引きとるというところが少なくなかった。男が女のところへ通うのは、そのはじめは人目をしのんでのことであるが、相手の男がしっかりしているとわかれば親はそれをゆるし世間に披露したのである。そしてなお女の家へ通った。しかし昼間仕事をするときは女も男の家へ手伝いにゆき、女の家がいそがしければ自分の家の仕事をする。つまり女は両方かけもちで仕事をした。仕事の助けあいのことをユイというが、ユイをする女としてユイメといい、それがヨメという言葉になったのではないかと考える。

ところが、女が男の家にもらわれてそのまま着のみ着のままの支度で男の家へひきとられ、その日から働かされる結婚も見られ、そういうのを足入れ婚といったが、足入れ婚の範囲は意外なほど広かった。年をとった人たちの話をきいていると、私は風呂敷包み一つでもらわれて来ましたという人が少なくない。

働きがわるければ帰されたもので、甲斐がないから帰されたというのではいかにもみじめなので辛いことに耐えて一生を通したのだと老女たちは語ってくれた。

しかし荷物をろくに持たずにゆく嫁入は気楽で、対馬ではテボカライ嫁などといっており、テボ（藁を編んで作った篭状のもの）一杯の荷物を持って嫁にいったが、気にくわぬとその日のうちにでも帰って来たものだそうで、豆酘《つつ》というところで逢うた九十すぎのおばあさんの話では三十六度嫁入りしたとのことであった。といって身持ちのわるい人ではない。気のおうた男に出逢いにくかったのである。それほどではなくてもそれに近いような老女のはなしはいくらもきいた。

おなじようなことは瀬戸内海地方にもあったようで、同地方では女の方から離婚することをテボをふるとか、ホボロをふるとか言っている。テボで持っていったものをまた持って帰るという意味であろうが、東と西のちがいは、東の方は男の方から女が出されるのだが、西の方は女がさっさと出て来るのである。そしてその場合男が「甲斐なしだから女ににげられた」と批判されたものである。

結婚式が華美だったのは武家社会ではなかったかと思う。家と家との結びつきを強くするような場合にあっては、おのずから結婚式も儀式的になって来る。そしてそのような風習は武家とかかわりあいを持つことの多い商家にもひろがっていったようで、そして釣り合いのとれた結婚が重要視された。釣り合いがとれるとは家柄や財産などがほぼ相似ていることである。そういう相手はおなじ町内や村内にはそんなにあるものでないから、いきおい遠方に相手をさがすようになる。すると結婚すべき若い二人はほとんど逢うたこともないというような場合も少なくない。しかし家の釣り合いがとれておれば結婚はうまくゆくものと考え、またうまく成功させねばならなかった。そういうことが結婚を華美にしていったのであろう。

とくに娘を嫁にやる方は娘にできるだけみじめな思いをさせぬようにするために娘に持たせてやるものも人目をひくようなものを多くした。箪笥、長持、鏡台、櫛笥《くしげ》をはじめ、最近では洗濯機からピアノまで持たせてやるようになっている。

そうした娘たちが、家を出るとき、仏壇の前にすわって先祖の位牌にわかれの挨拶をする風習もはなやかな結婚にはつきもののようになっているが、それは東日本の方がとくに盛んではないかと思われる。「貞女は両夫にまみえず」などというのは武士の世界のことであって、民衆社会はかならずしもそうではなかったことは離婚の多かった事実でもうなずけることである。自分の家を出たらもう二度と家へは帰らないというのは武士の社会の結婚観念であったようである。そしてそれは今日風な結婚式でなく、婿の家へいって式をする嫁入りの場合に嫁になる者への負担が重くされたようである。

しかし西日本では結婚がそれほど重々しくおこなわれる家は限られたもののようであった。そして嫁にいってからも里帰りする機会が多かった。里帰りの長さによって嫁の位置がわかるのではないかという学者もいたが、あるいはそうであるかもわからない。奈良県などでは盆にはかならず里へ帰って墓へまいる風習のある村が多かった。これを塔まいりといったが、塔まいりが嫁にいってから後の行事であるのは面白い。

それだけではない。盆には米や野菜や魚を持って里へかえり、里で料理して親を御馳走する風習も見られた。これを鍋かりといったというが、嫁入り先の親もそのような飲食の材料をもたせて里へ帰らせたのである。そして、むしろ嫁の里とのつきあいを緊密なものにしようとしたのであるが、このような風習は中国山地地方にもひろく見られたことであった。

しかしさきにも言ったように結婚式が家庭以外でおこなわれるようになってからは、嫁入りの意味はかなりかわって来た。婿方、嫁方両方がおなじ場所に集って式をするとなれば道中の行列もなければ、嫁の荷物を周囲に見せびらかす機会も少なくなる。そして式だけがはなやかになって来たが、出逢い式の結婚式が多くなってから、家と家との釣り合いというよりも本人同士の結びつきの方が主になる。結婚する本人同士に意思疎通が十分でなく、むくつけき披露がおこなわれたのではその席につらなる者も面白くはない。

結婚式に嫁の島田角かくし姿はいまも多く見られ、それがカツラをかぶったものであったとしても、一応は古風をそこに見ることができるが、結婚式の本質的な内容はこのように大きくかわって来たのである。そして家を出るとき、親のまえでは涙を見せる娘はあっても仏壇のまえでりっぱな嫁になる誓いをたてるような女は少なくなったのではないかと思う。出逢い婚の発達はこのようにして結婚式の内容を大きくかかえて来たといっていいのであるが、今一つ最近の結婚には男女両方の親しい友人の友情がこれを包んでいる。

撮影者ひとこと――須藤功

衣装も化粧もちゃんと整えながらのたちぶるまいは結婚式の本番ではない。嫁に行くことになりました、ということを親戚中に披露するもので、花嫁の方の一つのしきたりである。だから花婿はむろんいないのだが、しかし、そのふるまいは本番とさして変りがない。まず祖先に「嫁になります」と手を合わせ、それから親戚一同の集る座敷に進み出る。

山形空港の北西にある河北町谷地が米と紅花によって上方とつながり、地主も幾人かいた。鈴木家もその一軒で、上方とのつながりを示すような、江戸時代の素晴らしい雛人形がある。土蔵造りの住居も見事なものだが、だからといっておごるふうもなく、花嫁の姿は心底美しかった。とうに何人かの母のはずである。

下郷町大内の朝。日の出から数分の間、家々の屋根から湯気がたちのぼる。
会津茅手のふるさとに足を踏み入れると、そこには別世界のくらしがあった。
昭和44年5月

草屋根―会津茅手見聞録

文・写真・図 相沢韶男

会津茅手のふるさとへ

茅手《かやて》とは屋根葺《ふ》き職人のことである

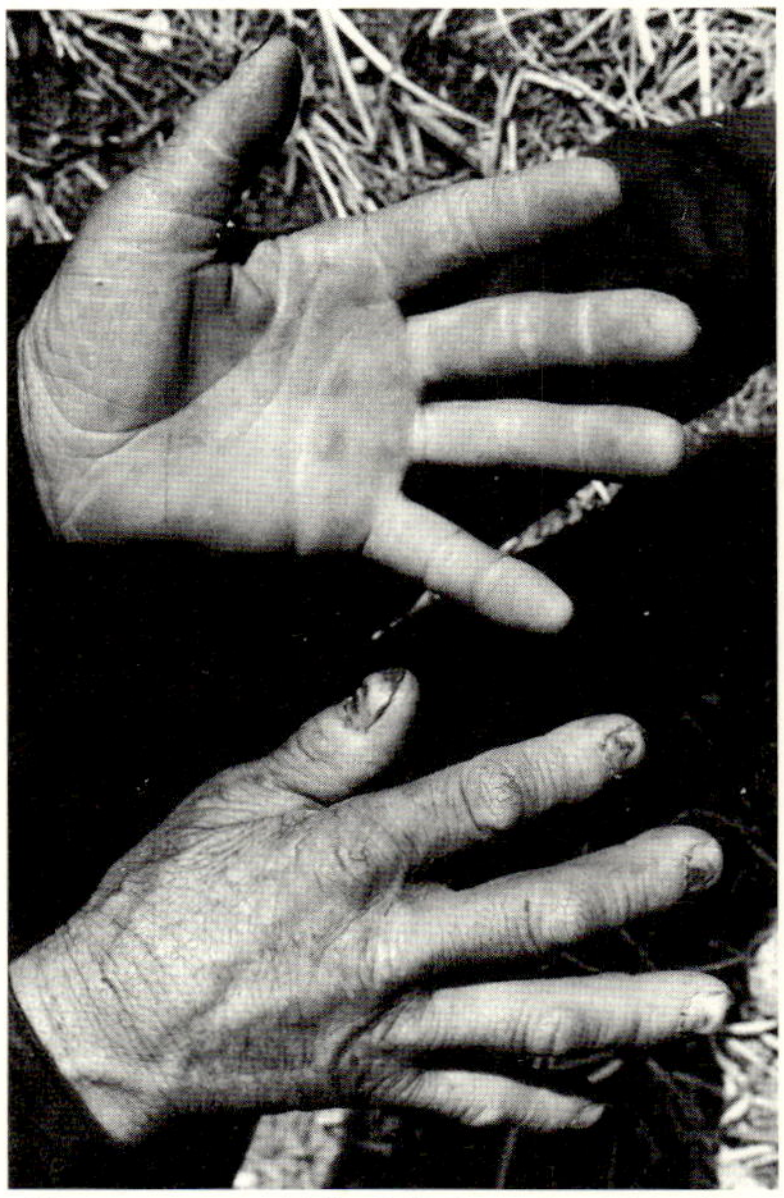

煤がしみこんだ茅手職人の手の甲と掌

昭和四十二年の秋、福島県南会津郡田島町の暗い村道をひとり歩いていた。まったく暗い。懐中電灯を持って来ればよかったと思っていた。夜空には無数の星がちりばめられてはいるが、月と違って、足もとまでは照らしてくれない。遠くにはちらちらと村の灯が見え、草むらでは虫が鳴いている。おぼつかない足どりで、ゆっくり歩いていった。

　このような暗い村道を歩いているのには一つの訳があった。足もとに気をとられながらも二ヶ月前のことが思い出される。暑い炎天下の甲州路を西へ歩いていた時のことである。山梨県上野原町近くの山村には、草屋根が何軒かあって、そのゆったりとした美しさにすっかり心を引かれてしまっていた。そのうちの一軒に上げてもらってお茶をよばれながら話を聞いていたら、会津田島の草屋根葺きを出稼ぎにしている茅手が、毎年五、六人の組をつくってくるという。この家もその茅手たちが葺いたのだと教えられた。それも最近のことでなく、江戸時代にさかのぼるという。この話にはまったく驚かされてしまった。会津といえば、交通機関の発達してない時代には、何日も歩いてこなければならない遠いみちのくの地である。そしてこの茅手たちは甲州街道沿いに笹子峠まで葺いていることが、その時歩いてみてわかった。笹子峠を越えた甲府盆地には独特の切妻の草屋根が分布していて、会津茅手の話を聞くことはできない。峠を境にして茅手が異なり、草屋根民家の形も異なるのである。これにもまた驚かされてしまった。峠には裏と表があるのだ。そしてこの驚きは、会津の茅手への興味へと変っていった。どのような人たちなのだろう。どんな生活を

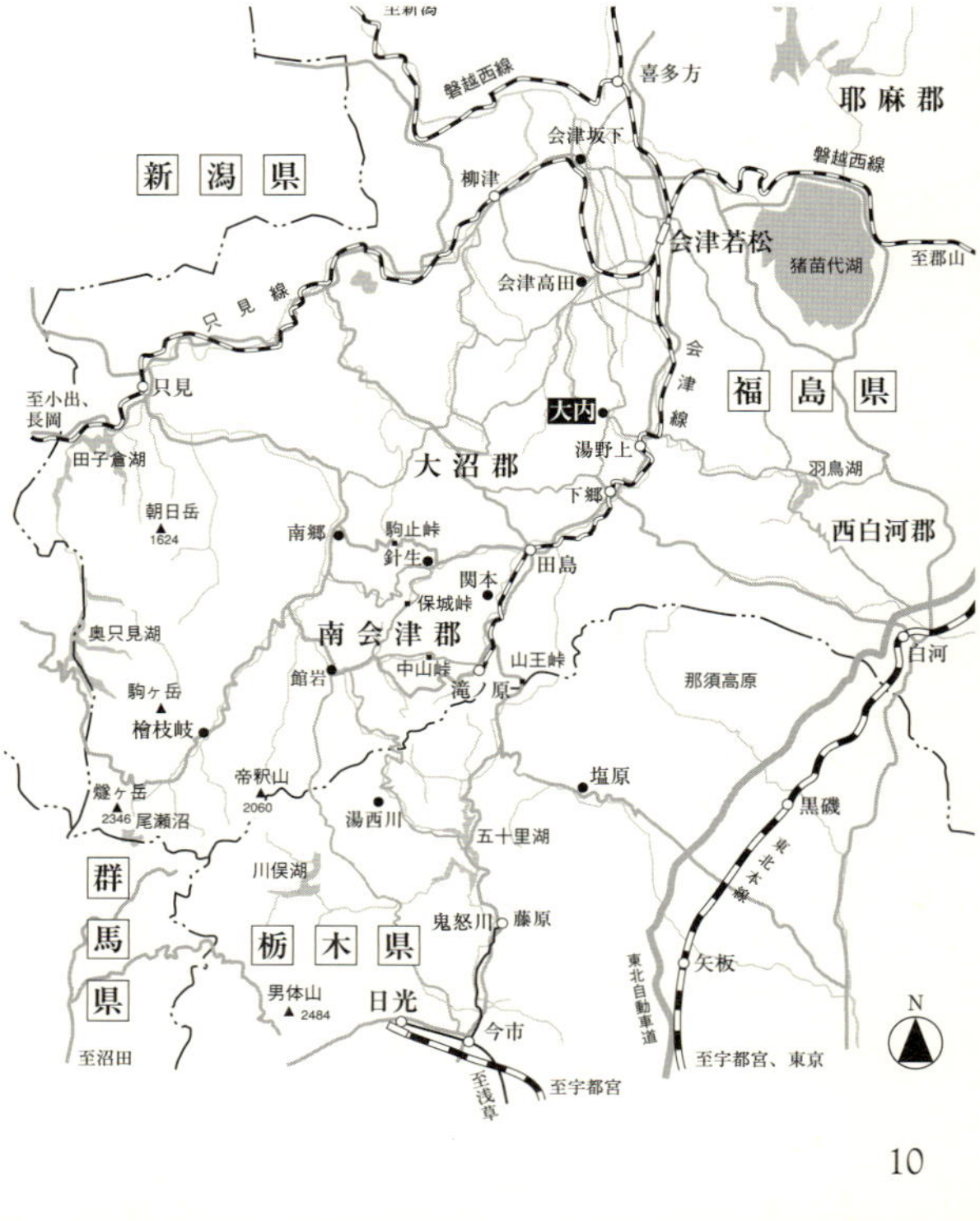

まだこんなに茅屋根がある……僕は夢中でシャッターを押しつづけた（田島町関本）

しているのだろう。なぜ山梨まで出稼ぎに出てくるのであろう。疑問はつきない。様々な問題が浮かんでくる。

　これらの興味と疑問が会津へ行かせることになり、上野原町で聞いた一人の茅手を頼って、会津茅手見聞への旅をさせることになった。

　僕は建築設計を一生の仕事にしようとしていた。だからそれまで一年ほど、各地の現代建築を見て歩いていた。新しいものを求めて旅をしていたのだけれども、なにげなく見ていた古建築や民家の美しさにも次第に心を引かれていた。そしてやはり僕が造る立場であったから、その技術やそれを造った人たちにまず興味があった。たとえば草屋根の構造や葺き方はどうなのだろう。屋根を見ても本を読んでもつかめなかった。

　その茅手は会津田島の関本《せきもと》に住むと聞いていた。宿で聞くと遠くはないという。一刻も早くその茅手に会いたいという気持が、こんな真っ暗な道を歩かせていたのである。いよいよその茅手に会えるのかと思うと気が急いでならない。どんな人なのだろう。闇の中にその茅手を思い浮かべてみる。心ははやるのだが、足もとのおぼつかない闇に歩みは思うようにならなかった。

茅手に会う

　その家はすぐわかった。電燈の灯が、雨戸の隙間をとうして、庭に一本の線となっておちている。明り窓だけが闇の宙に浮いていた。入口の木戸をあけると、広い「にわ（土間）」になっていて、正面にはいろりがきってある。四〇歳ぐらいのかかさま（主婦）が、茶碗を洗っていた。牛を飼っているらしく、うす暗い厩からは、ガサッゴソッという音とそれらしき鼻息が聞こえる。

　かかさまは、けげんそうな顔をしている。わけを話しているうちに、茅手とおもわれるとっつぁま（主人）が顔を出した。やがて、けげんそうな顔は驚きの顔に変っていった。頼ってきた茅手は小柄な痩せた人であった。「よこざ」に座っていろりの火をつくりはじめると、かかさまはお茶の仕度。僕は「むかいざ」に座った。いろいろ質問を用意してきたのだけれども、逆に聞かれる立場になってしまった。そして、物好きな人だと笑われてしまった。

　この茅手は五人の弟子を持つ親方であった。山梨へは、六人の組をつくり、十二月に会津を出て四月まで葺き歩くという。上野原、大月、都留《つる》へは今でも多く葺き歩くが、奥多摩の小河内や秋川渓谷へは行かなくなって

昭和44年の頃、大内はほとんどが茅屋根であった。宿場としてもこれほどよく江戸時代の姿をとどめた村は、まれだった

草屋根は共同作業によって維持されてきた。助け合いは裏がえせば迷惑のかけあい。その結晶が草屋根といえる。
昭和44年（下郷町大内）

しまった。ここ五、六年の間に草屋根はだいぶ数が少なくなって、茅手の仕事も部分的な修理が多く、屋根全体を一度に葺く「まるぶき」の仕事は、十年程前からなくなってしまった。それに会津でも、茅手として出稼ぎに出る人は少なくなる一方で、弟子入りする若者は全くいないという。おそらく数年後には、草屋根が姿を消すであろうと苦笑していた。この茅手の親方から二〇人あまりの茅手職人の名を知ることができた。

ふと気が付くと、ススで貫禄のある柱時計は十一時を回っている。すっかり茅手の話に夢中になっていた。農家は朝が早い。深く礼をいってその茅手の家を出た。

再び暗い道を宿へ帰った。山梨の草屋根は、会津の茅手につながった。一人の茅手が二〇人の茅手へとつながっていく。そんなつながりを自分に持てたことがうれしかった。宿の床へついてもなかなか寝られなかった。

会津での朝は、澄んだ空気がうまかった。毎日近くの山へ入って清水で顔を洗った。宿の自転車を借りて近くの村々の茅手を尋ね歩いた。茅手は家にいないことの方が多くて、人に聞きながら野良を捜して歩いた。秋の収穫期でもあったから、仕事の手を休ませてしまうのがなんとも申し訳なかった。しかし、どの茅手も心よく話をしてくれた。道路に地図を拡げ葺き歩いたところを記していった。皆関東から来たと聞いて親切にしてくれた。関東ではわしらが世話になっている。お互いさまだからなにも遠慮はいらんと泊ることを勧められた。

しかし一日に五人の茅手に会うのはなかなか骨が折れた。どの茅手に会っても、関東の葺き歩く場所を手がかりにして、その人が最も話したがっていることをノートにしていった。だれもが苦労を重ねて生きている。その苦労を少しも苦労としてないところに何か強くひかれるものがあった。技術や分布を知ろうとした茅手見聞からはすっかりはずれてしまう話もだんだんと多くなっていった。

「会津茅手の関東のからす色が黒くて目が光る」

草屋根を葺く仕事は大変よごれる。何十年もの間いろりで焚いたススが屋根にしみ込んでいる。そのススが体中を真黒にしてしまう。特に口と鼻はひどい。聞きかじりではどうしても技術的なことがわからなかったので、

田島町のイロリ端で茅手職人さんからその技術や茅屋根を葺いた土地の名前を聞いた

恵比寿棚に捧げられた
稲苗の株

茅手に頼んで一緒に葺かせてもらった時には、一日中どす黒い痰と鼻汁が出ていた。あまり楽な仕事とはいえない。お互いの顔を見合わせて思わず吹き出したくなるほど黒く汚れてしまう。目だけがギョロギョロと光るのは気味のよいものではなかった。

会津茅手の来る日はわかる
三里先からスス臭い

会津茅手が関東へ出る時期は大体きまっていた。早い茅手になると旧十月二十日の恵比須講が過ぎる頃から関東へ出始める。

　恵比須講の前夜には餅をついた。恵比須餅という。恵比須さまのある神棚には、なるべく大きな菜の株を上げた。株は財産の意味があった。会津茅手は関東に三里四方の葺き場を持っていた。その葺き場を「旦那場《だんなば》」「株《かぶ》」とも云っていた。なるべく大きな株を上げようとしたのも自分の財産が増えるように、との気持からであった。

　恵比須講でついた恵比須餅を持って出た会津茅手は旧正月前に一度帰る人が多かった。そして、正月も塞《さい》の神が終る十五日頃まで休むと再び葺き場へ戻った。あとは八十八夜の頃まで休まずに働いた。前後一〇〇日から多い人で一五〇日のあいだを稼いだわけである。田島町で郷土史を研究している室井康弘先生によれば、お盆と年の暮勘定であった戦前は、稼いだ金は半年間の清算に使われ、余りがあれば、女の子は赤い「かせ」でも買ってもらうのがやっとで、正月の塩鮭などは、本当のおごりであったという。

　今日のように汽車やバスのない頃は、関東の葺き場までは何日も歩いて行った。歩いていた頃には茅手の移動も激しくなく、三里四方に一定していた。親方の株が次の世代の親方へと受け継がれていった。一組の茅手たちが葺ける数も、一年に十四、五軒出来れば良い方だったという。お寺などの大屋根の葺き替えがあった年などは、葺ける家の数は知れたものであった。

どこを歩いていたか

　一体どの範囲を葺き歩いていたのだろう。まだすべての茅手に会ったわけではないので、確かなものとはいえないけれども、会津茅手の葺き場をあげてみよう。（一八頁地図）

　茨城県・栃木県はほぼ全域。もちろん地元にも屋根屋職人はいた。

　千葉県。印旛郡《いんば》へ行った茅手に三、四人会えた。しかし、道具も葺き方も会津茅手のそれとは違っていた。一人前であった茅手たちも、千葉ではまるで弟子入りの時のように勝手が違っていたという。千葉県には、利根川《とね》を境として葺き場は持っていなかったようである。

一軒葺き終えると、次の家に移動する。関東の葺き場にて。昭和47年1月（栃木県今市市）

群馬県については、聞き出すことができなかった。葺き場があるとすれば尾瀬を越して行くはずである。しかし、南郷《なんごう》村山口や檜枝岐《ひのえまた》の茅手は、駒止峠や中山峠を越えて栃木県の那須や今市へ出ている。それに、冬の尾瀬は雪が深くてとても通えたものでないと話してくれた。

東京へも来ている。武蔵野一帯の府中・調布・日野や相模原・町田・座間などの地名が次々と出てくる。横浜や、藤沢まで葺き歩いた茅手もいた。甲州街道については前にも述べたように笹子峠まで葺いている。青梅街道沿いにはどうも来てないようである。青梅には茅手職人がいて、軒や棟の細かい呼び名が違う。

埼玉県については、会津茅手の口から埼玉の地名は出てこなかった。なぜだろう。深谷《ふかや》瓦のせいであろうか。ところが、その後、越後へ旅した時に、面白い話をしてくれた老茅手に会った。越後の頸城《くびき》郡にも出稼ぎの茅手が多くいる。主に長野県一帯を葺き場にしているのだけれども、中仙道碓氷《うすい》峠を越えて、高崎あたりまでがその範囲のようである。その老人を尋ねた時は、横なぐりのたたきつけるような雨の日で、びしょ濡れになっていた。越後茅手のことをいろいろ聞いて、宿へ戻ろうとした時に、その老人が思い出したように口を開いた。

「そうそう、そういえば、わしが弟子入りの頃、深谷付近を葺いたことがあった」

深谷といえば、埼玉県。会津茅手からは聞けなかったところである。思わずいろりに上りなおして万年筆をにぎりなおした。

その老茅手の話では、昭和の初めころ弟子入りをし、高崎付近を葺いていた。当時、深谷には会津茅手が来ていたけれども、ひとつ会津茅手の縄張りを荒らしてやろうということになって、越後茅手が、会津茅手の葺き場へ入り込んで仕事を始めたという。深谷の人の評判が次第に越後茅手の方に良くなって、親方の顔がすっかり売れてしまったという。これでナゾの一部がとけた。この話は本当にうれしかった。

地元の福島県の葺き場は、白河《しらかわ》、須賀《すか》川の中通りと、常磐、平、四ツ倉付近の浜通りを歩いている。会津茅手の中にも耶麻《やま》郡には、山三郷と呼ばれる屋根専業の茅手が会津若松平、中通り、浜通りを一年中葺き歩いている。南会津郡の出稼ぎ茅手たちとその葺場を接している。

およそその範囲は、北関東を中心に関東一円といってよい。驚くべき事実である。足で歩き手で葺いてきたのである。茅手たちのエネルギーを改めて感じさせられた。

茅葺きで真っ黒に染まった手や顔は、その日の作業の終わりに道端の用水で洗う

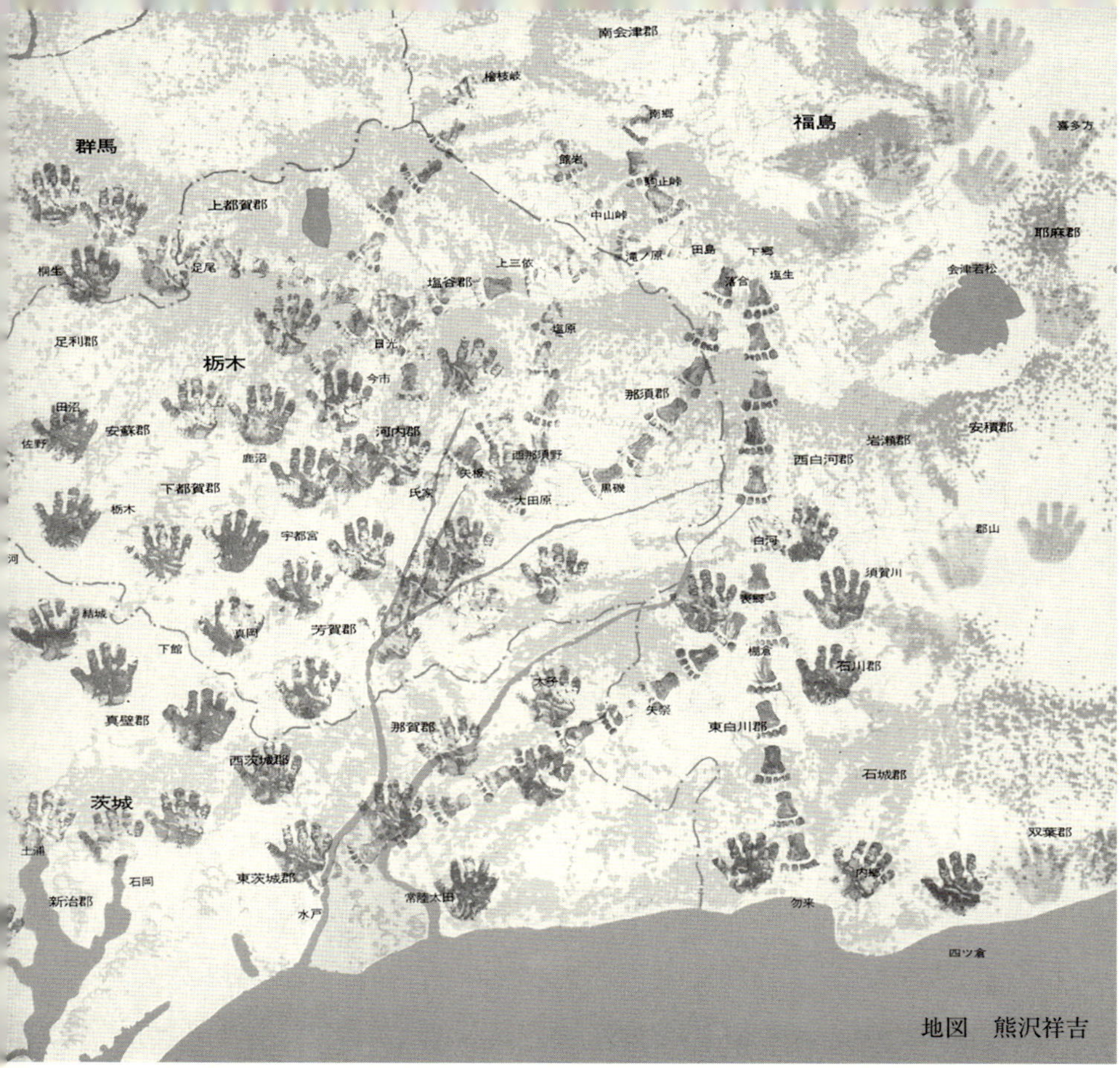

地図　熊沢祥吉

雪を逃れて 二千人もの男たちが旅に出た

では一体いつごろからこの会津茅手は関東へ流れていったのであろうか。茅手の話は明治の中頃からのもので、江戸時代のことは少ない古文書の記録を頼るほかない。それでも二、三の茅手が言い伝えを語ってくれる。

「参勤交代のあったころ、江戸で関東の殿様が集まった時に、会津では冬雪が多くて仕事がない話が出て、関東の領地に屋根葺きに来るよう会津の殿様とのあいだに話がまとまった」

考えられる話ではあるが、いつごろの話かは誰も知らない。

室井康弘先生がこれまでに見られた、屋根葺き出稼ぎの最古の記録は、正徳六年（一七一六）関本村差出帳だという。なるほど百姓家数三八軒の内十一人が出ている。貞享二年（一六八五年）の風俗帳にも、元禄七年（一六九四年）の田島組差出帳にも見えないところを見ると、元禄から正徳にかけての約二十年間の間に多くなってきたのではないだろうか。ここに出ている組は茅手の組ではない。当時の行政単位で、数ヶ村が集まって一つの組をなしていた。今の田島町は田島組、高野組、川島組からなっていた。

嘉永二年（一八四九年）の川島組では、家数五〇七軒のうち四五〇人が屋根葺きに出ている。そして、九百両を稼いだ。これは組全体の他郡からの現金収入一九七〇両のなかで筆頭であった。

また、文久二年（一八六二年）高野組では、家数三五五軒のうち二一五人が屋根葺きに出て、七五二両二分を稼いだ。これは米を除く現金収入二二五〇両の三割強に当たった。これに次ぐ収入は苧麻《ちょま》代五二〇両、布麻糸代二五〇両である。いかに茅手たちの稼ぎの比重が大きかったかが分かる。

会津茅手の足跡

会津茅手＝本文参照

山三郷茅手＝福島県耶麻郡の茅手。同じ組が若松平、中通り、浜通りと雪をさけて葺きまわる。年中通しの専業屋根職人。「さしがや」という、屋根をむかないで短く切った茅を差しこむ部分修理の技術をもつ。

越後茅手＝頸城郡一帯の専業茅手。盆、正月、農繁期以外は、長野県の安曇平、善光寺平、松本平、伊那谷、岩村田付近、長野原以北の群馬県の一部を葺き場にする。技術的な特色は「はり（針―といっても九〇センチもある）」を使って茅をしばりつけること。この地図の範囲外。

甲府盆地の茅手＝身延が本拠と聞くが僕の未知の領域。独特の切妻で、会津茅手とは笹子峠、越後の職人とは小淵沢（明治時代）あたりを境にしていた。

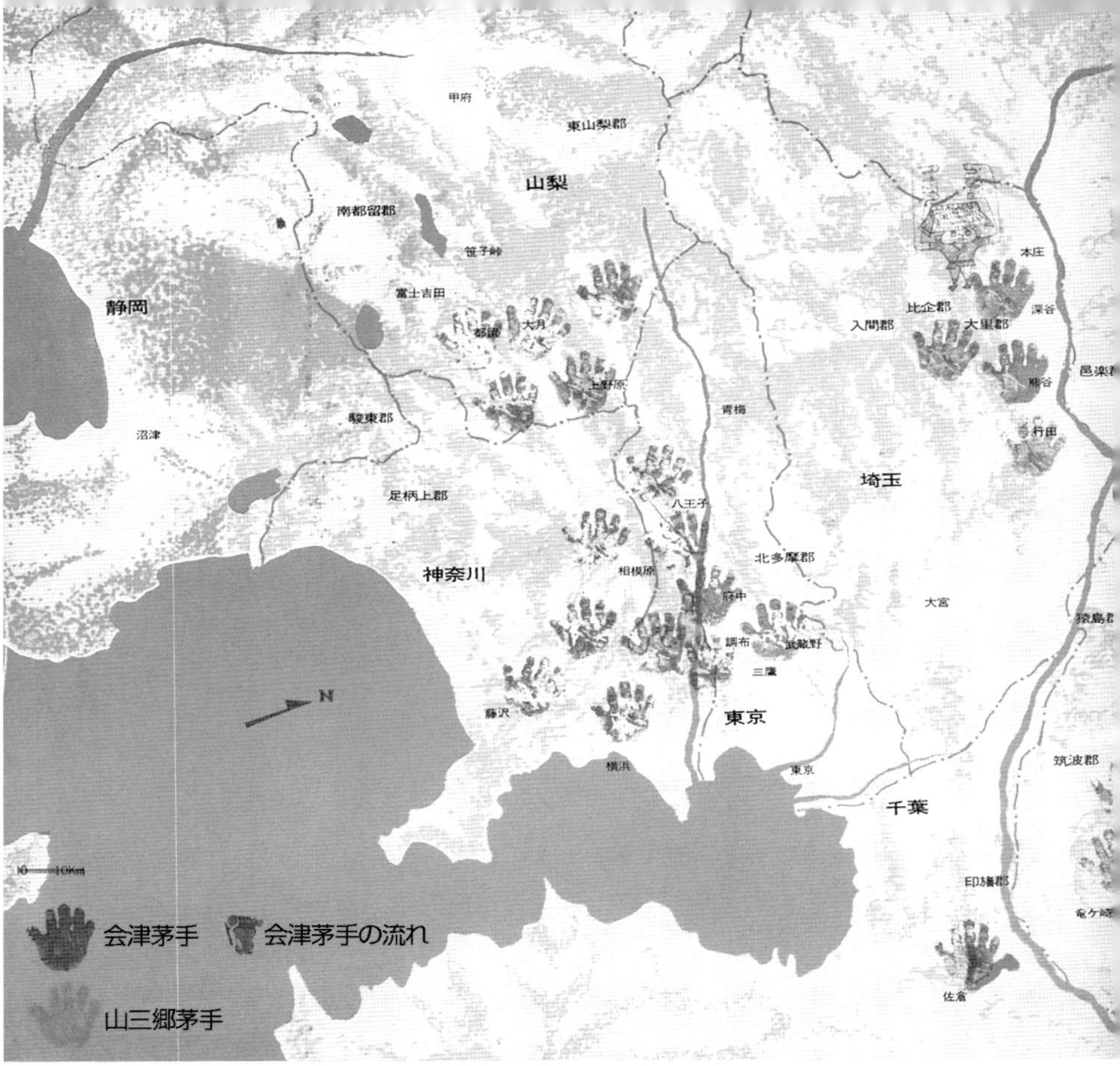

二つの組だけで、幕末に七〇〇人近い茅手が関東へ出ていたことは意外であった。一体会津茅手は何人位いたのであろうか。少なくとも一年に二千人は出ていたと思われる。確かな数はこれからの課題である。

それではなぜこのようにおびただしい数の茅手が関東へ出たのであろう。理由はいろいろ考えられる。そのなかで最も大きなことは、積雪量が多く冬の稼ぎがまったくなかったことに、年貢の納め方がからんでいたことであろう。

会津茅手の住む今の南会津郡は、南山御蔵入《なんざんおくらいり》と呼ばれ幕府の直轄地であった。会津の領主は、寛永二十年保科正之が入封するまで、蒲生、上杉、蒲生、加藤と代った。保科正之が最上領より三万石が増され会津二十三万石の領主として若松へ入部したとき、南山は幕府直轄地となり、いわゆる「南山御蔵入」と称されることになったのである。

幕藩体制の組織はこのころより固まり、農村の統治も次第に整っていったころであった。

ただこの地方は幕府の直轄領でありながら、会津藩にまかせた預り地の期間の方が長かった。幕府から直接代官がきて支配した期間は、預り地の期間一七五年に対して、四三年と少なかった。

こうしたこの地方の幕領とも藩領とも違う一種独特の支配体制のなかで、年貢のとりたてを調べてみると会津茅手が関東へ出稼ぎに出なければならなかった理由が浮かびあがってくる。

封建社会の基本の産業は農業であり、その基礎に幕藩体制は存在した。農民は生かさぬように殺さぬように搾取されていたのである。この時代の年貢は現物納が原則である。しかし、米の生産の絶対量が少ないところであったから、古くから夫食米《ふじきまい》として農民に貸しつけ、それを現金で返納させていた。

秋になってとれた年貢米は、飯米《はんまい》と回米《かいまい》とに分けられ、回米は郷倉から江戸へ送られた。これも農民の負担である。農民の手もとに残ったわずかな米では一年を送ることはできない。飯米を夫食米として貸しつけた。年を越すための「引越《ひっこし》夫食」、農作業開始の時期の「開作《かいさく》夫食」、「田植夫食」と三回に分けて貸しつけた。三夫食という。そして翌年の七、八月頃に現金で払ったのである。ところが雪の深いこの地方にあって冬の現金収入は全くない。必然的に茅手、木挽《こびき》と出稼ぎに出るものが多くなっていった。それに口べらしの意味があった。冷害による度々の兇作も茅手を増やす原因となった。

屋根葺きの旅

恵比須餅を持って出た茅手は、甲子《かし》峠や大峠・山王峠を越して関東へ出た。葺き場には毎年世話になる宿があった。「わらじぬぎ」という。宿といっても普通の農家であった。茅手にとっては会津にいる家族と連絡する場所にもなる。

会津からは「こんのつぎ」の紺足袋をはいて出た。紺足袋の底には麻糸が何度もさしてあった。母や妻が縫ってくれたものだった。そしてわらじを履き、さらしの五尺七寸か越中ふんどしの上にサルッパカマ――これは関東では会津もんぺといわれていた。手さしをして綿入れ

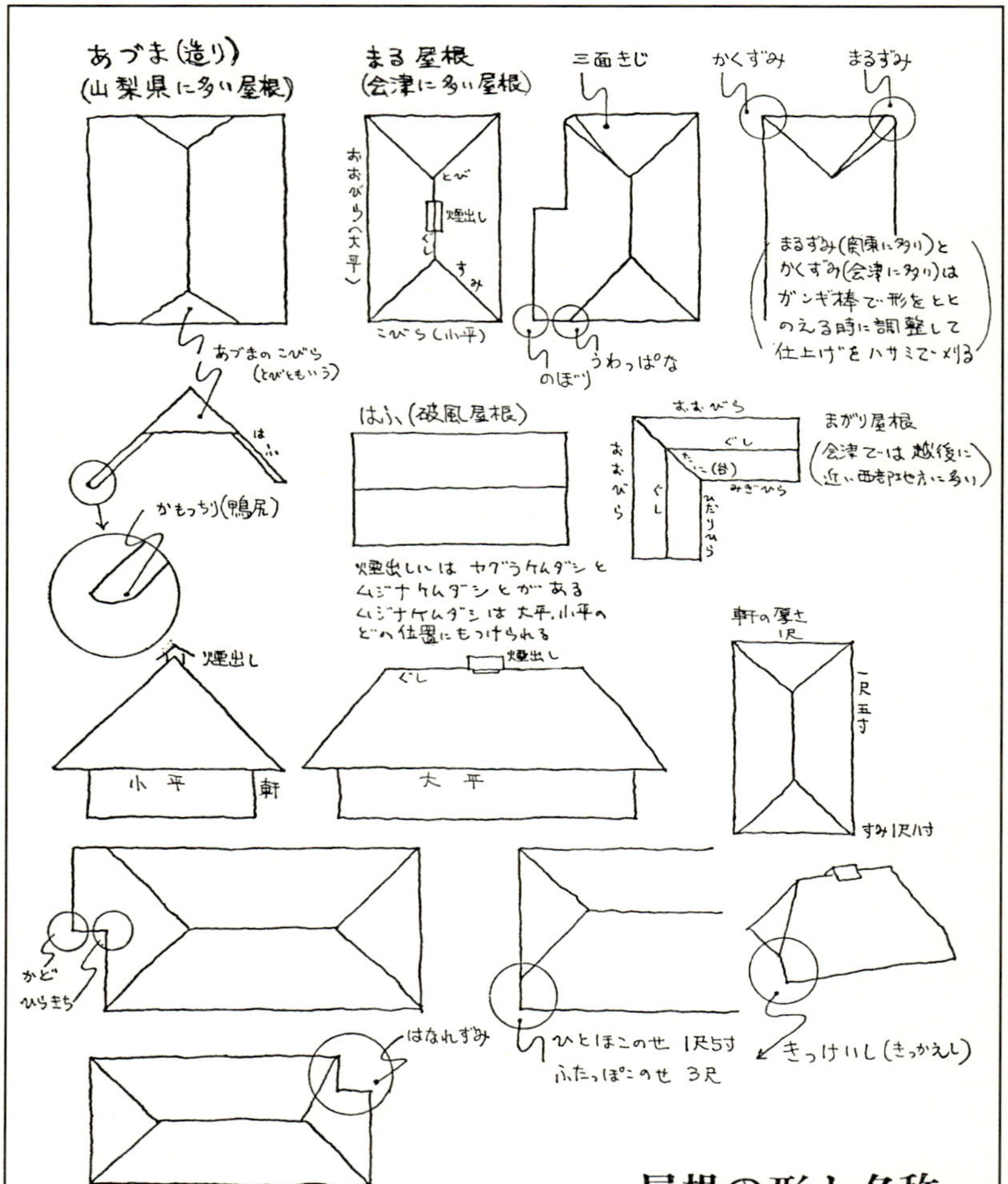

屋根の形と名称

襦袢やひとえの襦袢を着た。荷物は柳行李を大きな紺のふろしきに包み背にした。行李の中は着変えや「ススきもの」と呼ばれるススで汚れた作業着や道具が入っていた。はさみは柄を抜いて入れた。がんぎ棒だけは長いので関東においてあった。

寒い日には、手ぬぐいでほっかむりをしたり、並巾の長さ四尺のネルをえりにまいた。赤ゲットウといって四尺角の毛布のような赤い布をかぶる茅手もいた。雪の日

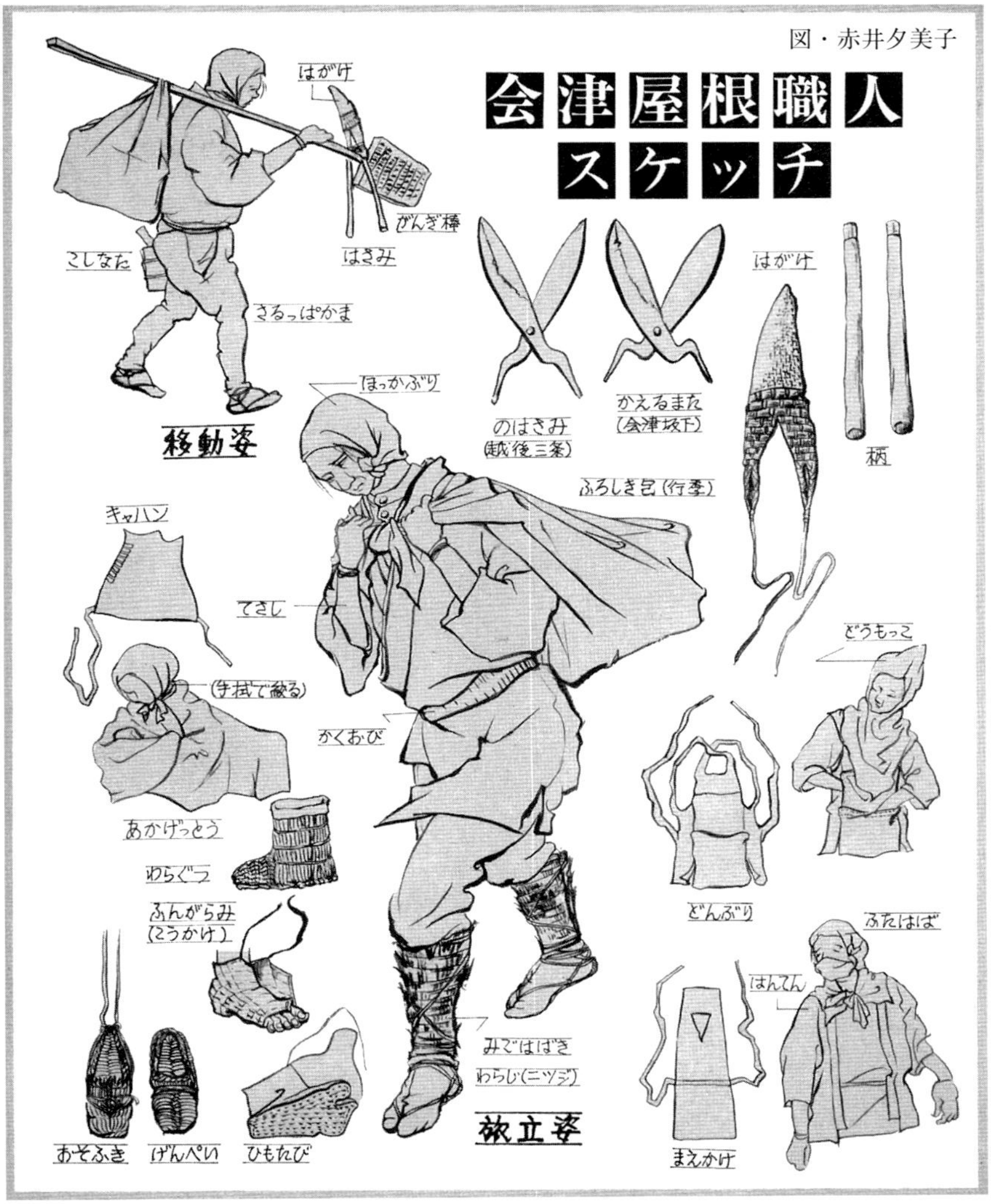

図・赤井夕美子

には、「ふんがらみ」に「おそふき」を履いたり「げんぺい」や「わらぐつ」を履いた。足のすねには「はばき」をした。もちろん今はもうこんな道中姿で歩く茅手はいない。屋根を葺くときには、「どんぶりしゃ（前かけ）」をし、手ぬぐいを二枚合わせた「ふたはば」や「かんぜんぼう（どうもっこ）」をかぶって作業をした。

茅手たちの語るにまかせて話を聞いていると夜のふけるのも忘れる。彼等は年季の入った旅人であった。僕も荷を肩に、自分の足で歩きまわっていたから仲間と見てくれたのかもしれない。話しは面白くてしかたがなかった。「そういえばこんなことがあったなあ……」と、思わぬ方に脱線していく。しかしそれが予想もしなかったことがらを教えてくれる糸口にもなった。そしていろんな茅手たちの話が積みかさなり、旅の日がたつにつれて、会津茅手の姿と生活がしだいに鮮明に浮かびあがってきた。

「屋根屋根性後家根性」

弟子入りは、皆一七、八歳の時が多い。一人前になるには「千日の業」をふまなければならなかった。三、四年はかかったわけである。弟子入りの年には一人前の三割程度の

給金しかもらえなかった。五割、七割と年々上っていって一人前としてあつかわれた茅手がほとんどである。

弟子入りといっても、手とり足とり教えてくれるわけではない。見よう見まねで覚えていったのである。中には意地の悪い先輩がいて便所で何度も泣いたと語る茅手が何人もいた。親方にしても一人前としてあつかっているから、旦那様の前ではあれこれ注意もできない。一人前になるまでは他人より早く下へ降りるな。上ってくる時もひとより先に上れ。そしてどのように葺いているかを良く見ておけ。とそっと注意する程度であったという。茅手によっては自分の技術を他人に盗まれまいと、降りる時に茅をかぶせて隠してしまう職人もいたそうである。

腕のよい茅手になると、茅の長さや質を選ぶから、地《ぢ》走《はし》り（茅を下からあげる手伝いの人）にあれこれ注文をつけられるけれど、半人前の茅手にはそんな無理もなかなか云えない。地走りの上げた茅をなんとか苦心しておっつけるけれど、どうしても形が不ぞろいになってしまう。親方の入る風呂の火かげんをしたり、背を流したりしながらそっと教えてもらったという。

家によっては、茅手たちの郷里の家より小さかったり、貧しい暮らしをしている家もある。しかし、会津茅手にとっては旦那様であり、帰ればとっつぁまでも関東では使用人である。無礼のないよう親方からはきつく云いわたされていた。

弟子入りから一人前へ、さらに親方へと長い間にはいろんなことがある。一つの蒲団に差し違いで寝て相手の足が臭くてやりきれなかったという話。年頃のきれいな

茅の埃にまみれた体のまま、全員が茅葺きの手を一時止めて小休止（下郷町大内）

村の共同の力は草屋根以外にも発揮される。青年による共有林の下草刈りのために勢揃い

娘さんがいて、自分が真黒で恥ずかしかった茅手の若いころの話。関東の娘さんとすっかり仲良くなって、定住した茅手もいたという。職人さんが少なくなってしまった近頃、茅手の待遇はすっかりよくなっているけれども、昔はそうでなかった。会津にも関東にもこんな話が残っている。今夜は会津の茅手が泊る。どの茶碗に飯を盛ろうか。あの縁のかけた茶碗がいい。どうせあとは裏の竹藪へ捨てるのだから。でもそしたら竹の子が食えなくなるぞ。茅手の話の中でも最も辛い話である。

辛い話ばかりだけでもなかった。茅手は茅手の生き方とその世界を、その辛さのなかに持っていた。栃木県小《お》来《ころ》川へ行っていた親方の話である。戦後の食糧不足のときで、わらじぬぎへは大豆一升をおみやげとして持っていった。一人五合持って出た道中米《どうちゅうごめ》もすぐになくなり、ひえに米を少しまぜたおかゆを食べていたころである。仕事を早々に終えて、次の葺き場へ急ぐ途中に、相当痛んだ草屋根がその親方の目に映った。中へ入ってみると、老人と子供がいろりを囲み、母親は病気で寝ている。父親は戦死。貧しく屋根を葺き替えることができないという。次の葺き場へ行ってもこの家のことが気になり、その組長に、隣組で材料さえ用意をしてくれれば葺き賃はいらぬ。附近の仕事をしてから葺きに来るからと申し入れた。数日後、近くの二軒の家に分泊して、五人の茅手たちは五日かかって、本屋と納屋をすっかり葺き上げてしまった。その後この話はすぐに評判となって、鹿沼一帯の仕事がたくさん入ったという。弱いものを見過すごせない茅手の親方のうれしい話である。

親方になるのは、家によって決っていたわけでなく、こうした仕事先で人気のある人、かたい人、葺き上手の人、毎年行く人が親方になって株を受け継いでいった。組から離れて仕事をした茅手もいた。一人前になると一人旅をして、関東の親方を点々と歩いて屋根を葺いた。これを会津茅手は、「さいぎょううち（才業打ち）」と呼ぶ。腕だめしである。

屋根の詳細

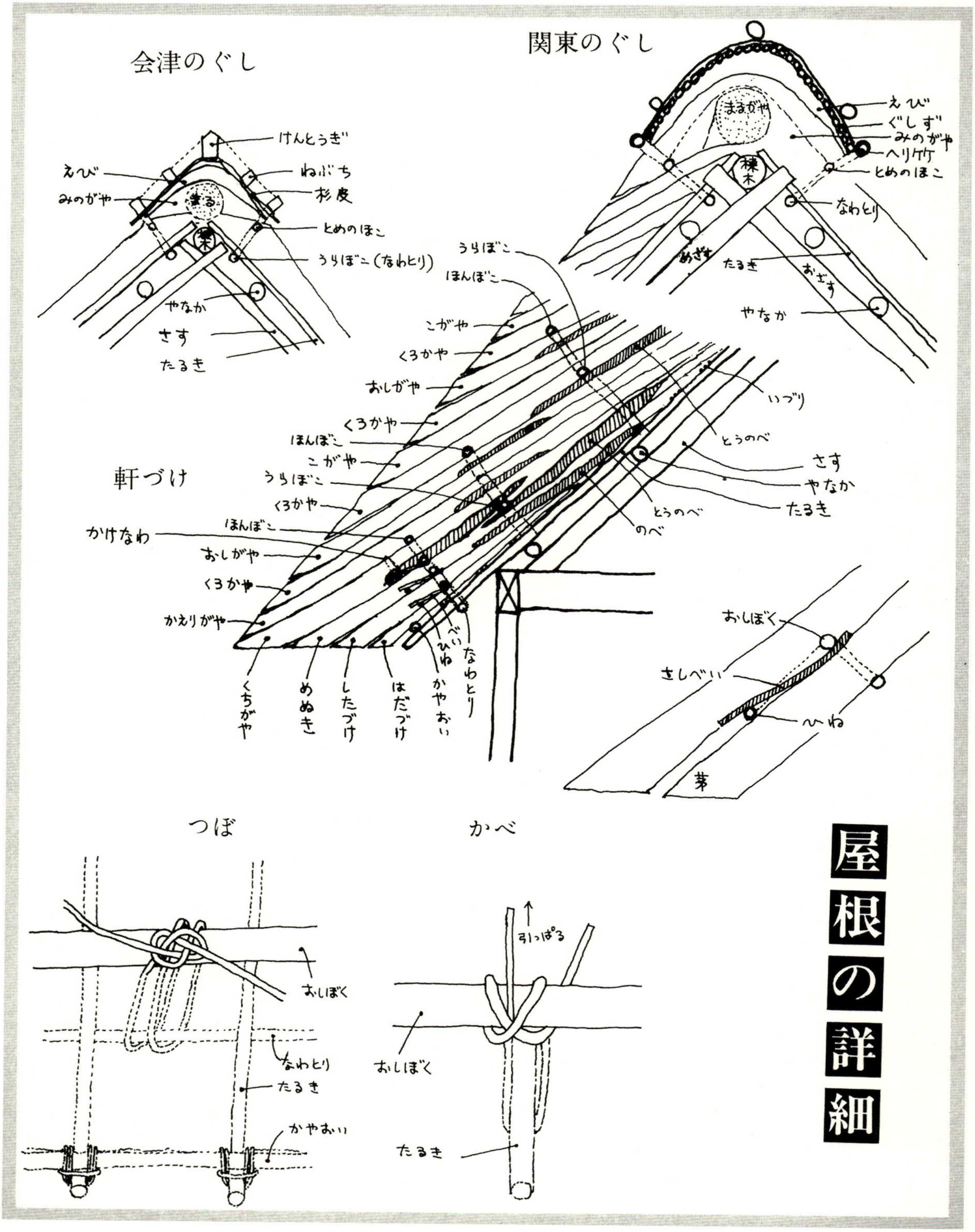

会津のぐし
けんとうぎ
えび
ねぶち
みのがや
杉皮
棟
とめのほこ
うらぼこ(なわとり)
やなか
さす
たるき
関東のぐし
まるがや
えび
ぐしず
みのがや
へり竹
とめのほこ
棟木
なわとり
めざす
たるき
おざす
やなか
軒づけ
うらぼこ
ほんぼこ
こがや
くろかや
おしがや
くろかや
ほんぼこ
こがや
うらぼこ
くろかや
ほんぼこ
かけなわ
おしがや
くろかや
かえりがや
いづり
とうのべ
さす
やなか
たるき
とうのべ
のべ
べい
ひね
なわとり
かやおい
はだづけ
したづけ
めぬき
くちがや
おしぼく
さしべい
ひね
茅
つぼ
おしぼく
なわとり
たるき
かやおい
かべ
引っぱる
おしぼく
たるき

茅屋根の葺き方

① **足場を組む**　足場が組めるようになれば一人前の茅手職人である

② **茅むくり**　屋根の苔や草を払い落とし、葺いてある茅を少しずつ腰に下げた「すがい」で束ねながら屋根からはがしてゆく。この古い茅は軒づけが終わってから「くろがや」として使われる。使えない茅は肥料にする

③ **小屋組の修理**　「さす」「やなか」「たるき」など屋根の骨組の組立ても茅手の仕事である。傷んだ箇所を取りかえたり、縄で結び直す。

④ **「かやおい」と「なわとり」**　垂木の下端の上部に「かやおい」をつける。垂木の下側には「なわとり」をつける。軒の茅をとめる縄はすべてこれにつながる

三里四方が葺き場であった時代には、会津茅手が来る日は関東の方でもわかっていた。茅手の方でも毎年来ているから、今年はどの家を葺くかは心得ていた。しかし草屋根が少なくなって縄張りである葺き場も一定のものでなくなって、次第に来なくなった組の株を他の組が葺くようになっていった。また、バスや汽車の発達が茅手たちを広く移動させることにもなった。最近では、地元の人が、その年の葺く家をとりまとめ、手紙で会津へ連絡するところもあるようである。

親方は一足先に会津を出て自分の葺き場へ行き、日程や茅の量、地走りの手配をする。弟子たちがやってくると屋根葺きが始まる。契約はほとんど日当手間だったが、寺の葺き替えなどは、地坪から計算する「坪うけ」が多かったようである。何組かが一度にかち合って入札で仕事をする組を決めたこともあったという。

葺き始めようとして雨で流れたりする日もあった。こんな日は旦那側からみれば、食い扶持は与えなければならないから「ふちぞん（扶持損）」の日であった。茅手からすれば「てまぞん（手間損）」だった。しかし何日も葺き歩く茅手にしてみればどうせ雨はつきもの、雨に出合った家が運が悪かったので、それほどの損とも思わず骨休みをする日になった。葺き始めてしまうと、少しぐらいの雨では仕事をするのが常であったが、雨の量が多く葺けない時は、「とばをきる」とか「とばぶき」と云って、茅を並べて雨が漏らない程度に仮にとめておいた。はさみを入れる前に旦那から一休みしてくれと云われることもあった。

茅手の道具は少ない。はさみとがんぎ棒と腰なたがあれば足りてしまう。

はさみには「大ばさみ」と「小ばさみ」とがある。植木職人が使うものより大きく、刃にはそりがある。大ばさみは大きな平らな面を刈る時に用いる。小ばさみは「のきっぱさみ（軒ぱさみ）」とも云い、軒先や、火よけの「水」や「寿」の文字を刻んだり、細かい作業の時に用いる。産地は、会津坂下《ばんげ》のものと、越後の三条のものとがある。会津坂下のはさみは注文製。蛙の又のように柄のつけ根の部分が曲っている。値段は三条のはさみの四倍はするが、減りが遅く長持ちする。柄が手の指を挟んでしまうので慣れるまでは使いづらいが良く切れる。「がんぎ棒」は二五×三〇×五センチ位の厚板に二メートルほどの柄がついている。葺いた茅を整える時に用いる。がんぎ棒で股ぐらをつつかれると、三年用がたたなくなって、嫁さんが逃げ出すと地走りに恐れられた。屋根へ上れば茅手は威勢がよかったのである。

腰なたは縄やおしぼこ（茅をとめる雑木。おしぼくとも、おしぼことも云う）を切る時に用いる。

針はよほど厚い屋根以外には会津茅手は用いない。

このぐらいのことが分らんでどうする

こういう話を聞き、村々を訪ねながらも、どうやって屋根を葺くのだろうという最初の疑問を忘れたわけではない。ただいくら聞いてもどうしても分らないのである。いくら屋根を眺めても、肝心の個所は全部隠れている。何度も泊めてもらった茅手の家で、二時、三時まで葺き

⑥**「はだづけ」**　麻がらや葦などを並べ、「おしぼこ」でとめる。「つぼ」で縛った縄は「なわとり」からとる。これを「ひね」と「さしべい」でおさえる。「ひね」は「おしぼこ」から縄で縛る。「したづけ」との区切りとなる

⑤葦などで「いづり」をつけて下地が仕上がる

⑧**「のべ」**　「したづけ」の上の方に茅をのせる。勾配をそろえるためのもの

⑦**「したづけ」**　茅を並べて、「はだづけ」をとめた「おしぼこ」へ縄でとめる。「ひね」と「べい」をつける

⑨「めぬき」　質の良い新しい茅を並べ、「したづけ」をとめる時に「縄とり」から出しておいた縄で「おしぼこ」をとめる。縛り方は「かべ」。この「おしぼこ」を「ほんぼこ」という。ここにも「ひね」と「さしべい」を使う

方を聞いたけれども、ついに分らない。何人かの茅手にさじを投げられてしまった。「おまえさん大学生だろう。このくらいのことが分らんでどうする。」

どの茅手も手で憶えてきている。口や目だけで分かるものではないと思って、昨年の夏伊那谷の駒ヶ根に出かけた。友人から丸葺きがあるそうだと聞いたからである。一ヶ月一緒に葺くことができた。ただここは越後茅手の葺き場であり、技術も各所でちがう。やっと今年になって会津の大内で会津茅手と葺くことができた。

なるほど大変な仕事である。ススは口といわず鼻といわず真黒にしてしまう。筆記をしながらの弟子入りだから、足もとがおぼつかない。茅手の仕事からは目が離せない。それに地走りの仕事がある。日が西にかたむいて、屋根から下る時にはぐったりとなって、物をいう元気もない。茅手たちがその様子を見てニヤニヤ笑う。

実際に葺いてみると、これまで茅手が夜遅くまで我ことのように一生懸命教えてくれたことが、なるほど、なるほどと次第に分っていった。驚くべきことはたくさんあった。ことに縄の結び方には興味をひかれた。何代にもわたって受け継がれ、豊富な経験にもとづいて生みだされた技術であった。

二度目に手伝ったときには、「おまえさんどこかで葺いてきたな」すぐ見破られてしまった。大いに得意であった。

茅手と雀は軒でなく

屋根を葺く方も大変な仕事であるが、屋根を葺いてもらう家でも葺き替えは大変である。毎年秋になると十四、五駄の茅を刈ってためておく。茅講といって、何軒かが組になって共有の茅場を持ち、順送りに茅を用意する。葺き替えの前夜には、村中で縄をなうところもあった。茅無尽といって、ためた茅を出し合ったところもある。これらの相互扶助は「ゆい（結）」と呼ばれ、労働交換がお互いの力を強くしているのだ。こういうしくみを知るにつれて、このどっしりとした草屋根を伝えつづけてきた「村」という力の大きさにあらためて気づいてきた。

自分の家では一回葺いてしまえば何年間かは茅手の世話にならなくてもすむ。しかし隣組や親戚の中に葺き変える家が毎年といってよい程あるから、茅手とのつなが

⑩**「とうのべ」**　「めぬき」の上の方にのせる「のべ」。これを「うらぼこ」で垂木にとめる

⑪**「くちがや」**　「のべ」で勾配をそろえて、地上で小束にしておいた葦を並べ、「めぬき」の上の「ひね」へ「かけなわ」でとめる。「めぬき」をとめた「ほんぼこ」から「おしぼこ」でとめる。これも「ほんぼこ」という。ここは軒の尖端となり雨だれが落ちる

⑫**「かえりがや」**　この茅（葦）から屋根の勾配となって上へ昇っている。「くちがやのほんぼこ」から縄でとめる。ここでも「のべ」を置く

軒の先端は雨だれの落ちる箇所となる。「くちがや」は、事前に準備しておく

⑬「くろかや」　古い茅を並べ、「のべ」を置く

りが切れることはなかった。顔なじみになっていたわけである。

茅屋根の寿命は三十年といわれている。北側の陽が当らない場所は少し短く二十年位である。何回かに分けて葺くとしても、その家の主《あるじ》になって次の世代に受け継ぐまでに一回葺き変えればよい勘定になる。

葺き替えの日には親類筋や隣組などで集った人たちが、屋根の茅をむき始める。もうもうたる黒い埃の中での作業である。その間、茅手は下で、軒先の雨だれが落ちる部分の「くちがや」を束ねておく。むき終ると「やなか」や「たるき」の痛んだ個所を取り変えたり結び直して小屋組を修理する。「たるき」の上には「いずり」をとめる。ここまでを「したぢ（下地）」という。

茅手と雀は軒でなく

「下地」が仕上ると、軒づけから順に上へ葺き上げていく。軒づけは茅手の泣きどころである。「ぐし」や屋根の角にあたる「すみ」の難しさはそれに準じる。地走りは茅手の要求する茅や葦を上へあげる。屋根へ上ってしまえば茅手は技術を持つ職人である。あれこれ指示することができる。「ゆい」で手伝いにきた地走りはそれに従っていそがしく動き回る。古い茅と新しい茅を使いわけて葺くから、葦やあさがらと同じように整理して地面に置いておく。茅の量の計り方や単位は土地によって違う。会津では、二組の藁を穂先で結び合わせたものを「すげい（すがい）」という。このすげいで茅をたばにして、六パで一束《そく》、六束を一だん（駄）としている。茅の量は、普通の屋根で坪当り十二駄位必要である。新しい茅はその半分を用意すればよい。場所によってあさがら

⑭**「おしがや」**　新しい茅を並べ、「とうのべ」と「めぬき」をとめた「うらぼこ」からの縄で「ほんぼこ」をとめる。これから先は、古い茅（くろかや）、新しい茅（こがや）、古い茅、新しい茅の４枚ごとに、垂木からとった「うらぼこ」へ「ほんぼこ」が固定され、ぐし（棟）まで上がってゆく。この、屋根の傾斜面を葺く時は、前もって垂木からとった縄で丸太を横に結びつけた足場（「あるき」）を使う（30頁左、31頁左上の写真）

⑯「ぐし」を葺き終わると、全員下に降りてはさみをとぎ、一服する

⑮**「ぐし（棟）」**　軒についで難しい箇所だが、「ぐし」はその土地の民家の形をよく表し、関東と会津の違いも一見してわかる。関東では竹、会津では木、それぞれの材料の利点を生かして意匠がこらされる

⑰ **はさみを入れる**　まず「すみ（角）」を決める。会津でも関東でも「丸ずみ」が多い。茅の少ない時に「とがりすみ（かくずみ）」にするという。がんぎ棒で整えながら大ばさみで刈り込む

⑱ **仕上げ**　傾斜面を上から刈って降りる。同時に「あるき棒」の縄も上から順に切っていく。軒は「小はさみ（軒はさみ）」を主に使って刈る

や葺を交ぜ合わせて葺く。

茅手は葺く土地の材料をうまく使う。その土地の材料に合わせて葺き上げるので、竹のあるところでは竹を用い、岩松や芝があるところでは、それに棟にのせたりする。その土地の材料や、条件に合わせるのであって、様式とか形式とかいう考え方は茅手にはない。

葺き方は実際にやってみないとわからない。聞いただけでは、どうしてもわからなかったと同じように、文字だけではどうしても正確に伝えられないと思って、別図と写真によって図解説明してみた。（二四～三二頁）

「まるぶき」や「ぐし（棟）」を葺いた時はお祭をした。「ぐし祭り」という。葺き終えた茅手たちは、屋根から下りて、体を洗い、口をゆすいだり手を洗って身を清める。そして着物をすっかり変えて羽織を着た。草履の尾には生紙《きがみ》を細く切ってまきつけた。「かみおの草履」という。その家の主人と、身近な親戚関係の人が一緒に屋根へ上った。七・五・三の数がめでたいのでその人数を選んだ。ぐし祭りをする家では前の日に「ぐし餅」をついた。これは撒餅《まきもち》になり菱形に切ってある。

茅手の親方は、屋根のはさみで「へいそく（幣束）」を切って用意する。三方《さんぼう》には御神酒《おみき》と水、ぐし餅、おさんごう（一升枡に米一升三合）、銭をおひねりにして四つ、お頭つきの魚、十二重《がさね》（まるもち二十四コを二つずつ重ねる）、浪の花などをのせた。これも七・五・三の数を選んだ。まず、一品ずつ持って屋根へ上る。親方は幣束だけを持って上りぐしに立てる。とっくりの水と銭とまるもちを順に四方へ撒いてから、親方は神主のように祝詞《のりと》をあげた。

⑲ **ぐし祭**　親方が屋根ばさみで幣束を作る（右上）
ぐし祭の用意は施主が行なう。茅手たちは、風呂に入って身を清めて臨む（左上）
屋根の上から撒かれる餅を広いに村の子どもたちが集まってくる（下）

八十八夜の頃になると南会津は畑仕事が忙しくなる。関東から帰ってくる茅手が多かった

「高天《たかま》が原に神留《かみとど》まりましまして、神はすなわち六根《ろっこん》清浄《しょうじょう》。祓いたまえ清めたもう。すいれいじんの命《みこと》なれば、霜柱《しもばしら》氷の梁《はり》に雪の桁《けた》、雨の垂木《たるき》に露《つゆ》の葺草《ふきぐさ》をもって、鵜茅不合尊《うがやふきあいずのみこと》と申す。祓いたまえ清めたもう。」

火を恐れる茅手らしい祝詞である。つぎに、御神酒を親方が主人につぐ、親戚の人、弟子の茅手と回って最後に親方が主人から杯を受ける。そしてぐしもちを撒いてぐし祭りは終りとなる。あとはその家の座敷で結《ゆい》で集まった人達と、疲れを癒す酒宴が始まる。

僕らは草屋根とともに何を失ったのか

僕が、二度目に会津茅手を訪ねたのは、八十八夜を少し過ぎた五月晴れの日だった。時期は少し遅かったけれども、会津に帰る茅手に出会えるかも知れない、という期待を胸にして、鬼怒川温泉から会津田島行のバスに乗込んだ。途中、川治からむぎわら帽にリュック姿の六〇年輩の人が乗ってきた。バスの中は温泉客でいっぱいであった。僕には大きなリュックがあって座席を占領していたので、荷を下へおろして席をあけた。すみませんと云ってその人は脇に座った。しばらく僕はその人の両手を見つめていた。荒れてずんぐりと太い指には黒いものがしみ込んでいる。茅手である。尋ねると、どうしてわかったと驚いた様子。出稼ぎを終えて田島へ帰るところだと話してくれた。服装や荷物が変って見わけるにはむつかしいけれど、手だけはかくせない。手はその人を物語る。長い間一家をささえてきた手である。雪が少ない

毎年秋、茅を刈って、屋根裏にためておく

といっても、冷たいからっ風の吹く関東での仕事はつらい。しかも屋根の上で手を酷使する仕事である。茅は手の肌にくい込む。長い間にはひび割れた手にススがしみ込んで、いくら洗っても落ちない。ふと自分の手があまりにきゃしゃで弱々しいことに気がついた。

その茅手の手には、草木が下げられていた。自分の庭に植えるのが楽しみで関東から持ち帰るのだという。会津には竹が無いから、屋根の材料も会津と関東では異なる。棟をおさえる「ぐしず」や垂木に関東では竹を用いる。会津茅手は帰る時に四尺位の竹を四つに割って紐で結び杖にする。これを会津に帰ってから、むしろを編む時に使う横藁を通す「さご」に作り変えた。いろりの自在かぎの竹も持ち帰った。しんごろう（小さなむすびを串にさしていろりで焼く）の竹の串も関東からのおみやげだった。魚をとる「うつぼ（筌＝うえ、うけ）」も会津のものとは違っていた。一方、会津からは漆器や木製品、会津桐の下駄、かち栗（しば栗）などを持っていった。サルッパカマは関東でも評判がよくて、頼まれて持っていった人が数多くある。人が動くことによって、会津から関東へ、関東から会津へと生活文化が流れていった。

会津茅手の話は尽きない。尽きない話をこうしてふりかえってみると、歴史の表面には出てこなかった人たちの生活の一部が浮んでくる。力弱い人たちは弱いなりに力を合わせて生きてきた。封建制のもとに搾取され抑圧されてきた人たちが、貧しかった生活の中で、どうして大きな家を持てたのだろうという疑問は、会津茅手を尋ね歩いていて少しずつ解けていった。「ゆい」の労働交換組織や「無尽」にみられる村落共同体の相互扶助がそれを支えてきた

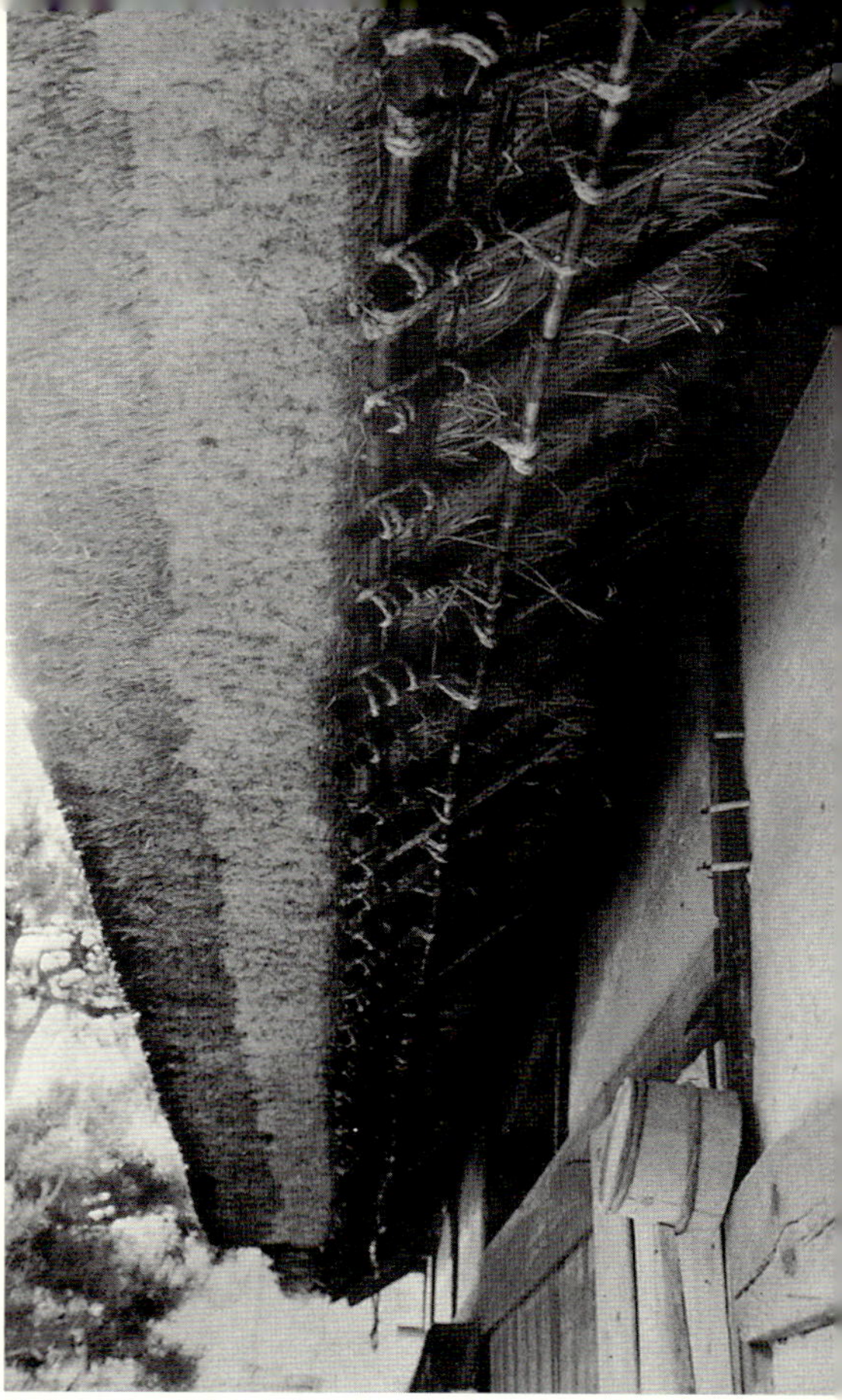

垂木の下の「なわとり」と上の「かやおい」によって軒はおさまる

のである。

ところが、高度成長をとげたと云われる日本で、今建てている住宅のほとんどがマッチ箱のような家である。個人個人の力は知れている。金融機関から借金をしても、その金額は個人の能力範囲内である。一人一人の気持さえもバラバラになってしまった今日、民家のあのゆったりとして、堂々たる大きさは再び現われないであろう。何ものかと引換えに我々はそれを造り出す力を捨ててしまったのだろうか。

草屋根の民家のゆったりとした大きさの中に住む人や、作った人もそれにふさわしい人たちであったようにも思う。薄暗いすすけたいろり端で会っても、茅手たちにはそこだけ陽のさしこんだような不思議な明るさと心の寛さがあった。単なる素朴さのそれではなく、広く世の中を歩いてきた智恵と哲学からにじみ出る明るさであった。だからこそ心に垣根をつくらぬ親切さで接してくれたのであろう。

会津茅手の口に直接は出なかったけれども、茅手たちの話からは、現代の人びとが失ってしまった大事なものを教えられる思いがした。

新しい旅の始まり

こうして茅葺きの技術を追って始まった旅は思いがけないところにまで僕を連れていった。だがこれで終りではない。またまったくちがう世界へ連れ出されそうな気がしている。紹介された一人の茅手をたずねて会津下郷町の大内に行ったとき、自分の目を疑う風景があった。このあたりにはさすがに茅手のふるさとだけあって、昔のおもかげをよくとどめる宿場が多い。それにしてもこの大内はとても昭和の世とは思えぬ雰囲気をもっている。江戸そのままと思いたくなる宿場であった。一日中写真を撮りまくった。

一年半ののち、農作業の手伝いをしながらゆっくり村の生活を見たいと思って、また大内を訪れた。トタン屋根が少し目立つようになり、道路を拡げて舗装しようという計画があった。僕はすっかりあわててしまった。こんな所は他にはない。なんとか史蹟や重要民俗資料として保存できないだろうか。村や村人を不自由な博物館の中にとじこめてしまうのではなく、いっそう村を発展させる保存はできないだろうか。草屋根を追って歩きながら段々大きくなってきたこの問題に、答えを得ないまま決断を下す時がきた。村の将来にとって決定的な問題であった。

必死になって村の人たちと話し合い、工事は延期してもらった。町と県の教育委員会に進言し、東京に帰って文化庁にうったえた。急速に指定と保存の動きがおこり、新聞がとりあげ、テレビが放映した。見学者がやってきた。観光会社が送客を申し込んできた。静かな村の生活に無遠慮な目と、あわよくばという幻影が踏みこんできたのである。三たび大内を訪れたとき村はひどく動揺していた。

いずれにせよ村は変わりつつあるのだし、変わらざるを得ない。また保存が村をうるおわせるようにするには、外から人を受け入れざるを得ない。だが、下手をすると建物や村のたたずまいだけでなく、それを支えてきたあらゆる良いもの、共同意識、生活、心情まで内側から根本的に破壊されてしまう。いやそういう例の方がはるかに多いのである。僕には責任があった。

屋根葺きの手伝いをし、農作業を手伝いながら、村人たちと話し合った。夢を語ることはやさしい。しかしすっかり親しくなり、身内として受け容れられるようになっても、間違いをおかすことも、そのままでいることもできない時、先例だけが互いに納得できる指針になる。新しい旅が必要である。そしてその前に現在の大内のあらゆる側面をできるだけ知りつくして記録にとどめなければならない。いろいろな分野の先輩や仲間や後輩が協力してくれようとしている。しかしこれは何より村の人たちの運命の問題なのである。

さまざまなことを教えてくれた、あの親切な茅手たちや村の人たちに、いったいどうすれば報いることができるであろうか。

茅の葺き具合を見つめる
下郷町大内の地走り

佐々木喜善の生家。晩年の喜善は村を捨て仙台で貧乏のどん底の中で研究に没頭し、昔話の収集に先駆的業績を残した

文・写真　内藤正敏

遠野●もう一つの遠野物語

——金属的視野から

もう一つの遠野物語
●金属的視野から

子供を授けてくれた遠野の神さま

遠野《とおの》で最初に訪ねたのは、土淵の北川正福院という、『遠野物語』にもでてくる山伏の子孫の家だった。昭和四六年十月のことであった。

人の好さそうなお婆さんが、家に伝わる山伏の補任状などの文書類を出してみせてくださったが、それによると、北川家の先祖は羽黒山に入峰修行にも行き、本山から直接に院号をもらっている山伏であることがわかった。私も羽黒山には三年の入峰修行の経験がある。そんな御縁から、その後お願いして、北川家にはたびたび泊めていただくことになった。お婆さんは深雪さんといって、昔話の伝承者として遠野ではかなり有名な人であることも後になって知った。

そんなある日、深雪さんから、当時まだ子供のなかった私に、ぜひ山崎のコンセイさまを拝んでくるようにすすめられた。本家のお孫さんを案内につけるからと熱心にすすめられ、私は断るのが申しわけないような気がして、お孫さんと一緒に拝みに行ったのだった。コンセイさまは高さ五尺ほどもある巨大な男根の神さまだったが、その霊験は不思議なくらいあらたかで、翌年、長女が授かったのである。

その後、昭和五〇年、妻が次の子供をみごもっている時、私は遠野の小友《おとも》に長期滞在していた。その時も村のお婆さんたちにすすめられて、一生に一度の願いがかなうという能伝房《のうでんぼう》神社にお参りした。そしてその年の秋、無事に長男が誕生した。

こうして、私の子供は二人とも遠野の神さまから授かるという奇しき因縁によって、私にとって遠野は忘れることのできない土地になってしまったのであった。

具体的な事実の交錯の上に早池峰山信仰が

「大昔に女神あり。三人の娘を伴ひてこの高原に来り、今の来内《らいない》村の伊豆権現の社ある処に宿りし夜、今夜よき夢を見たらん娘によき山を与ふべしと母の神の語りて寝たりしに、夜深く天より霊華降りて姉の姫の胸の上に止りしを、末の姫眼覚めて窃《ひそか》に之を取り、我胸の上に載せたりしかば、終に最も美しき早池峰《はやちね》の山を得、姉たちは六角牛《ろっこうし》と石神《いしがみ》とを得たり……」

『遠野物語』は、まず遠野盆地の地勢を説明したあと、すぐ早池峰山、六角牛山、石神（上）山の遠野三山にまつわる、神秘的な三人の姫神の話からはじまる。三人の姫神が霊夢を見たという伊豆権現は、今も来内にひっそりと建ち、数匹のコーモリがお堂の中に住みついている。

来内はまた早池峰山の開山・始閣藤蔵《しかくとうぞう》の出身地とされ、早池峰信仰発祥の地である。そのため来内の伊豆権現は早池峰山の下宮として特別な地位があり、昔は早池峰山の大祭は伊豆権現の別当が到着しなければ始められなかった。ところが、ある大祭の重要な神事の最中に、来内の別当が大きなオナラを一発ぶっぱなしたために満場が大笑いとなり、それ以後恥しくて大祭に行けなくなったのだという。神秘的な姫神伝説とはほど遠い、なんとも臭い話である。

その伊豆権現で、何気なく五万分の一の地図の上に磁石をおいてみて、奇妙なことに気づいた。社殿が真北より二〇度西に向いて拝むように建てられているのだ。地図で見ると、その延長線上に、ぴったりと早池峰山頂があてはまるではないか。つまり、実際には裏山にさえぎられて見えないが、お堂はまっすぐ早池峰山頂を拝むように建てられていたのだ。

しかも、早池峰山頂と伊豆権現を直線で結んでみると、その線上には前薬師、大出《おおいで》の早池峰神社、神わかれ神社、天《てん》ヶ森、加茂明神などの早池峰信仰の重要拠点が分布しているのだ。

このうち、前薬師は三角にとがった神奈備《かんなび》型の早池峰山の前立ちの山、神わかれ神社は三人の姫神が三山にわかれた場所。天ヶ森は前薬師と同じような神奈備型の山で、『遠野物語』にも多くの怪異譚の載る信仰の山。加茂明神は遠野からの早池峰山遥拝所である。

そして大出の早池峰神社も、山門から見ると正面の本殿の背後に前薬師が一直線に拝める。つまり、山門と本殿を結ぶ北延長線上に前薬師、早池峰山があり、その南延長線上には来内の伊豆権現が重なるのである。こうした事実について、遠野市役所の教育委員会社会教育課や郷土史家に聞いてみたが、誰一人として気づいている人はいなかった。

同じようなことが、附馬牛《つくもうし》の東禅《とうぜん》寺跡の伽藍配置にもみられる。

東禅寺は建武年間（一三三四～三六）に無尽《むじん》和尚が創建した臨済宗の寺で、七堂伽藍が建ち並び、諸国から常時二百人を越える修行僧が集まったといわれるが、焼失して今はない。ところが、昭和三三年に発掘調査がされた結果、大規模な伽藍の礎石群が発掘されて、伝説が本当だったことが実証された。残念ながら発掘された礎石群は開田工事で、ほとんど破壊されてしまっているため、発掘調査報告書をもとに調べてみた。

その方向をみると、総門、三門、仏殿、法堂、方丈などの諸堂事跡と無尽和尚墓（伝）を結ぶ直線の西方延長上に石上《いしがみ》山がある。さらに注目すべきことは、仏殿跡と開慶水《かいけいすい》を結ぶ線の北方に早池峰山があることだ。

開慶水は早池峰山の女神が山頂の妙泉を無尽和尚に分け与えてできたという言い伝えがある。一方、仏殿は本尊が安置される全伽藍の中心部である。その二つを結ぶ線上に早池峰山を置いているということは、無尽和尚と早池峰山の女神の伝説を巧妙に建築化したものといえるだろう。臨済宗の寺でありながら、民間の早池峰信仰をとり入れていた当時の東禅寺の性格をみることができる。

そもそも日本人の宗教とは、現代人が考えるほど抽象的、観念的なものではなく、早池峰山への信仰心を堂宇の方向で表わすような、極めて具体的な生活感覚に支えられていたのではなかろうか。

『遠野物語』にみなぎるあの幻想的なまでの緊張感も、話の隅々に秘められた、こうした具体的な事実に裏付けられているのではないだろうか。

『遠野物語』を覆うヴェールに
―金属的視野からのスポットを

この数年、私が中心テーマとしているのは、今までのように山伏を単なる呪術的な宗教集団としてとらえるのではなく、山に眠る鉱物資源をバックにした金属技術者

早池峰神社のウッコの大木。イチイともよばれ神主の笏を作る聖樹。枯葉を燃やすと線香の匂いがする。早池峰山の古道に点々とみられる。手前の人物は早池峰神社の神主で、藤蔵の子孫の始閣《しかく》実さん

集団という現実的な一面があったのではないか、というものである。

従来、日本の民俗学は稲を中心とした植物や動物のそれであり、鉱物、金属の民俗学は忘れられていたジャンルだったように思う。いま、そうした金属的な視点から、日本民俗学の原点ともいえる『遠野物語』をながめてみたら、一体どんな世界が現われてくるのだろうか。『遠野物語』の中には、意外と鉱山、金属的な話が多いのである。

例えば、仙人峠の名の由来は、峠の下の千人沢の金山が崩れて千人の金掘りが死んだからだ（遠野物語拾遺五）。下流の川で大根を洗っていたおべんという女が川底に金をみつけ、川を登っていって六黒見《むくろみ》金山を発見した（同三九）。鉱山が盛んになって木が伐られる以前の深い林だった頃の貞任《さだとう》山には、一つ眼一本足の怪物がいた（同九六）。左比内《さひない》鉱山の鉱炉で、六神石《ろっこうし》神社の本尊の銅像を七日七夜吹いたが熔けなかった（同一一九）。青笹《あおざさ》村中沢の兄弟が、佐比内の赤沢山で大迫《おおはざま》銭の贋金を吹いて富裕になった（同二二六）……といった具合である。

こんなに鉱山にまつわる話が多いのは、普通の山村では考えられないことだが、その原因は遠野盆地のまわりがすべて鉱山地帯に囲まれていると いう地質風土によるものであろう。すなわち盆地の南には小友《おとも》、来内《らいない》、その先には気仙《けせん》、東磐井《ひがしいわい》のかつての日本有数の産金地帯があり、東には

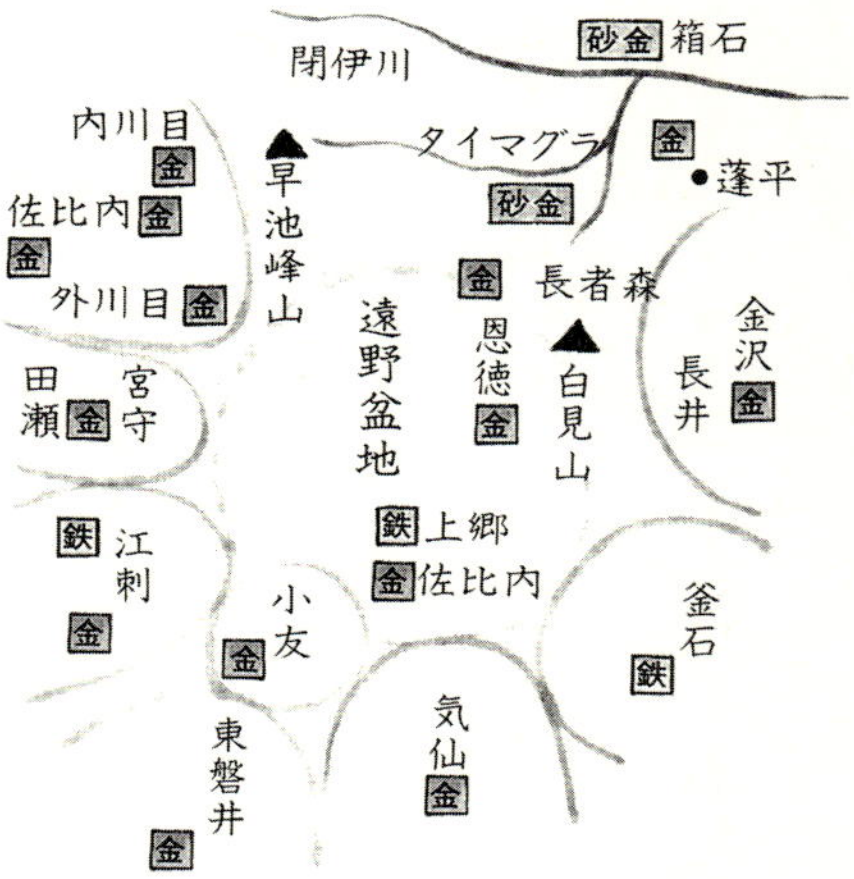

上郷《かみごう》から先の釜石方面に大きな鉄鉱床地帯や大槌《おおづち》の金沢金山。北の恩徳《おんどく》から先の川井、小国方面にも金山が多く、西の大迫《おおはざま》、宮守《みやもり》にも金山が続いているのである。

　もっとも『遠野物語』全体からすれば、山人やザシキワラシ、カッパなどの話がずっと多く、金属の話は少ない。それは柳田國男に原話を話した佐々木喜善《きぜん》が育った土淵《つちぶち》村山口部落が、遠野の中でも全く鉱山がないところだったからだと思われる。山口部落は海岸部と内陸部を結ぶ道筋にあたっており、けっして閉鎖的な山村ではなく、むしろ周辺の村々の話が集まりやすい場所でもあった。佐々木喜善が話を聞きに最も通ったのは、辷石《はねいし》たにえという老婆で、のちに彼女からの話を『老媼夜譚《ろうおうやたん》』という本にまとめているほどであるが、その彼女の二度目の夫は、金山で有名な大槌の金沢村から婿に来た人であった。こうして、山口部落には鉱山がないにもかかわらず『遠野物語』の中に金属的な話が入りこんできたのであろう。ただ、生活実感のないところへ入ってきたために、話そのものが変質してしまうこともあった。

　場所的に考えて、彼女の夫から語られたと思われるものに、「白望《しろみ》の山奥にて金の樋と金の杓とを見たり。持ち帰らんとするに極めて重く、鎌にて片端を削り取らんとしたれどもそれもかなはず……」（遠野物語三三）と金の樋《とい》と金の杓《しゃく》を見つけたが、重いので次の日に大勢で行って見ると見つからなかったという話がある。

　この金の樋と杓は採金道具のことだと思われる。砂金掘りではまず杓子《しゃくし》という道具で川底の土砂をさらう。これはカッチャともいうが、彼女の夫の出身地の金沢村では杓子と呼ぶ人の方が多い。掘った土砂は流水で流して比重のちがいで砂金と土砂をわけるが、その時の精錬道具の一つに樋がある。

　つまり、辷石たにえ、佐々木喜善という金属・鉱山技術の知識が無い二人のフィルターを通る間に、単なる採金道具としての樋と杓子が、純金製の樋と杓という具合に変質されてしまったものであろう。

　特に金属、鉱山の技術は特殊な知識を必要とする。川の土砂から砂金をとりだして集めてみたり、岩石を火で熔かして鉄や銅をとりだしたりする。こうした技術は里人にとって、神秘的であり呪術的ですらあったと思われるのだ。

土淵村山口の小高い丘の上にたつ佐々木喜善の墓

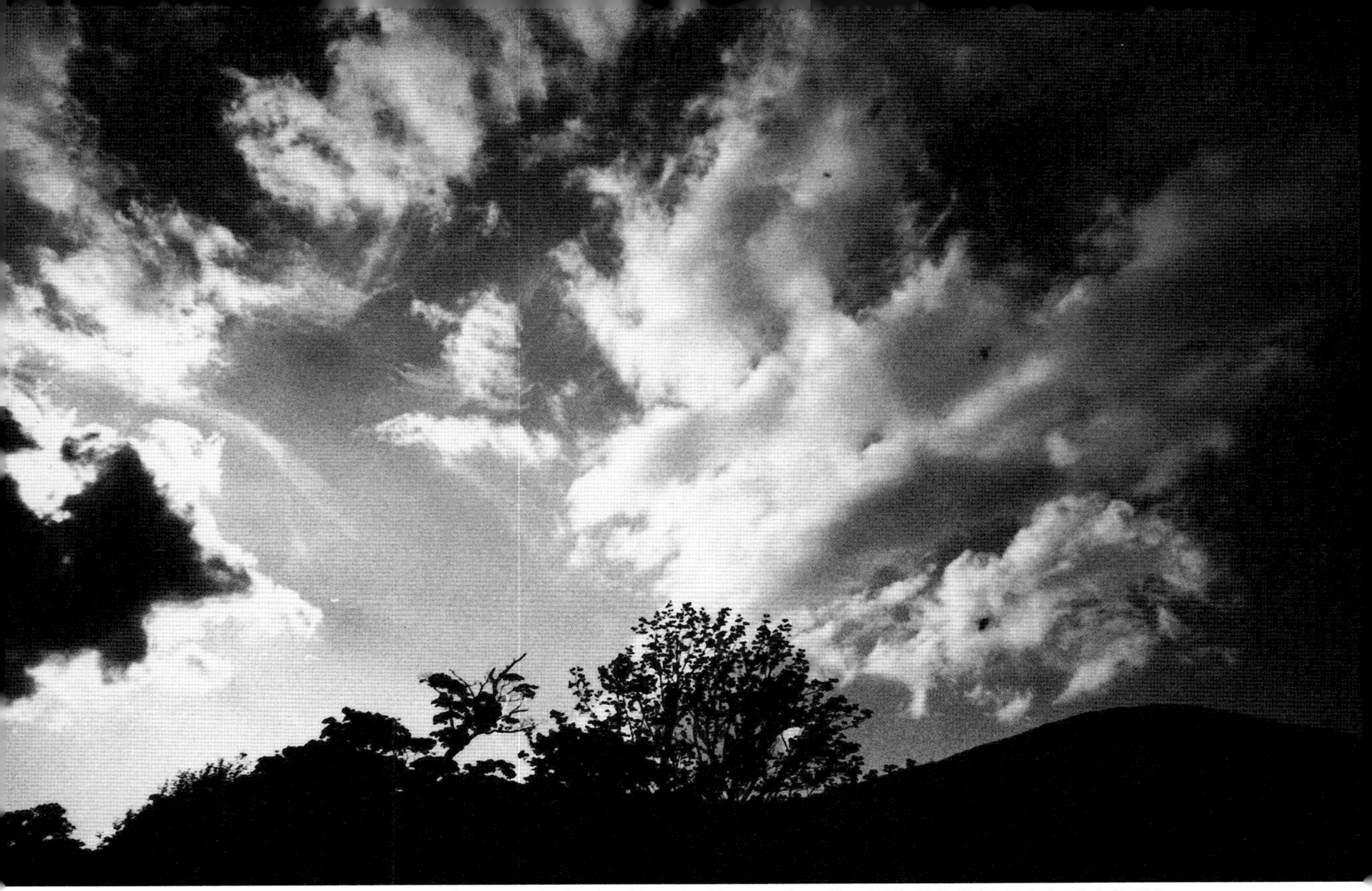

白見山遠望。白見山は遠野市・上閉伊郡・下閉伊郡の境にそびえる。生い茂る原生林と地竹が人を寄せ付けない。昔から怪異な話が多い

農業や漁業、狩猟や林業などの技術は、細かい専門的なことはわからなくても、素人でも真似ぐらいはできる。しかし金属技術だけはそうはいかなかった。金の樋と金の杓の話も、こうした金属技術の特殊性から生まれたものにほかならなかった。

白見山麓に渦巻く怪異譚と製鉄の民の影

「白望《しろみ》の山に行きて泊れば、深夜にあたりの薄明るくなることあり。秋の頃茸を採りに行き山中に宿する者、よく此事に逢ふ。又谷のあなたにて大木を伐り倒す音、歌の声など聞ゆることあり。此山の大さは測るべからず。五月に萱を苅りに行くとき、遠く望めば桐の花の咲き満ちたる山あり。恰も紫の雲のたなびけるがごとし。されども終にそのあたりに近づくことあたはず……」(遠野物語三三)

『遠野物語』には怪異な山の話が多いが、中でも白見(白望)山には、狩人などが山中で髪をおどろに振り乱した女に出会い、飛ぶような速さで逃げさった(拾遺一一一)とか、三本のローソクが現われたかと思うと一本になり、その炎から髪を乱した女の顔が現われて薄気味悪く笑った(同一一五)などという話が多く、ひときわ印象に強く残る場所である。

白見山は標高一一七三メートルのお椀をふせたような山で、遠くから見るかぎりおだやかで美しい。しかし、山中に一歩ふみこむと、強暴な素顔に一変する。地面には太い地竹がおいしげり、太古の昔からの原生林が人間を寄せつけないからだ。現在でも山頂まで登ろうとすれば、雪の積った冬以外には不可

能である。こうした人間を拒否しつづける白見山そのものが、多くの怪異譚を生んだのだろう。

白見山は山中ばかりでなく、山麓にも怪異譚は多い。山から遠野の琴畑《ことはた》方面へおりた長者屋敷という場所にも、髪を長く二つに分けて垂れた女に炭焼小屋がのぞかれた（物語三四）とか、小屋の戸口に夜になると女が伺い寄ってきてゲタゲタ笑った（同七五）という無気味な話がある。

ところで、この長者屋敷について柳田國男が、「この長者は昔の金山師なりしならんか、此あたりには鉄を吹きたる滓《かす》あり。恩徳の金山もこれより山続きにて遠からず」と述べているのは注目すべきことである。

柳田のいう恩徳金山は、長者屋敷から西方の山続きにあり、さらに白見山のすぐ北側には長者森金山がある。これは遠野の小松長者が掘った金山だとの伝説があり、昭和一七年頃には一キロ以上もの坑道が掘られたこともあった。また、もう少し北の小国地方には多くの金山があり、東方には金沢の金山地帯が、南方には釜石、大橋、青ノ木などの大規模な高温交代鉱床地帯の産鉄地が広がる。

おそらく、長者屋敷は金山師、つまり金属技術者の住んだ跡だという柳田国男の推定は正しいと思われる。

長者屋敷には、『遠野物語』に書かれているように、鉄を吹いた時にできる鉄滓《てっさい》がいまでも見つかるという話を聞いた。そればかりか、長者屋敷から先の山落場《やまおとしば》、カナホッパという所にも大量の鉄滓が落ちているというのだ。鉄滓は砂鉄または鉄鉱石を熔融して鉄をとったあとの鉱滓のことで、形が糞に似ているのでカナクソともいわれる。したがって、鉱滓が落ちているということは、その付近に金属技術者がいたことを示す重要な証拠になる。さっそく鉄滓を探しにでかけることにした。

長者屋敷は琴畑から六キロほど登った道路際の、いかにも屋敷があったような平らな場所で、少しばかりの鉄滓が落ちていた。そこから少し登った所が山落場であるが、ここはすでに牧場に開発されてしまっていて、鉄滓を見つけることはできなかった。そこで、さらにカナホッパへ向う。長者屋敷から樺坂《かばさか》峠を越え、左手に白見山をみながら進み、大槌町との境界付近にカナホッパがあった。道路際に幹が四本にわかれた異様な形の桜があり、その付近一帯には大量の鉄滓が敷きつめられていた。やはりウワサは本当だったのだ。

それにしても、こんなに深い山の中で製鉄作業をしたのは、いったいどんな人達だったのだろう。『拾遺』の一〇三話には、先の山落場の谷間のわずかな平地の一面に菰莚《こもむしろ》を干してあるのを見つけて近づいたら、すでに何者かが取り片づけた後で一枚もなかったという土淵村の人の話を載せているが、長者屋敷をはじめ、白見山付近の怪異譚には、どこか里人とはちがう山の民のイメージがつきまとっているようだ。

小鎚川沿いに点在する鉄滓群
—そして荒ぶる小鎚明神・製鉄絵巻・鬼打ち伝説

白見山麓の何やら謎めいた製鉄の民。この幻想的な人々の跡は、遠野側ばかりでなく、大槌側にもみられるらしいのだ。

『大槌町史』（上巻）によれば、白見山麓には明神平、

カナホッパの鉄滓群。四本の幹に分かれた桜の大木の根元にあった。遠野の古い金山跡にも桜の大木がみられる。何か関係があるのだろうか

カナクソ平、洞《どう》ヶ沢などに多量の鉄滓がみられるという。特に明神平には小鎚《こづち》明神という神社があり、その周囲の地下にも夥《おびただ》しい鉄滓が埋まっており、町史の調査員が恐怖を覚えたほどの量だったという。さらに近くの河底にも鉄滓が敷きつめられ、林道工事にも鉄滓が泥濘《でいねい》防止のために利用されているという。ある鉱山師が、ここの鉄滓にはまだ六〇%の鉄分が含まれているといって、町に売却方を申請してきたこともあったという。

どうも明神平はカナホッパよりも規模が大きそうだ。地図でみると、明神平はカナホッパから少しさがった場所である。いったん大槌の町へ移り、大槌側から明神平へ登ってみることにした。

ところが私の想像とはほど遠く、明神平には近代的な新山《しんやま》牧場がつくられており、明神様の所だけが少々の木と共にぽつんと残されただけで、あとは樹木が伐採されて牧場の施設が建てられていた。昔は明神平の一帯は昼なお暗い樹木に覆われ、神秘な恐ろしさに満ちていたというが、その面影すら想像できないような有様だった。もうここも山落場のように鉄滓を見つけることはできないだろうと、なかばあきらめながら、明神様の前を流れる沢の対岸をながめると鉄滓が目にとびこんできた。よく見ると、沢の付近や林の中に、鉄滓が点々と露出しているではないか。さらに近くの沢の中には、多くの砂鉄が堆積していた。

興奮しながら鉄滓を探しまわっているうちに、すでに夕闇があたりを包み、明神平には山の霊気が漂

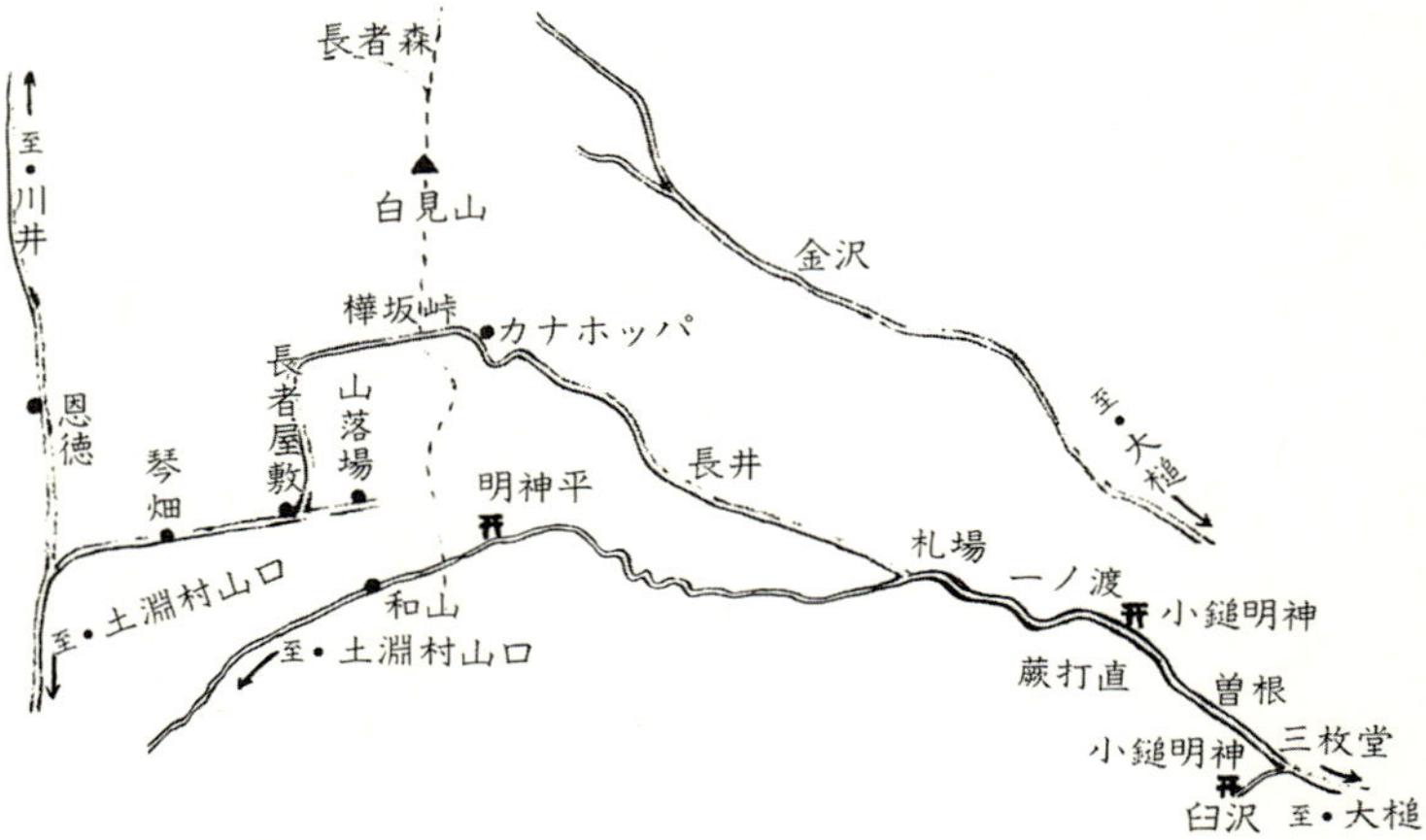

いはじめた。人工的な施設も闇の中にすいこまれ、急に明神平は太古からの神秘感をとりもどしたように息づきだしたのだった。

伝説によると小鎚明神は蛇体の神さまだという。以前は明神様の付近は大きな沼で、お祭の時に神楽を奉納すると小鎚明神は蛇体となって現われ、下半身を沼の中に沈めたまま、上半身は物見岩の上にのせて、神楽の音色を楽しまれたという。その明神様が明神平から一《いち》ノ渡《わたり》の現在地に移ったのが天長年間（八二四〜三四）だったと伝えられている。

蕨打直《わらびうちな》のバス停近くにある現在の小鎚明神は、明神平を向いて拝むように建てられている。本尊は蛇体をふみしめた男神像で、鉄滓が奉納してあった。小鎚明神は荒々しい神だといい、葬式で死人を担いで神社の前を通ると必ず大雨か台風になったり、馬に乗ったまま通りすぎると振り落されるので、殿様もここを通る時は下馬しなければならなかったという。

ここから少し下った曽根《そね》という部落には、三面の鍛冶神の下に刀や農具の描かれた掛け軸と、古代の製鉄法を描いた絵巻を伝える家がある。その絵巻には巻頭に「大道二酉歳二月十六日」の年月が、そして巻末に「大治元年子八月酉小林喜助」と記されている。巻頭の大道は大同と考えられ、喜助が大治元年（一一二六）に書き写した原本は大同二年（八〇七）のものということになるが、大同二年は酉《とり》ではなく亥《い》なので年代には疑問が残る。

この絵巻でおもしろいのは、タタラを吹くフイゴである。近世の絵巻にみえるフイゴは、今でも鍛冶屋が使っている箱型のものか、大型の天秤フイゴである。ところがこの絵巻には、皮袋を手で押す型のフイゴを六人で使っている図が描かれている。この袋型のものは、間宮林蔵の『北蝦夷図説《きたえぞずせつ》』にある、魚皮あるいは水豹《すいひょう》（アザラシの異称）の皮で作るというフイゴを思い出させる。

絵巻を所蔵する小林孫右衛門家の裏庭には屋敷神が祀られているが、山神、不動、稲荷を一緒に祀る祠の中に、鉄滓と共に高さ四〇センチほどの妙な石が供えられていた。持ちあげてみたところ、おそろしく重い。案内していただいた地元の老人も今まで気づかなかったという。その石は鉄鉱石だった。

さらに小林家の近くに「鬼打ち」または「鬼鍛冶」という屋号の家があり、次のような話を伝えている。

先祖が小鎚川の対岸の葡萄《ぶどう》森で鍛冶屋をしていた頃、毎晩のように鬼が来ては屋内をのぞき、家の者が寝静まると屋内に侵入して鍛冶道具などを荒らして困った。そこである晩、鍛冶用の槌で鬼の頭を叩いたところ、鬼は泣き叫びながら逃げだし、青ノ木という所で死体で発見されたという。

鍛冶小屋をのぞきにきた鬼の死体が青ノ木で発見され

小鎚村曽根の小林孫右衛門家の屋敷神に供えられる鉄鉱石と鉄滓。この家に古代製鉄絵巻が伝わる

たというのが興味深い。青ノ木は釜石市橋野にあり、近代製鉄の父・大島高任《たかとう》が全国に先がけて熔鉱炉をつくった所で、日本でも有数の巨大な鉄鉱床の上にある。またこの付近には餅鉄《べんてつ》と称する鉄鉱石がみられるが、これは硫黄や燐などの有害成分が少なく、鉄の含有量が高い優秀な磁鉄鉱で、表面がなめらかで餅のような形をしている。

釜石の郷土史家・新沼鉄夫さんは、もと釜石製鉄所で働いていたが、定年退職後、陸中大橋にプレハブ二階建ての研究所を建て、そこで実験考古学的に古代鉄の研究をされている。新沼さんの実験によれば、餅鉄を原料として製錬すると、砂鉄製錬より燃料も少なく簡単に優秀な卸《おろ》し鉄《がね》（はがね）ができることがわかった。そのため、東北には出雲や吉備などに代表される砂鉄製鉄とは別系統の製鉄技術があったのではないかと想定されている。

すると先の鬼打ち伝説は、鬼に象徴される在来の鉄鉱石製錬をする青ノ木の住民と、新式の砂鉄製錬法を持った明神平系の入植者たちとの間の、技術をめぐる争いを語ったものであろうか。

そんな空想をしながら、曽根から大槌方面へ一〇分ほど歩きだした道端に鉄滓を見つけた。近くの水田で働く人にたずねたところ、ここの川原を開田する時には多量の鉄滓と、羽口と思われる素焼きの土管が土の中から出てきたが、すててしまったという。さらに三〇分ほどで三枚堂《さんまいどう》にでるが、ここの裏山にも鉄滓があり、カナシキボーという地名もあるそうだ。

三枚堂の対岸に臼沢部落がある。ここには臼沢一族が住み、明治の神仏分離まで、一ノ渡の小鎚明神の別当は臼沢久光さんの家が世襲していた。臼沢部落にも氏神として小槌明神が祀られているが、一ノ渡と同じく、まっすぐ明神平を拝む方向に建てられている。ここの明神様でも何か鉄に関係する物が見つかるかもしれない。

部落の青年に立合っていただき、明神様の扉を開けてみると、鉄の塊が赤い敷物にのせられて祀られていた。何か出てくるのではないかと予想はしたが、これほど的中するとは思わなかった。大きさは直径約一〇センチ、高さ七〜一一センチの少しゆがんだ円筒形で、真中に穴があいている。形のゆがみ具合からみて、技術が幼稚だった時代のもののようだ。

同行した青年も今まで気づかなかった

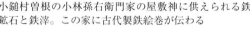

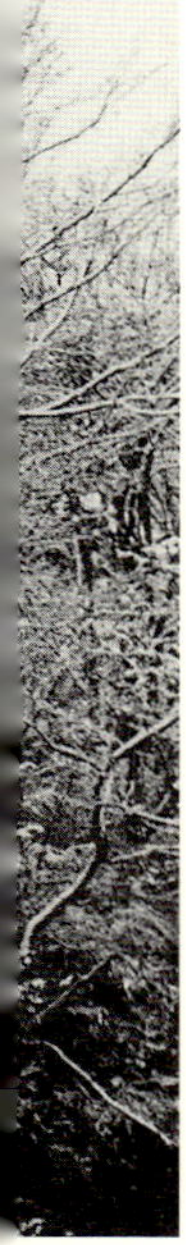

という。そこで昔の別当家の臼沢久光さんのところへ駈けこんで尋ねると、かつては一ノ渡の小鎚明神に祀ってあったものを、明治になって別当をやめる時に持ってきて神棚にあげていたが、数年前に今の祠に移したのだという。そして、戦争中の物資のない時には、あの鉄塊の穴に柄を通して、道路工事のハンマーがわりに使ったものだが、大きな岩をぶっ叩いてもびくともするものでなかったという。よほど硬質の鉄塊であることを示す話だが、それが一ノ渡の小鎚明神に祀られていたというから興奮するのだ。

曽根の小林家に伝わる製鉄絵巻と屋敷神に供えられた鉄鉱石。鬼打ち伝説。荒ぶる神・小鎚明神と鉄塊。三枚堂あたりから小鎚川にそって点々と明神平方面へ、さらには遠野側の長者屋敷方面にのびる鉄滓群。いまや、『遠野物語』の一節から、具体性をもった金属の姿が次々と現実のものとして現われてきたようだ。

金沢（その1）
—採金法の古典から近代までが同居した時代が

「あれは雪の深い日だったなす。上のセガレが山さへって死んだのは、旧の二月九日のことでござんした。雪崩さあってなす。今日みでぇな雪の降る日のことであった。昔だば、かせぐどいっても、今みでぇに出かせぎも無ぇす。こんな山の中だば、働ぐっていっても、何もねぇす。手間かせぐために、冬は炭焼ぎに山さへぇって、かせぇだもんでござんしたよ。今だば出かせぎつうもんもあっぺいども、ほんとに昔は出かせぎも無ぇす。炭焼ぎすか無ぇもなす。炭焼ぎというもんは、それはつれぇもんでござんすたなぁ。何んぼ出かぎの方がえぇもんだか……」

私が金沢村で最初に訪ねたのは、兼沢《かねざわ》暦三、リヨ夫妻のお宅であった。暦三さん（七五歳）は、金沢の鉱山で職長として働いたこともあり、砂金掘りもした人である。奥さんのリヨさん（七一歳）も、鉱山労働の経験があるばかりか、そのお父さんは金沢村では砂金掘りで名を知られた人であった。共に金沢の産金技術について重要な知識の持ち主なのである。

リヨさんの話は、息子さんの死という暗い想い出から始まった。それは、私がはじめて訪ねた三月二八日が、奇しくも息子さんの命日の旧暦二月九日にあたっていたからのようだ。もうすぐ四月だというのに、大きなボタン雪が降りつづき、金沢村を重い白一色に染めていた。

金沢村は岩手県上閉伊《かみへい》郡大槌町にあり、国鉄釜石線の大槌駅からバスで三〇分ほど入った山村で、『遠野物語』にもこの村の人の話がしばしば登場する。少し上流の安瀬《あぜ》ノ沢を通って白見山の麓をぬければ、すぐ遠野の恩徳に行くことができるし、佐々木喜善に話を聞かせた江石たにえ婆の二度目の夫も、この村から婿に来た人であった。人馬による昔の交通路では、今から考える以上に、金沢と遠野は近かったのである。

ごく最近まで金沢村の生活は、金山にまつわる華やかなイメージとはほど遠く、貧しく厳しいものであった。常食はヒエと麦のカデメシで、カデにはスダミ（ドングリ）やトチの実のデンプンを入れて食べたものだった。臼でついたスダミをトーミに通して殻を取り、木灰のアク汁を入れて釜で煮る。水を替えて三日ほど煮ると黒い

金沢村雪景色。金山と共に生きてきた金沢村は、大昔は逢平《あいへい》村といわれた。それはアワとヒエしかとれない村という意味だったという

デンプンがとれる。これをキナ粉とまぜて麦飯に入れた。トチの実は天日に干して臼でつき、皮をとって粉にして、アク汁と熱湯を通して白くなったものを布で絞ってダンゴにし、汁に入れたり、ヒエの粥に入れたりしたものだった。米がとれるようになったのは、ごく最近のことであったから、ここでのドブロクは麦酒やスダミ酒で、おそろしく臭いの強い酒であったという。

金沢村でも米が作れるようになったのは、当時の農事試験場の青年技師・煙山《けむやま》健之助さんの献身的な努力によるところが多かった。

現在七一歳の煙山さんの話によれば、昭和三年か四年の頃、金沢村の中井市助さんに、この村でも米ができないだろうかと相談をもちかけられた。それ以前にも田圃を作った家があったが、失敗していたこともあって、村長でさえも米作りには強く反対していた。しかし煙山さんは、中井さんの家の爺さまに「先生さん、このお爺にも米の飯を食わせて死なせてくだせい」と、拝むように言われた姿が瞼にやきついて離れず、この賭に挑戦したのだという。

自然条件を調べた結果、それまでの失敗は冷たい水を直接田に流したのが原因とわかり、湧き水を溜めてなるべく水を温めるようにした。そして、遠野の上郷で成功していた関山という品種を持ちこんで、最初の年は五坪ほどで実験したが、これがうまく成功した。翌年は田も六畝に広げ、品種も寒さに強い陸羽《りくう》一三二号にしたが、この年も大成功だった。たまたま、昭和五、六年頃に襲った大凶作の時局匡救《きょうきゅう》事業として、水田をおこす者に助成金がでることになったために、金沢村でも米作りが

兼沢暦三・リヨ夫妻。お二人とも金沢金山で働いた。リヨさんの父親の千蔵さんは砂金掘りの名人といわれた

急増した。ようやく米が食べられるようになったのは、それ以後のことである。

　一方、昭和初期から国策的に鉱山開発をする産金奨励時代を迎え、暦三さん夫婦にとっても、金沢村にとっても久しぶりの春が訪れるのであった。

「まずカナヤマってええもんだなんす。オラのオヤジ（暦三さん）は職長やってでたから、日給で二円五〇銭で、オラだちオナゴの雑夫はいくらだったべか、一円ぐらいだったかもすんねぇなす。ヤイタ（坑木）さ、うしろに背負って、頭ぶつげねぇように下さむいて、シキ（坑道）の中さ入ってくと、シキの奥からゴンゴンゴンって音がしてくるもんでござんしたよ。ゴンゴンゴンってなす。シキの中は暗くて水がダラダラダラ流れてなす。恐ろしいもんでござんした。ヤイタ背負ってれば、ここでつぶれて死ぬと思うぐれぇ心配なんだなんす。まんず、そうだども、みんなもかせぐからなんす。元気で働いて、そして時間になればさがってきたもんでござんす」

　当時、米一俵が一五円だったから、夫婦の日給があわせて三円五〇銭は大きかった。五日も働けば一俵の米が買えたのである。耕地の少ない村では、金山労働での現金収入は想像以上に貴重なものであった。

　リヨさんの多感な少女時代の楽しい想い出もまた、金山にまつわるものであった。

「オラが小さい時、尋常小学校の時、アケイボラの奥のひがし沢の出口に、水車で鉱石ついていたもんでござんす。先に鉄《かね》のワッカぶっこんだ木の杵と鉄《かね》の臼を、三ガラだか四ガラだか並べてなんす。鉱夫さんだちの奥さんだちが、夜昼につかせて、交替につかせて、唄っこ歌い歌いつかせていだもんでござんす。はやったんだなぁ……」

彼女が少女時代に見た金山は、東京から大きな資本が入った時期で、七〇歳以上の老人は、きまってこの頃の盛んだった金山を懐かしむ。現在の小学校付近に立派な精錬工場があったが、

「今でいえばなす、学校のあの桜の木あった、その上《かみ》の方には職員の事務所だ。その下には飯場だ。それからなす、事務所のこっちから向えば右側の方だぁなぁ、精錬所つうのがあった。オラ十二、三のあたりだから、よう憶えてねぇが、上の方には鉱石くだくだく機械がありやしった。大きな力車。あの水車みたいなのが二つありやしたった。その下にこんな大きな挽臼《ひきうす》がまわったもんだなあ。そんな石の挽臼が四つか五つあったんでねぇか。そうさなあ、大きさはこんなもんだったなあ（両手を大きく広げてみせる）。そうしておいて、こんどはガタガタと動く機械があって、それで金をとるんだという話を教えられたったがなあ。なぁに、オラまだ小さくてよう憶えてねぇが、たぶん明治の終りだこってすよ……」

こう語る佐々木勘四郎さんの話で興味深いのは、精錬場に大きな石の挽白のあったことである。それは、日本では産業史、技術史の研究は非常に遅れており、金山の挽臼についても、江戸時代かそれ以前に使われたのだろうというだけで、実際にいつ頃まで使われたのかはよくわからないのだ。したがって、もし勘四郎さんの記憶が正しいとすれば、重要な証言になる。

ところがそれを証明するかのように、大槌に住む山師・小西麟太郎さんのお宅で、明治時代の大型石臼がみつかった。小西さんによると、その石臼は自分が権利をもつ千福山金山にあったもので、明治初年頃から日清戦争（明治二八年）頃まで使われたという。現在あるのは下臼が二つで、直径六〇センチ、高さ二九・五センチ、穴の直径八・五センチの花崗岩製である。上玉は親戚の人にあげてしまったが、鉱石臼に特有の線が彫ってあるという。いずれにしても、石臼が明治になっても使われていたことがわかった。

さて、先のリヨさんの話の中に、アケイボラで先に鉄のついた木の杵で鉱石をついていたとあったが、これはあきらかに「木搗鉱《もくとうこう》」といわれる水車式の鉱石粉砕機である。小西さんによると、金沢では木搗鉱は安政年間（一八五四～六〇）から始まり、昭和になってもさかんに使われたという。さらに驚くべきことには、明治の終りにはボールミルと青化法が入っていたというのだ。ボールミルというのは、鉄の球の入ったドラムに鉱石を入れて、ドラムを回転させて粉砕する機械で、青化法は青酸カリ溶液でいったん金を溶かしてから、亜鉛片を入れて金を遊離させてとる近代的方法である。青化法によって金の収量は格段にあがったといわれる方法である。

つまり明治時代の金沢では、古式の石臼と共に、木搗鉱、近代的なボールミルに青化法までが同時に入りみだれて稼動していたことになるわけだ。

ところで、このボールミルと青化法を金沢に持ちこんだのは、池内聡一郎という東京の山師で、栃木の石灰の山を当時一五万円で売った代金で機械を買い、明治四三年頃に来たのだという。大型の機械を大槌から金沢まで運びこむのは、当時としては空前の大事業であった。

金沢（その2）
―金鉱山が吸いよせる新しい風

まだ満足な道路がなかったので、機械の運搬は全て人力に頼った。まず二、三〇人の雑役夫が木を伐り払い、直径二寸ほどの丸太をコロとして敷く。その上に機械をおいて、左右それぞれ五〇人ほどの人夫が綱を曳き、コロを次々と前方に担ぎあげながら運んだ。おそらく一五〇人もの人夫が動員されて、大槌から金沢村まで一ヶ月近くもかかったという。この時、機械を曳く人たちは、「千葉さんたのむぜ　ヨイサ　ヨイサ」というかけ声をかけたというが、なぜ「千葉さん」なのか、さっぱりわからないという。たぶん千葉さんという現場監督でもいたんではねぇべか、という話だ。この時の光景はよほど強烈な印象であったらしく、金沢村の子供たちの間には、「千葉さんたのむぜ……」のかけ声で物をひっぱる遊びがしばらく流行したという。

戦前、電動式のボールミルと青化精錬法が導入され小友最大の金山として栄えた大葛金山。コンクリートの建造物は青化精錬用の溶液タンク。青化法はすでに明治末に金沢村へ導入されいたという

まったくの山村に、近代が持ちこまれるのはいつも金山を通してであった。新しい風俗や文化が、鉱山の人たちを通して次々と持ちこまれた。鉱山の人たちがビンに入った酒を飲むのが珍しく、「ビンけろ　ビンけろ」と、空になった酒ビンをもらったものだという。これは明治中頃の話で、それまでガラスビンを見たこともなかったのだ。そのほか、鉱山の事務の人たちが着ている洋服や皮靴、都会風の菓子、カンヅメのカン。こうしたもの全てが村人にとって新鮮な驚きに満ちていた。

金山の賑わいが華やかであればあるほど、それが潰れた後は、ひとしおの淋しさが漂った。そうした休山の後に、鉱山で働いていた人が試みるものに砂金掘りがあった。リヨさんの父親の千蔵さんも、夫の暦三さんも、砂金掘りをした人たちであった。

「砂金掘りというもんは、シャクシで石を掘って、そうしてスボロギで石を投げるもんだが、それが一番つれえもんでござんしたなす。食うものといえば、カデの入った麦飯やヒエの粥でござんすべ。腹へっておよばねぇのんすよ。腹もへったども、アブもつれぇもんでござんし

カネフク村長（兼沢福次郎さん）の肖像。50年間も金沢の村長を務め、日本一在任期間の長い村長として表彰された

た。あの蜜蜂おぼえてやんすべ。あの蜜蜂のように、アブがいっぺえ来るんでやんすよ。砂金掘りは水にぬれるから裸でやんすべ。アブにたかられて胸や背中はまっ赤になったもんでござんす」

暦三さんによると、砂金掘りは単調な作業が連続するだけに坑内労働とはちがった苦しみがあったという。

ここの砂金掘りの方法は、川の土砂をさらって、ネコ流し、ユリイタで砂金を採るもので、遠野の小友あたりの方法とほとんど変りがない。ただ、川の中の岩にはえている草をぬいて、根についている土砂をネコの上で洗ったという話は興味深い。小西さんの話でも、草の根の土に砂金がついていることが多く、鉱区を調べに来る山師に含有量をみせるのに、草の根の土をカサガケワンでゆすってみせたという。この地方には、草の根から砂金を採る伝統があったようだ。山芋についていた砂金から南部の白根金山が発見されたという伝説や、ネギの根についていた砂金から佐渡金山が発見されたという伝説を思い出す。

掘りためた砂金をルツボに入れ、炭をフイゴで吹いて熔かして成形した。ルツボは馬の骨を砕いてつぶしたものに粘土をまぜて型をとり、一度焼いて作ったという。成形した金は必ず煤《すす》けた幣束紙《へいそくがみ》に包んで保存した。幣束として神棚にあげて煤けた和紙は、金を変色させないと信じられていた。成形した金がたまると、年に二回ほど、村長の兼沢福次郎さんに買ってもらった。兼沢村長が砂金掘りの借区願いを出して、千蔵さんたちに掘らせて、それを買いあげていたのだ。むろん当時のことなので、時々酒代を出す程度で、給金を出すようなことはなかったという。

兼沢福次郎さんは五〇年間も村長を務め、日本一任期の長い村長として表彰されたこともあり、カネフクさんの名で親しまれた名物村長であった。経営者的な才能もあって、鉄道の枕木を一手にひきうける材木商を息子にさせて成功するなど、公私ともにやり手の政治家であった。このカネフク村長が今でも村人に人気があるのは、金沢に山師を呼びよせるのに力をいれたからだという。そのたくみな話術で、金沢の金山にはいかに大きな金脈があるか、いかに金の質がすぐれているかを、資本家や山師相手に朗々としゃべりまくったという。

しかし実際に金沢に投資した山師たちは、採掘にまでこぎつけた者もいたが、ほとんどは試掘だけで失敗して山をおりていった。そのため、あれはカネフクたちが坑道を案内する時に、岩石に砂金をぬりつけておいて、いかにも豊かな金脈があるようにみせるインチキをしたんだ、という話が一部に伝えられている。一方では、その話は失敗した山師が、くやしまぎれに流したデマだともいわれる。もっとも、こうしたインチキは他の地方の山師の間では常識みたいなもので、その高度なテクニックの一つに、「鉄砲金」というのがある。これは、すりつぶした砂金を鉄砲にこめて、鉱脈にぶっぱなす方法で、手でぬりつけるとすぐ見破られるが、これだとベテランでもまず見分けがつかなかったという。

しかし、地元の山師、小西さんは、山の性質さえ見きわめていれば、どんなトリックにもだまされることはないという。

「山はよく見ればのこと、必ず失敗いたしません。だから私は鉱山で失敗したことありません。必ず探鉱をしっかりやれば、失敗することありません。私は必ず六人ぐらい鉱山さ経験ある人間やとって、私と一緒に一メーターおきぐらいに横に並んで、ずっと山を見て進んで歩きます。そして、後で皆で見たこと感じたことを話しあうということやりました。金沢の山やる時も、千福山やる時もそうでした。山には特有のクセがあります。だから、東京あたりからチョコッと来ても、この辺の山のことは解りません。だから私はこの辺の金山しかやりません。みんな調査しないで設備だけ金かけるから失敗するんです。池内聡一郎さんが失敗したのも、調査不足が原因です……」

小西さんに言わせれば、失敗するのはあくまで山師自身の責任だというわけである。

だが、砂金をぬりつけるインチキをしたというウワサ話が生まれるような背景が、金沢村そのものに満更なかったわけでもないようだ。

昭和七年頃のこと、金沢村は経済更生指定村にされたことがあった。これは一種の会社更生法のようなもので、借金で倒れる寸前の村を救うためのものだった。借金の内容は、ほとんどの村民が大槌などの商人から、秋払いで物を買ったツケが払えなくて、その利息がつもりにつもったものであった。ツケで買った物のほとんどが食料、それもヒエが大部分だったというから、いかに生活が厳しかったかがわかる。この時もカネフク村長の活躍で県が仲介に入り、商人に利息をまけさせて、何とか借金の返済にこぎつけたのだという。

耕地も少なく、何の産業もない金沢村にとって、鉱山事業の誘致は、例え試掘であっても重要なことだった。坑内労働や撰鉱、精錬などの労働力以外にも、食料や物資の供給、燃料の炭焼きといったように、直接間接に鉱山は村に現金を落していってくれたからだ。

金沢村にとって、金山こそは生命そのものだったといえる。これは農地に適さないような山の中で、金山と消長を共にしてきた金沢村の、歴史的な宿命だったともいえるだろう。

金沢（その3）
—初期の繁栄は歩き筋の山師たちが

金沢の金山は、沢上《さわがみ》沢と水保呂《みずほろ》沢の上流に集中する。大槌川に合流する二つの沢の間を通称、元町というが、金山で町のように繁栄したからだという。ここには菩提寺の大勝院、産土《うぶすな》神の不動神社があり、役場の出張所、郵便局、農協なども集まっている。

二つの沢の上流の間には、むかし雲の峰御山という大

金沢金山の坑道（大切坑）。この辺りには金沢村の代表的金山が集中する。山師栄助や暦三さんたちが働いたのもこの辺りの金山である

金山があったといわれ、この付近は雨が近づくと不思議に霞がかかり、文字通り、雲の峰の雰囲気が漂う。一度は雲の峰の近くまで行って、かつての坑道をたしかめたいと思っていたが、現在は道もなくなっており、私だけではとても無理だった。そこで、営林署の看視を頼まれて山をみまわっている暦三さんの息子さんにお願いして、旧坑跡へ連れていっていただくことにした。

大槌川を渡って三〇分ほど行くと、精錬場があった金山平《かなやまだいら》。そこから沢づたいに一時間半ほどのところに、大切《おおぎり》坑が残っていた。中に入るとほとんどの坑木は崩れていたが、岩盤をくりぬいた坑道はしっかりしていた。すぐ近くには、明治一八年に立てたとある山神さまの石碑があり、その台石には挽臼が敷かれていた。付近にも挽臼がすてられてあり、明治以前からこの付近一帯で、挽臼による精錬がおこなわれていたことを示している。

大切坑からほど近いところに、宝来《ほうらい》坑と万才《まんざい》坑がある。共に坑口は土砂が崩れて埋もれていたが、相当大きな規模だったことがわかる。さらにそこから六〇度以上の急斜面を、斧で雑木やツルを切り払いながら、三〇分ほど登りきった頂上付近に胡桃《くるみ》立《だち》坑があった。坑道は人間が一人通れるほどの小さなもので、斜め下に急角度にくだる坑道が二本みられた。まだこの先にも旧坑跡は多いという。

おりからの雨で下着までずぶぬれになり、新調したばかりの上着の背中も、雑木にひっかけて破れていた。あたりの新緑も雨にぬれて美しく冴え、金山

の賑わいのあったところとは思えぬ静けさの中に、カッコウだけが鳴いていた。それにしても、こんな深い山の中にまで入りこんできた金山師たちの執念には驚くほかはない。そして、この金山を舞台にして、どんな人間ドラマが展開されたのだろう。

金沢の金山がいつごろから開かれたかは、はっきりしない。金売り吉次が掘ったという伝説もあるのだが、素朴な砂金採取は相当古くからあっただろう。しかし、大規模な坑道掘りは江戸時代になってからである。

郷土史家、花石公夫さんが昭和五〇年に自費出版した『閉伊郡金沢村金山史』という、すぐれた研究がある。大槌町史編纂委員をされる花石さんの本職は、釜石の新日鉄の分析室に務める技術者で、その技術者的な態度が郷土史の研究にも生かされている。例えば、金沢山大勝院の過去帳を分析して、金山開発の時期を推定しようと試みる。

大勝院の過去帳は貞享二年（一六八五）から記載されているが、童子の戒名が現われるのは元禄一六年（一七〇三）になってからで、正徳五年（一七一五）頃には童子童女の記載が定着化する。したがって、この頃から金沢村では寺を介して死者を手厚く葬る風習が定着したといえる。次に過去帳によって死者の年間統計をグラフにすると、飢饉と疫病流行の年の異常な増加を除けば、平均的死亡数は正徳から延享、寛延（一七一一～五〇頃）にかけて、徐々に増加している。つまりこの頃、金沢村の人口が増加し、村勢が発展したことになるが、その背景には金山の開発が推定されるという。

また、昔から金沢には左近、左京という金山であてた大長者がいたという話が伝わっている。ところが大勝院の過去帳には、享保二年（一七一七）に左近の妻、同一七年（一七三二）に左京の戒名がみられ、また享保二年に左近が亡妻供養のために奉納した妙法蓮華経八巻がみつかり、伝説上の金山長者は、享保期前後に実在した人物だったことがわかった。享保期といえば、金沢村が発展したと推定される時期であり、大勝院に残る遺品や、石碑、墓石をみても、当時のものには大型で立派なものが多い。まさに左近、左京は初期の金沢金山の山師として、象徴的な存在だったといえる。

しかし、左近やその家族は、過去帳にも村内に残る石碑などにも、該当する者の記載はみられず、その後の消息はわからない。また左京の家族も、彼の没後村を去ったと伝えられている。

花石さんは、左近は四〇歳代に小槌川源流部の吉形山で鉄山師として活躍し、五〇歳代で金沢の金山師として成功したのではないか、また左京は、金沢に来る以前は県北の沼宮内《ぬまくない》方面にいたと推定されている。そうしてみると、伝説的な金山長者の左近、左京も、鉱山を求めてあちこちの山々を歩きまわる、歩き筋の山師だったということになる。山を渡り歩いてきた彼らは、一度は金沢で成功したが、その家族や子孫は再びどこかへ流れていったのであろう。長者伝説の中には、こうした山師の話が伝説化して創られたものも多いと思われる。

金沢（その4）
—幕末の全盛期ほとばしる山師栄助の情熱

左近、左京による享保前後の繁栄のあと、幕末の栄助の登場によって、金沢金山は大変な賑わいを迎えることになる。栄助は、歩き筋の山師だった左近たちとはちがい、先祖代々金沢村に住む山師で、現在もその子孫は残っている。

文政六年（一八二三）四月、栄助は雲の峰の廃坑の中に有望な鉱脈を発見し、金山草分《くさわけ》証文の願書を藩に出した。今でいう試掘の鉱業権の申請で、本操業に入る前の試験掘りの許可の手続きである。彼は田畑を質に入れ、農耕馬さえ売払って費用をつくり、山師としての大勝負に賭けたのである。幸い、彼は大きな鉱脈をあて、働方《はたらきかた》本証文の願いを提出した。翌七年四月、働方本証文は彼に下されたが、その月の末になって、藩は突然織笠《おりがさ》（現・山田町）の富豪の昆《こん》仁兵衛を金山の支送り支配人に任命した。ふつう、金山を発見した山師は、山先山師として扶持米を受け、鉱山経営の発言権も許されて優遇される。ところが今回の措置は、栄助の当然うけるべき権利がすべて剥奪された無謀な仕打ちであった。

昆仁兵衛は五月に、代役として仁左衛門という者をたてたことを公表し、山内検断も認めた。実はこの仁左衛門がクセモノで、栄助が試掘を始めたころ、遠野から来たといって彼に近づいていた。昆仁兵衛を栄助に紹介して吹目《ふきめ》金主にしたのも彼である。吹目金主とは精製した金の買主のことで、昆は栄助の金山から産出される量をすべて知ることになる。あきらかに仁左衛門は昆が送ったスパイであり、栄助への仕打ちも、昆たちが藩の役人と結んで行なった疑いが強い。昆が支配権を握った金沢金山からの産金量はすさまじく、藩に産出額を上申し、運上金の再検討を願わざるをえないまでのものになった。そして十月には御山御封印となり、翌八年二月には一ヵ年の礼金五百両で山師九兵衛、実は昆仁兵衛の十ヶ年請負に決定されてしまった。こうして、栄助が私財を投じて開いた金沢金山は南部でも有数の金山に発展したが、藩権力と結びついた大資本家に、「合法的」にとりあげられてしまったのである。

運上金五百両という額からみて、文政八年頃の産金量は最高の状態だったと思われる。しかしそれも長くは続かず、十年間の採掘権を得た昆も、三年後の文政十一年には、残り七年間の請山の権利を大槌の文助に売りわたさざるをえなかった。そしてその文助も振わず、金沢金山は再び不況を迎える。

一方、むりやり金山を取りあげられた栄助は、こみあげる怒りをたたきつけるように、鉱脈の発見にすべての情熱を注いでいた。その彼を助けてきた父の平助も文政十三年（天保元年）に没し、栄助は二代目平助を名のる。天保六年（一八三五）、あの運命の金山を文助が放棄すると、平助は再びその衰微した金山の働方本証文を藩に申請したのである。まるで自分の産んだ子が皆にみすてられ、死にかかろうとしているのを、必死で甦《よみがえ》らせようとしているかのようだ。

私はこの平助の姿に深く感動せずにはいられない。まさに栄助こそ、山師の中の山師であった。翌七年頃、早くも大金脈を掘りあて、雲の峰金山は藩の御手山にされ、彼も御山守となっている。その後、彼は雲の峰のほかにも、三枚平、万才鋪、胡桃立、大鳥沢などの坑道を開いた。こうして天保から弘化にかけて、平助の奇跡的な活躍によって、金沢金山は一大隆盛期を迎えるのである。当時の繁昌の模様は、天保十一年（一八四〇）四月に書かれた『奥州閉伊郡金沢金山子三月中入用支払勘定帳』（岩手県立図書館蔵）という文書にみることができる。それで労働者の数をみると、掘大工二十人、掘子十九人、臼挽女板取共二十一人、鍛冶一人、岡働中間四十二人など百人以上もが働いていたことがわかる。さらに照明用の篠竹五十万五千七百本、莚三百枚、太縄五十把、大炭八十五俵、小炭七十九俵、草鞋《わらじ》五十足、通笊十枚などを仕入れた雑費が記されているが、これはあくまで一ヵ月分の使用量であり、品物を納めた村人たちへ落ちてくる金は莫大なもので、金沢村は空前のゴールドラッシュにわきたったものであろう。

　金山が衰微してからの金沢では、炭焼き、養蚕、軍馬や肉牛の飼育が行われてきたが、これらの産業は時代の流れの中での浮沈が激しく、必ずしも村での生活を安定させるものではなかった。そんな中で最近始められたのがワサビの栽培である。かつての雲の峰金山から流れでる沢水は冷たく清冽で、それがワサビの栽培には適しており、質も良く市場での人気も高いという。何とかこれを成功させて、出稼ぎに行かずともすむようにしたいというのが村人の願いである。かつての生活の源の金山が、今度はワサビを育てる沢水を与えて、再び村人を救おうとしているのだ。

　私は訪ねていった先々でご馳走になったワサビ漬の味が忘れられない。舌の先をピリッと刺激する味と、口中に広がる上品な香り。それらの中にあの左近や栄助やカネフク村長などの姿が走馬灯の如く現われてくるのだった。

山野を旅する宗教者が鉱山の技術を
——遠野小友の能伝房神社

　慶長三年（一五九八）の豊臣秀吉の鉱山税をみると、佐渡に次いで全国第二位の七千両を納めているのが、仙台領の気仙《けせん》、東磐井《ひがしいわい》（現・岩手県）である。遠野市の小《お》友《とも》町は、その日本有数の大産金地・気仙の隣にあり、地質的にもつながっている。

　江戸時代に書かれた『遠野古事記』には、小友の町は金山繁昌の時に他領からも多くの人が集まり、それをめあてに酒や飯、履物《はきもの》などを商う仮小屋が立ち並んだが、閉山の後に、それがそのまま町屋になったと伝えている。

　小友には僧ヶ沢、堂場《どうば》、大葛《おおくぞ》、大洞《おおほら》、高津、仙内、名取沢、角出などの多くの金山が密集しているが、中でも僧ヶ沢が最も古くから開かれたといわれ、実際に登ってみると、今でも多くの砂金掘りの跡がみられる。

　その僧ヶ沢を背にして、一生に一度だけどんな願いごとでも聞いてくれる、能伝房《のうでんぼう》神社という不思議な神社があり、次のような伝説がある。

　むかし、荷沢《にざわ》で金を掘っていた山師たちが、どうしても金を見つけられずに困っていた。そこへ能伝房と宝覚房という二人の法師が通りかかり、山師たちは二人に金が出るように頼みこんだ。そこで法師たちは新しい産金技術を教え、金山は大きく栄えた。ところが、山師たちは金山が成功すると、法師たちに礼金を払うのがおしくなり、金品はもちろん食物も与えず、着のみ着のままで追い出してしまった。怒った法師たちは、その怨みをはらそうと呪詛の秘法を修したところ、満願の日になって、

能伝房神社。村人に産金技術を教えた二人の法師を祀る。僧ヶ沢金山の登り口付近にあり、一生に一度だけどんな願いも叶えてくれるという

俄かに大雨が降りだし、金山はもちろん人間も馬も家もすべて押し流されて村は全滅し、二人の法師も同じく土砂に埋って死んでしまった。その後、天明の大飢饉の時に、村人が蕨《わらび》の根を掘りに行ったところ、大きな足の骨を掘りあてた。そこで巫女に拝んでもらったところ、「俺は能伝房いう者だが、もし祀ってくれるなら七里四方の守り神になるぞ」との託宣があり、石碑をたてて祀ったのが今の能伝房神社の始まりだという。

神社は三年前に新しい社殿に建てかえられたが、その時に供養した長野部落にある西来院住職の一ノ倉活元師によると、御神体は「神教院能伝房良眼阿闍梨法師」、「権大僧都宝覚院本教」と刻まれた石碑で、建てた年号が能伝房さんの方が天保十二年（一八四一）とあり、蕨根を掘りにいった飢饉というのは、天保の飢饉のことかもしれないという。

ただ、旅の法師が地元の山師たちに新しい鉱山技術を教えたというのは、非常に興味深い話である。これと似たような話は、秋田藩の鉱山奉行が書いた『梅津政景日記』の中にも見ることができる。

それによると、元和四年（一六一八）正月二三日に、高野聖《こうやひじり》の長円、しう円という者が銀子五枚を祝儀として持参し、院内十分一銀山の入札を申しこみ、二月一八日に三五貫目でせり落している。また霜月一三日には、長春という高野聖が三貫五百七五匁五分六厘の運上金が払えずに、五百匁にまけてくれと申しこんでおり、高野聖が単なる鉱山労働者としてではなく、鉱区権を買って採掘する山師としての金属・鉱山技術と知識に通じていたことがわかる。なお同書には、高野聖が下人に殺される

という事件も載せており、多くの高野聖が鉱山で活躍していたことを想像させる。

ほかにも、各地の温泉や鉱山を見つけたのが僧侶とか山伏だとする伝説も多い。天平二一年（七四九）、陸奥国小田郡（現・宮城県遠田郡湧谷町）で九百両の黄金を発見した百済《くだら》王敬福らの中に、丸子連《まるこのむらじ》宮麻呂《みやまろ》という私度沙弥《しどしゃみ》がいる。私度沙弥というのは、いわばモグリの下級僧のことで、山伏や聖と似たような存在だった。

山の性質を最もよく知っていたのは、山野を歩きまわり、そこを修行の場としていた実践的な宗教家たちであった。山伏や聖といわれる人々の中に山師がいたとしても、けっして不思議ではなかったのである。

平泉の黄金文化を輝かせた水銀は
——小友の荷沢

そもそも私が能伝房神社に興味を持ったのは、五万分の一の地図で調べていたところ、その位置が荷沢《にざわ》という場所にあったことと、すぐ近くの荷沢峠付近に辰砂山《しんしゃやま》開拓地という地名があったからである。辰砂とは朱砂、つまり硫化水銀のことである。

『遠野市地下資源調査報告書』（遠野市、一九六二年）によれば、この辰砂山は蛭子館《ひるこだて》鉱山といい、荷沢から気仙郡住田町にまたがる夕日山の東側山腹にあたり、鉱床は粘板岩中の含金石英脈の中にあり、二・五一％の水銀含有量を示すという。

ところで、松田寿男博士の『丹生の研究』（早稲田大学出版部、一九七〇年）によれば、各地のニフ（丹生、入、仁保、壬生など）の地名は、丹生氏という古代の水銀技術者集団が住み、彼らが水銀採掘に従事した場所であるといい、実際にニフという地名のある所の土を共同研究者の矢嶋澄策氏が化学分析したところ、その多くから高い濃度の水銀が発見され、水銀鉱床の上になりたっていることがわかった。

すると、ここの荷沢の荷《に》も、本来は水銀を意味する丹ではなかったろうか。江戸時代の鉱山学者の佐藤信淵《のぶひろ》も『経済要録』という本の中で、奥州猪沢山という水銀鉱山をあげているが、これは荷沢のことではないだろうか。あるいは胆沢地方の荷沢というのが一緒になったのかもしれない。秋田生まれの信淵にとって、ちょうど藩境あたりにある荷沢の鉱山について、胆沢も江刺も閉伊も気仙も正確には区別できなかったのではないかと思われるからだ。

いずれにせよ、ここに水銀があったことは、奥州藤原氏の平泉文化を考えるうえで非常に重要なことだと思う。本来、平安時代の文化は仏教文化であり、平安貴族たちは、この世に金色燦然とした仏国土を創りだそうと考えた。奥州藤原氏も積極的に中央の平安貴族のたちの文化を取り入れることにつとめた。そのために、仏像や仏具には多量の金がぬられたのである。『吾妻鏡《あずまかがみ》』によれば、中尊寺の釈迦堂には、「一百余体の金容を安じ、両界堂両部の諸尊も皆金色。二階大堂には三丈の金色の弥陀堂が安置され、金色堂は上下四壁、内殿皆金色であった。毛越寺も金堂は金銀を鏤め、万宝を尽し……」とあるように、平泉は文字通り金色燦然と輝く黄金文化だったのである。

しかし、金はそのままでは工芸的に利用できない。銅などの金属の表面には金メッキをするか、木には、漆で金箔をはるか、金粉を漆にまぜてぬるかしなければならない。金メッキは、水銀で金を溶かしてアマルガムにし、それを銅（青銅）の表面にぬって熱をかけ、水銀を蒸発させてメッキした。水銀による金メッキの技術なしには、とうてい平安文化も平泉文化も考えられないといってよいわけである。

　奈良や京都は、古くから伊勢や大和の大きな水銀産地をバックに持っていた。平泉のあれだけの黄金文化を支えるには、全て中央から入手していたと考えるより、東北にも水銀産地があったと考える方が自然であろう。すると、距離的にも平泉に近く、品位も高く、古くから金山としても開かれていた蛭子館がその役割を負っていた可能性が高いことになる。あるいは、藤原氏のミイラの防腐処理に、ここの水銀が使われたかもしれない。荷沢の蛭子館の水銀には、東北古代史の大きな謎が秘められているかもしれないのだ。

小松長者
―高野山―遍照光院―高野聖―金属技術者―長者伝説

遠野に住む人々の姓について、有線放送の電話帳で統計をとってみたことがある。その結果、小友で多いのは菊池、松田、小松、佐々木、及川…の順となるが、このうち小松という、遠野の街以外の村々では全くみられない姓が上位の三番に入っているのがわかった。

　小松姓があるのは小友町でも東端の鷹取屋《たかとりや》の奥の平笹《ひらざさ》、小黒沢《おぐろざわ》、川口の部落に集中している。明治になって姓をつける時、ここの人たちがなぜ小松姓をつけたのか、古老たちに聞いてまわったが、結局わからずじまいだった。ただ、小松の総本家は長野部落にあったという言い伝えはあるという。

　現在その長野部落に小松姓はないが、小松長者という金山師がいたという伝説がある。

　むかし、小松という山師がいた。小松は毎日朝から晩まで金掘りに夢中になっていたが、ちっとも金を掘りあてられなかったので、皆はバカ小松とあざ笑っていた。ところが、大晦日の晩になって、ついに小松はベコ金といって、牛の形をした大きな金鉱を掘りあてた。小松はいつも励ましてくれた下女に、ひとにぎりの金を与えて身あがりさせて妻にし、七頭の牛に金をつんで高野山にのぼった。小松は高野山につくと遍照光院《へんじょうこういん》に金を献上した。そのため、今でも小友の長野部落の者が高野山遍照光院へ行けば、金箔の襖《ふすま》で飾られた鶴の間、亀の間に無料で泊めてくれるという……。

　炭焼長者、朝日長者、小松長者などという長者伝説の多くは鉱山地帯に分布しており、これもよくある長者伝説の一つだが、おもしろいことには、堂場金山の近くには、小松が使ったと称する鍛冶用の小さな鉄敷《かなしき》を祀る家があり、流行病がはやる時には神棚からおろして拝むとか、小松の妻になった下女が働いていた家だとか、ウシコロバシという所は金をつんで高野山にむかった小松の牛が転んだ場所だなどと、ここでは小松伝説が非常に具体性をもって語られているのである。

　また小友の人が遍照光院へ行くと無料で泊めてもらえるというが、似たような話は江戸時代からあったらしく、『遠野古事記』の著者の宇夫方廣隆が遍照光院に行った時に、「小松という者が大金を出してあるので、南部の者は高野山に無料で石塔を建てられるという話があるが、本当かどうか」と役僧に問いあわせたが、そんな話は聞いたことがないと返答されている。もちろん、よく聞いてみると、小友の人で無料で泊れたという人は一人もいない。これは、遍照光院が南部の宿坊であったことから生れた話と思われる。

ここの小松伝説の特徴は、山師が持ち歩いていた長者伝説と、高野山遍照光院が結びついていることにある。先に秋田の院内銀山で、高野聖が鉱山技術者として働いていたことを紹介したが、遍照光院こそは高野山の中でも高野聖《こうやひじり》の根拠地だった蓮華三昧院を兼帯していたことがあり、高野聖と関係が深い寺だったのである。

そしてこの地方の民俗の中に、高野聖の影響かと思える真言宗の痕跡をみることができる。現在バス停の荷沢から小友にかけての長野地区の檀家は、曹洞宗の西来院が中心で、次いで臨済宗の常楽寺、ごく一部が遠野町の日蓮宗の知恩寺で真言宗はない。ところが、ここには真言系の不思議な念仏の風習が伝えられているのである。

葬式や年忌法要の時に、供養が終って寺の住職が帰ってから、全員が縁側においた水で口をすすぎ、塩を少し口に含んでから四方にまいて清めてから念仏をよむ。この念仏の順序は次のようになる。

①開経偈《かいぎょうげ》　②白句陀羅尼《はっくだらに》　③光明真言《こうみょうしんごん》　④大随《だいずい》求陀羅尼《くだらに》　⑤十三仏誦名《しょうみょう》　⑥釈迦、地蔵、観音、弥陀の宝号　⑦摂益文《しょうやくもん》　⑧仏説阿弥陀仏根本秘密神呪経《ぶっせつあみだぶつこんぽんひみつしんじゅきょう》の偈《げ》　⑨総回向偈《そうえこうげ》

このうち開経偈は言うまでもなく経典読誦《どくず》の前に読むもの。白句陀羅尼は曹洞宗で大事にする首楞厳陀羅尼《しゅりょうごんだらに》に載るもので、曹洞宗の西来院の檀家である村人が読んでも不思議はない。しかし、光明真言は真言宗で最も重視する真言で、大随求陀羅尼は空海の『請来目録《しょうらいもくろく》』の中にあり、共に真言宗色が非常に強いものである。ところが、摂益文は浄土宗で最重要の観無量寿経《かんむりょうじゅきょう》の中の仏身観の偈文であり、総回向偈も浄土宗のものである。

つまり全体の構成は、主体部分が真言系と浄土系とが合体されており、それに菩提寺の顔をたてるように曹洞宗の白句陀羅尼がつけられているといった形になっているのである。

真言宗の即身成仏思想と浄土教の阿弥陀信仰の合体。それは大日即弥陀という形で、真言密教の中に浄土思想をとり入れた高野聖の思想ではないのか。特に⑤の十三仏誦名は、室町時代あたりから高野聖などが真言宗を普及させるために、民間に広めたものといわれている。問題は⑧の「仏説阿弥陀仏根本秘密神呪経の偈」で、これは阿弥陀の三字の中に、諸仏菩薩とすべての教えが入っているというもので、高野聖の念仏に理論づけをした覚鑁《かくばん》も『阿弥陀秘釈』の中で同じようなことを述べており、高野聖の思想に近いのである。

おそらく、このあたりに伝わる念仏は、曹洞宗の西来院ができる以前からのものであり、高野聖の影響があったと思われるのである。

しかも、高野山と水銀とはきってもきれない関係にあるというのだ。先の松田博士によると、古代水銀技術は、水銀の神である丹生明神を守護神とする高野山の真言宗で重視され、化学分析の結果、高野山の結界七里の

小松長者が使ったと称する鉄敷を伝える菊池家（屋号・堂場）

霊域は巨大な水銀鉱床であるという。そして、真言宗勢力を伸ばすために、水銀が経済的な役割を演じたのではないかというのである。

荷沢周辺の水銀と金。小松長者伝説と高野山遍照光院。そして不思議な真言念仏。これらにめぐらされている糸をたぐっていけば、この地方に山師として入りこんできた高野聖などの姿が浮びあがってくる。そして、あの能伝房、宝覚坊という二人の法師も、そうした鉱山技術に通じた真言系の山伏や聖だったのではなかろうか。

蛇紋岩の割れめは天然のネコか

高野聖の苦行を伝えるような話が、莮沢《こごみ》にある。莮沢は小友から鮎貝《あゆかい》に出て、さらに三〇分ほど西に歩いた、たった五軒が肩をよせあうようにある村だ。しかも、道は莮沢で行きどまりである。村の前で小友川が大きく迂回し、対岸に立ちふさがるようにタカゴロ山がある。そのタカゴロ山の中腹に行人平《ぎょうにんだいら》という場所があり、そこで一人の聖が千駄の木を焚いて、身を火中に投じて焼死を遂げたという。

焼身僧の話は平安時代の往生伝に多く残されているが、菅江真澄《すがえますみ》も『雪の出羽路　雄勝郡』の中に、秋田の三津川村せんだん森で、ある法師が薪千駄を積んで火をつけ、火定《かじょう》に入ったという話を書いている。また、『遠野物語拾遺』（四三）にも、遠野地方では雨乞いをするには六角牛山とか石上山などの高い山に登って、千駄木を焚いて祈るという話をのせているが、莮沢の焼身僧の話も、何か雨乞いの民俗と関係があったのだろうか。

「だいたいあのう戦前ね、栃木県のお爺さんたちが来て

小松長者の妻となった女人が働いていたと伝わる千田家の神棚。この家の前が堂場金山

す。あそこの川の行人平の下あたりで砂金掘りしやしたもんな。長い木の樋かけてす。樋の中さフランみてぇな布敷いて、水で砂流して、それで砂金がたまれば布たたんで、箱の中さ入れてダッダッダッと洗いやした。そしてユリイタで砂金とるんだね。それであんまり砂金あるつうので、こんどは団体で来てす。五、六人で来て、まんず私の家にもしばらく居たったが、相当砂金集めていきやしたよ」

鈴木源吉さんの家に泊った栃木のお爺さんたちの採取法は、いわゆる樋流しという方法で、小友でのネコ流しより規模が大きい。

ところで、タカゴロ山の裏側の白土《しろつち》側には旧坑がみられるのだが、莇沢には金鉱脈はないのだ。にもかかわらず、近年になってもこうして他県から採取に来ているほどだし、現実に無数の砂金掘りの跡をみることができる。その理由は、莇沢に流れてくる小友川が上流の金山を流れでる水をすべて集めてくるからだろう。すなわち、上流で砂金を採った平笹川、仙内《せんない》金山から流れる仙内川を集め、小友の源龍神社付近で僧ケ沢、堂場、大葛《おおくぞ》、大洞《おおほら》、高津の諸金山から流れる沢水を集めた長野川と合流する。さらに鮎貝付近で外山《そでやま》の角出、名取沢などの金山の沢水を集めて莇沢に流れこむのだ。

おそらく洪水のたびごとに、上流から砂金が運ばれてきたものであろう。そして栃木のお爺さんたちが砂金を採ったという行人平の下は、タカゴロ山にぶつかった小友川が大きく屈曲しており、上流からの砂金がたまりやすい場所だったのだろう。さらにこの付近が蛇紋岩地帯だということも重要である。地元の山師の話では蛇紋岩は非常に割れやすい黒い岩石で、割れめに金がたまりやすく、天然のネコの働きをしたのではないかというのである。

そういわれてみると、蛇紋岩そのものの中に金はないが、蛇紋岩地帯の付近にはたしかに古い金山が多い。岩手県だけでも、東磐井郡興田の天狗田、猿沢金山（現・大東町）、江刺郡米里の戸中、大米金山（現・江刺市）、紫波郡佐比内の大佐内、佐比内金山、赤沢の女牛金山（現・紫波町）、上閉伊郡鱒沢の鱒沢金山、達曽部の白石金山（現・宮守村）、稗貫郡亀ヶ森の大橋金山（現・大迫町）などは、真偽はともかくとして、平泉の藤原氏の時代、あるいはそれ以前の天平、大同年間に開かれたとの伝説をもつ古い金山である。

また蛇紋岩以外に粘板岩も割れやすく、砂金がたまりやすいという。すると、原始的な採取法の時代には、これらの岩石から成る北上山地は、地質的にみて非常に金の採れやすいところだったのではないかと思われる。

十月仏にこめられた金山師の祈り

ところで莇沢には「十月仏《じゅうがつぼとけ》」という行事がある。これは岩手県下に広くみられ、一般にはマイリノホトケとよばれるもので、年に一度、血縁の者が集まって聖徳太子などの画像を拝むという民間信仰である。

「ここの十月仏はなす、旧暦の十月の十五日に、莇沢の部落の者と近在の人が来てす、掛軸を拝むんでやんすよ。拝みさ来る人は米を一升とか二升持って来てす、ケンチン汁とかアキナマスで接待されて、帰りにはお守りのダンゴもらって帰ったもんでやんした。ただそれだけのことだども、一度拝めば、一生拝まねばなんねえなんていってす、そうしないと目にたたるなんていいやした。ずっと昔だば、坊さんもいねぇがら、人が死ねば十月仏の掛軸さかけて葬ったもんだと聞いてやすが……」

鈴木源吉さんに案内されて、屋号が莇沢という鈴木次郎家に十月仏を観にいった。ヨソモノに見せるのは私が初めてだということで、恐縮して拝観した。ここの十月仏は、黒駒太子像、薬師如来像、弘法大師行状曼荼羅が各一枚、阿弥陀如来二枚の合計五枚であった。これらの掛軸には細く裂いた布切れがいくつも結びつけられているが、これはカネノオといって、毎年結びつけるのだという。

五枚の掛軸のうち黒駒太子の画像は、聖徳太子が黒い馬に乗って空を駆ける絵柄で、マイリノホトケに多くみかける図であった。しかしこの黒駒太子の筆法は、どうも古いように思えたので、念のために、岩手県下の全太子像を調査された岩手県文化財専門委員の司東真雄さんに写真を送って見ていただいたところ、現物を見ていないので断定はできないが、室町期のものではないかという。とすれば、この太子画像は遠野市で最も古いものというだけでなく、岩手県全体で室町期までのものは江刺市の嘉元元年（一三〇三）から東和町の天文二年（一五三三）までの十三件しか見つかっていないので、県内でも古い方に属し、大変貴重なものであることがわかった。

莇沢の十月仏に初めて接した時、そのとぼけたような人間臭い筆法とは反対に、画面に漂う暗くよどんだような気配が妙に気にかかってならなかった。いったいこの暗さは何なのだろう。その時、私の頭をかすめたのは、なぜか莮沢の砂金のことだった。古い昔に莮沢に砂金を求めて入植した先祖たちの思いが、十月仏に祈りこめられているのではないかと、ふと思ったのだ。

そんな想像もそのまま忘れてしまっていたが、その後、十月仏のような聖徳太子信仰が鉱山と深い関係にあるという研究が、井上鋭夫博士の『一向一揆の研究』（吉川弘文館、一九六八年）によって発表されていることを知った。

新潟県岩船地方を調査された井上博士によると、中世の鉱山集落には太子像が多く、中世宗教が鉱山採掘に密接な関係をもっていたのではないかという。そして、鉱山経営者であった修験者や法印が大日とか阿弥陀などの高級な仏を拝んだとすれば、彼らに使われた生産労働者としての金掘り、鋳物師、木地師などは、修験者より一段低い信仰対象としての太子信仰が与えられたのではないかという。

莮沢以外の十月仏と金山の関係を調べてみようと思い、遠野市役所に問いあわせてみたところ、小友には平笹部落に画像、長野部落に木像の太子像が文化財調査のリストにあることがわかった。

まず平笹部落の十月仏は、三枚の太子像と、阿弥陀像、六字の名号の合計五枚の掛軸で、六字の名号の軸には文禄四年（一五九五）の銘があった。おもしろいのは、平笹部落は行きどまりの村であること、部落を流れる鷹取屋川の東側の上流の沢に砂金掘りの跡があって古くからの砂金採取地だったらしいことが、莮沢と似ていることだ。さらに平笹から少し登った来内側の境界付近に、七十五人という変った地名があり、坑内落盤事故の伝説がついている。

むかし、ここの金山を掘っていた時、大きなベコ（牛）の形をした金を掘りあて、七十五人の鉱夫が全員で引っぱったが動かなかった。そこで信心深いだけがとりえの炊事男のウソトキにも手伝わせた。すると不意に坑口の方からウソトキ、ウソトキと呼ぶ声がするので、ウソトキが駆けだして坑口を出たが誰もいない。空耳かと思って中に入るとまた声がする。三度目に呼ばれて坑口から出たとたん、坑道がつぶれて七十五人全員が死んだ。

このウソトキの話は、先の金沢村の水保呂沢にもあり、隣の釜石市栗橋の青木金山、甲子の大橋日影沢にもある。遠野市内だけでも土淵の恩徳金山、上郷の佐比内千人沢、同じく千人峠の長者洞などにもあり、古い鉱山に分布する伝説なのである。平笹の十月仏もどうも金と関係がありそうである。

長野部落の太子像は菊池春男さんの家にあり、立派な木像だった。しかしこの太子像は、もともとは長野部落にはなく、小田部落にあったものだという。小田部落は平笹と同じ鷹取屋地区にあるが、ここも行きどまりの山村で、六〇年ほど前に最後の一軒が山を下りて廃村になっている。その時に、菊池さんのお爺さんが太子像をもらってきたのだという。小田部落の少し上に長者屋敷という地名があって、やはり金にまつわる伝説がある。

「むかし、金盛《かなもり》の長者と仙台の長者が財産くらべしたつ。仙台の長者は、オラはここまで米を敷いてその上を裸足で歩かせる、と自慢したつ。金盛の長者は、そんだらばオラは山の中だで米はねぇが金ならばいくらでもあ

萠沢《ここみざわ》の十月仏。聖徳太子が黒毛の馬で修行に旅立ち、最後は馬で飛行する「黒駒太子」の絵を拝む

るといって、自分の屋敷から仙台の長者の屋敷まで大判小判を並べたと。それぐれぇ、金盛長者は金があったんだなあ。それで、金盛長者はその金を屋敷のどっかに埋めたつ。昔から多勢の人が掘りに来るが、見つからないんだねぇ。俺も掘ってみたども、やっぱりだめだったねぇ……」

これは土室の佐々木重兵衛さんの話だが、山の中で米はないが金ならあると豪語する金盛長者は、まさに金山師のイメージそのものである。ここからさらに入った物見山にも金があったようで、戦後になって金山の鉱区が申請されている。

さらに、山谷川ぞいの仙内、山谷、太田の部落を含む山谷地区には、慈覚大師が巡錫のおりに七体の観音を刻んで遠野七観音としたが、その第一番目だという山谷観音があるなど、古くから開けていたことを示しているが、ここに十月仏の風習があることがわかった。ただ、ここの十月仏は、萠沢や平笹のように本家に集って拝むのではなく、十月十三日に各家庭で拝むだけで、特別な掛軸や木像はないという。しかし、山谷観音の前にはやはり仙内金山があり、山谷川上流には砂金掘りの跡が非常に多いのだ。

こうしてみてくると、十月仏の風習がみられるのは、小友でも古くから開け、また産金伝承を伝えているところに多いようだ。また、小友町は東から鷹取屋、山谷、長野、鮎貝の四地区にわかれるが、このうち平笹と小田は鷹取屋地区に、山谷川ぞいは山谷地区に、萠沢は鮎貝地区に含まれる。したがって、十月仏は長野地区をのぞいて、すべての地区でみられることになる。もっとも、長野地区も金山付近の旧家はすべて火災や破産で古いものが失われているので、かつてはここにもあったのだろう。

遠野の街内でも、菊池幹さんによると、小友の小松長者の子孫だと伝えられる屋号が七兵衛ドンという家には立派な木像の太子像があったというし、恩徳金山から移ってきた佐々木四郎高綱の子孫と称する家にはマイリノホトケの絵図があるという。おそらく、遠野地方の太子信仰や十月仏の多くは、井上博士が調査された岩船地方のように、金山師などが持ちこんだものも多いであろう。

十月仏やマイリノホトケは、その土地にまだ寺が建つ以前からの信仰といわれ、死者の枕元に掛軸をかけて僧侶の引導に代えたものといわれている。はるばる金を求めて山の中に入りこみ、十月仏の下で寂しく息をひきとっていった多くの山師や金掘りたち。彼らのうちで本当に金脈をあてて、幸せな晩年を送ることができた人は何人いたのだろうか。

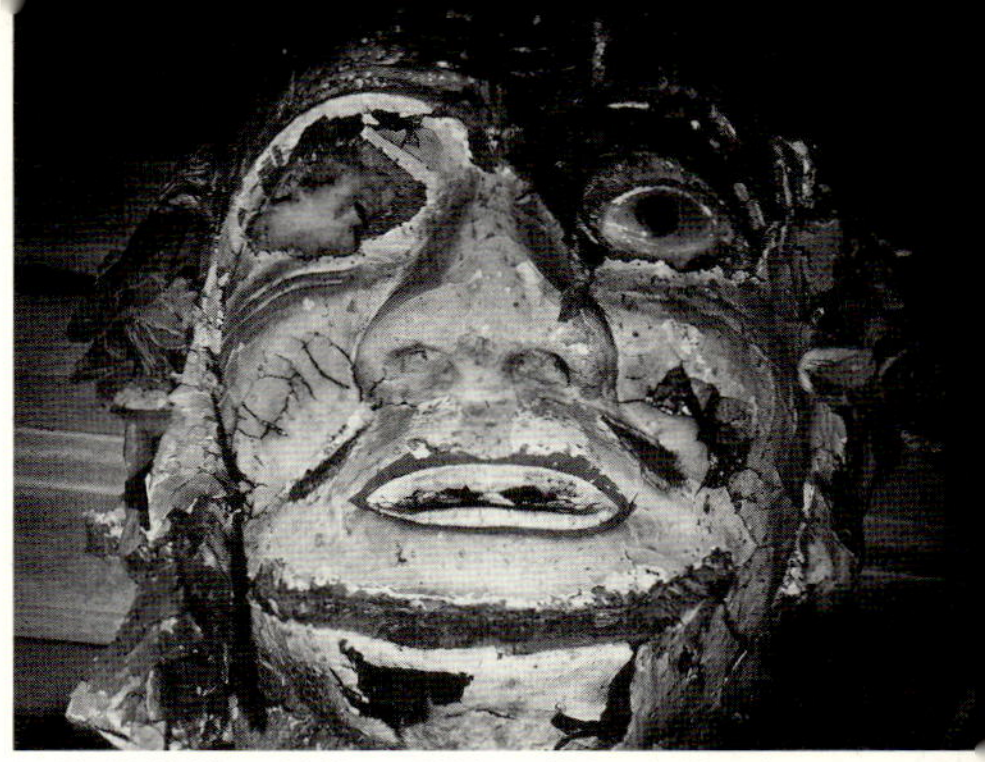

早池峰神社の神像。明治の神仏分離で仁王像の代わりに造立された

そして早池峰山
―金属神の呪性が

いままで遠野周辺の金属、鉱山の歴史や民俗をみてきたが、遠野の象徴であり、北上山地で最も高い早池峰山もまた、金属とは深い関係にある。

縁起によると、大同元年（八〇六）来内村の猟師藤蔵が、早池峰山頂で熊の遠吠えとともに霊感をうけ、早池峰山大権現の姿を拝んだ。そこで彼は山頂に奥宮を、山麓の大出村にもお堂を建て、剃髪して長男と共に移り住んだ。これが里宮の新山宮のはじまりである。その後、斉衡年中（八五四～五七）に慈覚大師が東北巡錫中に大出村に立寄り、新山宮の別当寺として早池峰山妙泉寺を建立し、高弟を住職とした。一方、開山の藤蔵の子孫は始閣《しかく》家を名のり、代々禰宜《ねぎ》とした……とある。

ところが、『閉伊郡遠野東岳開基』という縁起には、開山の藤蔵が頂上の奥宮を創建する時に、金があたるように祈念し、来内の金山を掘ったところ大量の金が出た。その金で奥宮や来内の下宮を建立した、という意味のことが書かれている。この文書は多分、江戸時代になって書かれているうえに、縁起特有のフィクションが多いので、そのまま信ずるわけにはいかないが、私は早池峰山の開山が、猟師出身の山伏でありながら金山師だったとしているところに心ひかれるのだ。

江戸時代の鉱山の模様を知るのに、佐藤信淵の書いた『坑場法律』という本がある。この中に、鉱山の年間の行事日程が書かれているが、山神の祭は毎月一日と一五日に、山主が山伏のような司祭者となって行なっている。おもしろいのは、毎月の一三、一四日と二九、三〇日という山神の祭の二日前には、山主は必ず山神の供物の猪などを獲りに、山へ狩をしに入ることが記されている。

江戸時代のこの山主の姿は、山師―山神の司祭者―猟師という図式は、そのまま早池峰山の開山・藤蔵の、猟師―山伏―山師という姿をしのばせてくれていると思うのだ。

ところで早池峰山には四本の登拝道があった。南の大出から登る遠野御坂、北の門馬《かどま》御坂、東の江繋《えつなぎ》御坂、西の稗貫《ひえぬき》御坂（大迫御坂）である。

このうち遠野御坂であるが、早池峰山の南斜面には鉱山はみられない。しかし、開山生誕の地で、下宮のある来内伊豆権現の前を流れる火石沢《ひいしざわ》の上流は、七十五人伝説などを持つ古くからの金山で、現在でも火石沢には無数の砂金掘りの跡がみられる。また火石沢から蕨峠を越えると気仙の大産金地帯へ通じ、貞任山をまっすぐ登ると小友でも最大の金山密集地の長野地区へ通じているのだ。

次に門馬御坂をみると、早池峰山の北を流れる閉伊川にそって、東田代、田代、夏屋、箱などには砂金掘りや古くからの金山が、下の川井方面にも蓬平《よもぎだいら》など多くの金山がある。特に蓬平の金山は茂市金として古くから知られている。

江繋御坂も山頂から薬師川にそって、タイマグラでは、ごく近年まで砂金掘りが行なわれたといい、その下流の江繋も砂金採取地で、大槌方面にかけては道又、長者森、金沢、長井などの大きな産金地帯が続くのである。

稗貫御坂も同様に、川目、外川目に江戸時代から開発された金山が知られている。

このように、早池峰山の登拝道とそれに通ずる路がすべて産金地であり、早池峰山そのものが金の開発によって開かれたのではないかとさえ思えてくるほどだ。さらに北上山地の金山の分布をみると、ほとんどが早池峰山より南にある。地質的にみて、早池峰山は北上山地の産金地帯の北限を示す山でもあるといってよいのである。

早池峰神社本殿の片隅に、不思議な絵馬がほこりをかぶって飾られている。慶応二年（一八六六）に宮城の清七という人が奉納したもので、熔融した鉄を異様な形にかたまらせ、それを板に打ちつけたものである。

これとほとんど同じ絵馬が広島県芸北町の亀山八幡にも、広島鉄山近くの金屋子神の祠にもある。さらに、遠野の古い鍛冶屋だった家には、御神体として鉄をドロリと熔かした塊を祀っていたという。これらの鉄の塊が奉納されたり御神体とされているのは、すべて八幡神、金屋子神、鍛冶屋神といった金属神であることに注目したい。八幡神もその源流の宇佐八幡の縁起では鍛冶神なのである。

早池峰神社に奉納されている絵馬は、金属のもつ呪性がそのまま熔融化したような、無気味な形をしている。私は『遠野物語』の世界を覆いつくしている早池峰山信仰の隠された金属神的な一面を、その無気味な造形の中に見る思いがしてならない。

早池峰神社の金属熔融絵馬。その不定形で無気味な形は、金属の呪性をそのまま熔融凝固させたかのようだ

金の採取法

文と写真・内藤正敏

●砂金の採取法

Ⅰ バンガネサガシ バンとは岩盤の意味で、岩盤の割れめに落ちた大粒の砂金を探す原始的な採取法。漁師がアワビやワカメを採るのに使うような、底にガラスをはめた箱（ガラス箱＝写真1・2）で水中をのぞく。岩の割れめに金の粒を見つけると、鉄製のアオリベラ（写真3・4）で周囲の土砂をあおる。軽い土砂は流れ、重い金は割れめに落ちこむ。それを棒の先につけたモチで取りだす。モチは杉のヤニをそのままか、食用油を混ぜて暖めて練って作る。この方法は、岩盤が露出している沢の上流の流れの急なところを探す場合と、下流の砂金掘りで土砂をさらった後に川底の岩盤をのぞく場合がある。

1. ガラス箱（小友）

2. ガラス箱（小友）

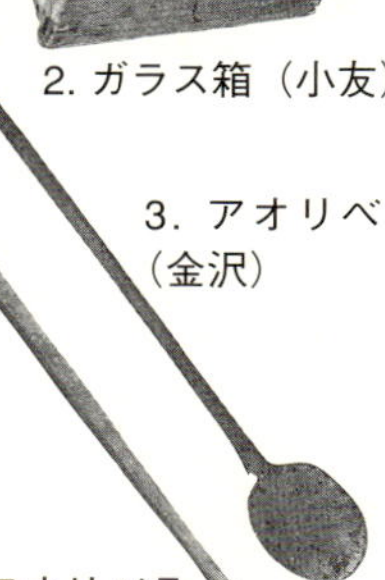
3. アオリベラ（金沢）

4. アオリベラ（小友）

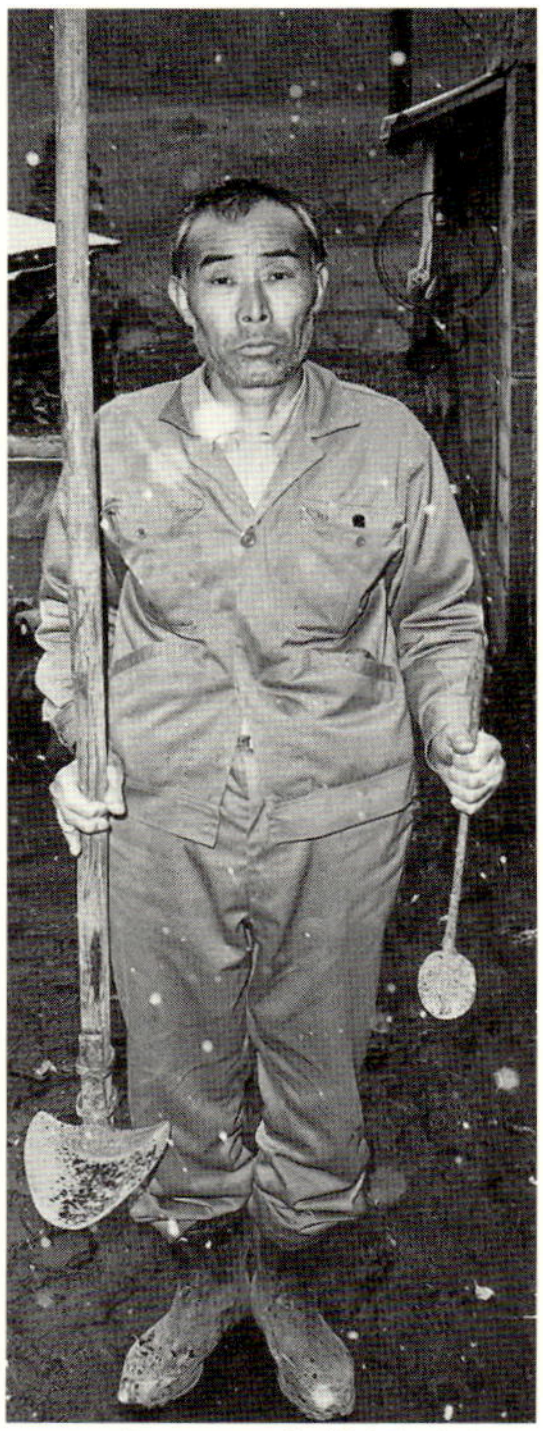
5. アオリベラと杓子（カッチャ）（金沢）

北海道は明治以後のゴールドラッシュで、日本各地から山師が集まったが、この方法を使うのは、ほとんど岩手県出身者だったという。

天平二一年（七四九）に、奈良大仏用の黄金九百両が陸奥国小田郡で見つかって以後、北上山地には金を求めて多くの山師たちが入りこんだが、この地方独特のバンガネサガシは、その時代の名残を伝える方法かもしれない。むろん、当時は顔を直接水中に入れてのぞいたのだろう。バンサガシともいわれ、北海道などではガラス掘りと呼ばれた。

Ⅱ 砂金掘り 下流に土砂と共に堆積している小粒の砂金を採る方法。川や沢の中ばかりでなく、かつての川底や古代の沖積砂金層まで掘るために、田圃や山腹や林の中まで、水のひけるところならいたるところで行なわれた。

まず、カッチャまたはシャクシという道具（写真5）で川底を掘り、篠竹で編んだインブとかスボロギという篩《ふるい》（写真6）にかけて大きな石をすて、土砂をネコ流しにかける。ネコにはワラ縄をムシロ状に編んだワラネコ（写真7）と、木製の幅広い樋に段々の障害をつけたイタネコ（写真8）があるが、ネコといえばワラネコをさすのがふつうだ。後者は砂金と土砂の分離がうまくいったが持ち運びに不便だった。その点、前者は丸めて運べるので便利だった。

この他、トイ流しといって、細長い木製の樋の下に、木製の格子（リッフル）やワラネコ、小枝を平行に連結させたシバネコ、あるいは布を敷いて流す方法がある。これは明治三二年にアメリカ人が北海道の枝幸に持ちこんだスライスボックス法が、日本的に改良されて普及したものといわれるが、それ以前の日本にも樋を使う方法は行なわれていた。

ネコや樋の上に篩にかけた土砂を流すと、軽い土砂は流され、重い金はネコの編み目や板のくぼみに落ちる。こうして溜った砂金は水で洗い集められるが、まだ砂鉄や土砂が混じっているので、さらにユリ板を使って砂金をよりわける。

ユリ板には角型と丸型（写真9・10）があり、東北地方の砂金掘りでは主として角型が使われ

9. 角型のユリイタ（小友）

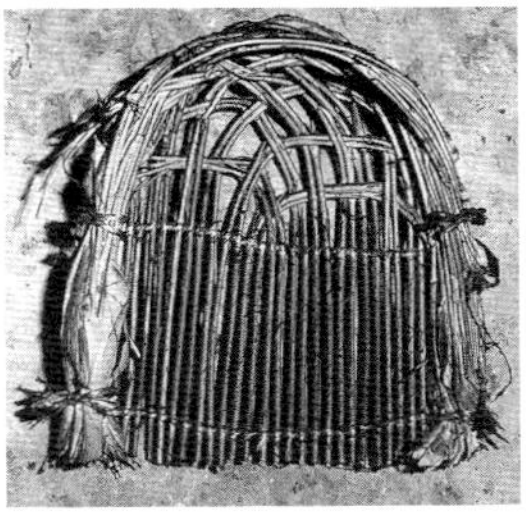

6. スボロギ（金沢）
インブともいう

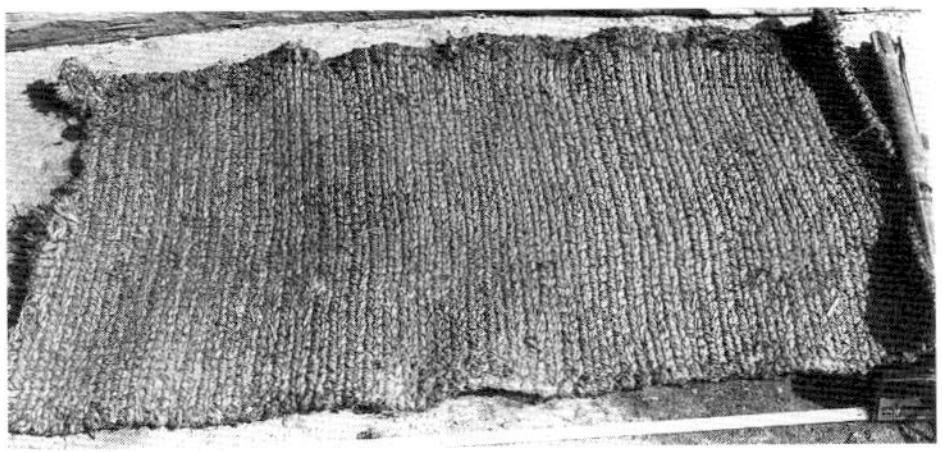

7. ワラネコ（小友）

10. 丸型のユリイタ（小友・松田一夫さん）

8. イタネコ（小友）

た。まず横に持って水の中で手前によせるようにゆすって、砂と軽い砂鉄分を流す。次に縦に持ちかえ、水中で手前によせてきて最後に一瞬止める。するとその反動で比重の軽い砂鉄はむこうに行き、砂金分は手前によってくる。これは小友の名金山師・千田藤吉さんに聞いた秘伝である。

丸型のユリ板は本来は東北にはなく、木搗鉱《もくとうこう》と共に入ってきたらしい。主として工場で使われ、水銀を入れた混汞法《こんこうほう》の時に、金の水銀アマルガムを土砂とわける時に用いられた。

砂金掘りは、岩盤にあたるまで川底の砂をカッチャでさらってネコ流しするが、砂金が多量にあるのは岩盤の上の一寸から一寸五分ほどのところで、このあたりの土砂をすくう時に細心の注意をはらうのが重要なコツだったという。

●山金（金鉱石）の採取法

Ⅰ 探鉱　峰づたいに山をどんどん進み、めぼしい沢を選んで下る。途中、沢に落ちている鉱石片や露頭の有望なのをみつけると、再び登って鉱脈を探す。一日に約一〇里歩いたという。金を含む岩石の露頭をハンマーで割り、それを鉄製の採鉱用のキネとウス（写真**11**）で細かくつぶす。これをカサガケワンに入れ、水中でゆっくり円を描くように動かしながら土砂を周囲に流し（写真**12**）、中に残った鉱物から全体の含有量を推定する。カサガケワンは、黒漆ぬりのお椀の蓋のような器で、砂金掘りの時にも堆積量を調べるのに使

12. カサガケワンを使う（小友）

11. 探鉱用の杵と臼・カサガケワン（小友）

13. 今も残る鋪
（金沢・大切坑）

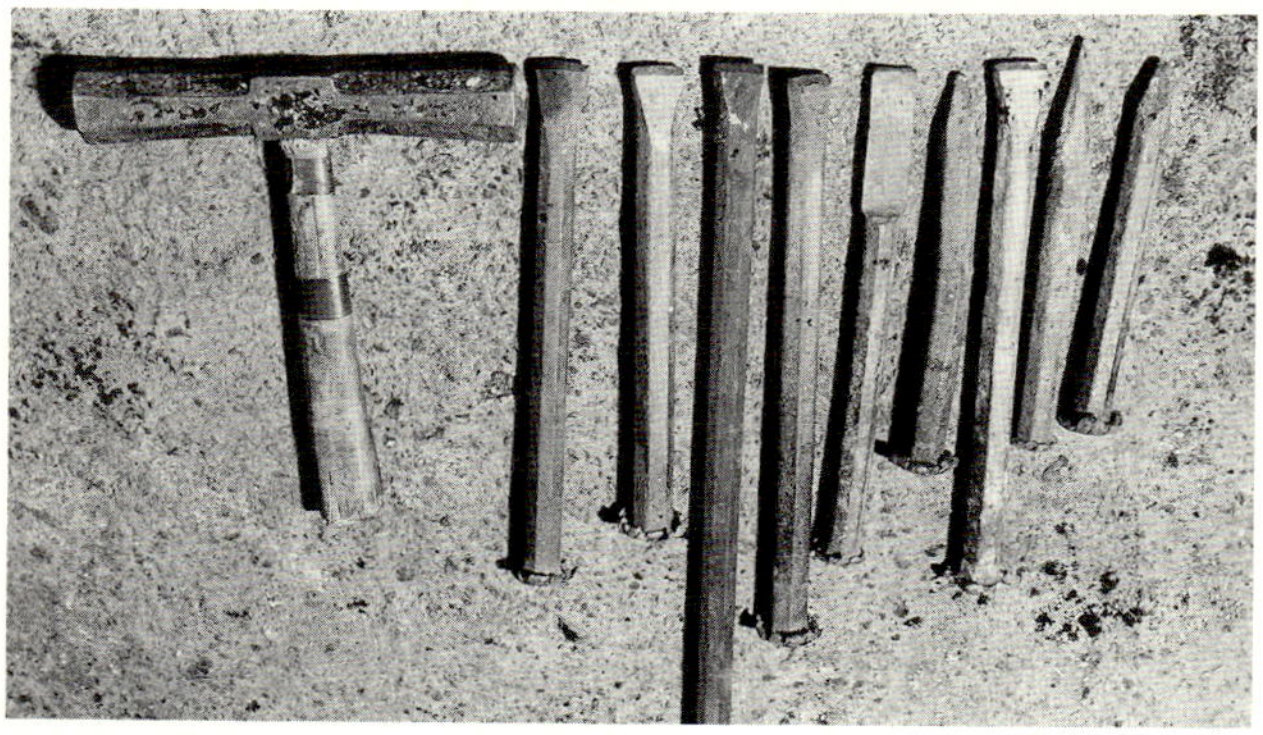

14. セットウとタガネ（金沢）

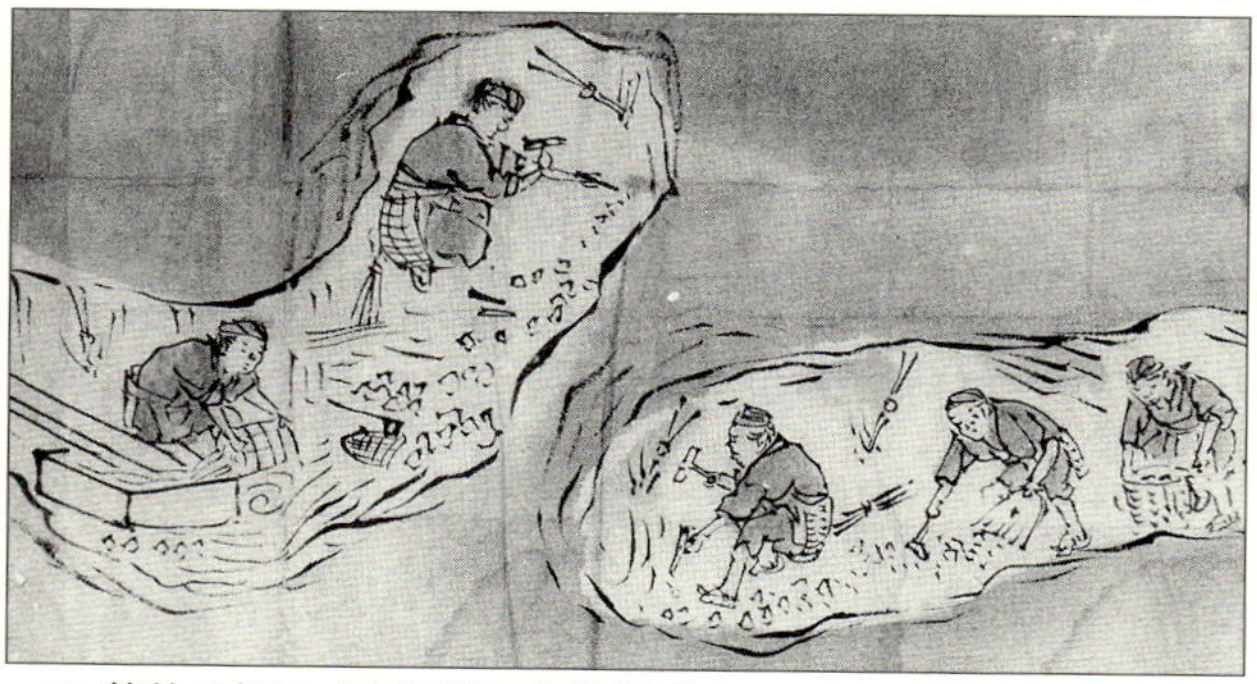

15. 篠竹の灯り（金沢御山大盛之図）

う。水のないような所では、竹筒に水を入れて歩いたり、マッチ箱などに試料を入れておき、沢に出るとゆすって調べた。

Ⅱ 採掘　坑道のことを鋪《しき》という（写真**13**）。鋪はタガネをセットウでたたいて掘った。堅い岩の場合、内部で火をたいて水をかけ、岩をもろくして掘ることもあった。

タガネには先がとがったコソクタガネと、一文字のハッパタガネがあり、後者は火薬を使うようになってから入ってきたもので、古くはコソクタガネだったという（写真**14**）。なお、金沢村では火薬は明治一九年に使用されている。また、タガネはすぐなまるので、フイゴを使って小炭をおこして、たえず焼きを入れた。

鋪の中の照明で、最も使われたのは篠竹を乾燥させて燃す方法だった（写真**15**）。一部に鉄製の皿に油を入れて灯芯を燃したが、この地方では篠竹が一般的で、その後カンテラにとってかわられた。他の地方では、サザエの殻を皿の代りに使ったり（写真**16**）、松脂を笹の葉に包んでチマキ型に糸でしばった松蝋燭、桧を薄く削ったものを縄になって油に浸した紙燭などもあった。

Ⅲ 精錬

㋑ 石臼式　石臼時代の精錬法は、金沢村の『金沢御山大盛之図』によると、次のようである。まず鉱石を冬は釜で焼き、夏は天日で乾燥させる（写真**17**）。次に足踏み式の唐臼で砕き（写真**18**）、篩に通した鉱石を挽臼に送る。挽臼はヤリ木でまわされ、時々ヒシャクで水が入れられて挽かれる（写真**19・20**）。挽かれた粉鉱は、鋸目をつけて傾斜しておかれたセリ板に導かれ、それに水を流していくと金はセリ板の鋸目にたまり、土砂は流れ去る。セリ板に溜った金分は木津《きっ》で洗い、ユリ板で金をゆり分ける（写真**21**）。最後に鉛による灰吹法で精製する。

なお、金沢村では女性が一人で石臼を挽いているが、佐渡の絵巻では男三人で挽く大型の石臼が使われている（写真**22**）。また、ワラネコや布を敷いた樋流しも行なわれた（写真**23**）。

㋺ 木搗鉱《もくとう》・混汞法《こんこう》　木搗鉱とは、先だけが鉄の杵と鉄の臼による水車を動力にした鉱石粉砕機。最も広く使われ、多くは混汞法と併用された。臼の中に水銀を加えて搗き、鉱石中の金はアマルガムとして水銀に溶ける。この時、臼の中にはたえず水が流されるが、流れ出る粉鉱をさらに布を敷いた樋の上を通して金分をとることも行なわれた。

水銀アマルガム状の金は、丸型のユリ板を使って土砂と分けられる。次にアマルガムを鹿皮の中に入れて絞ると、水銀だけが外に絞り出され、中には金が残る。ただ、この金にはまだ水銀が含まれているので、乾留器（写真**24**）で蒸留

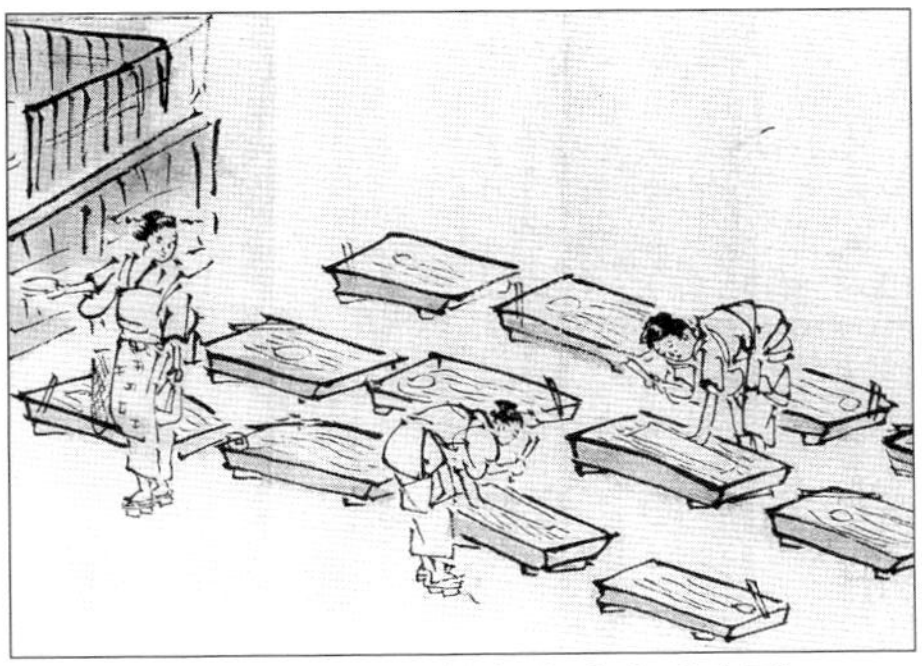

21. セリ板の金を洗う（金沢御山大盛之図）
佐々木正太郎氏蔵

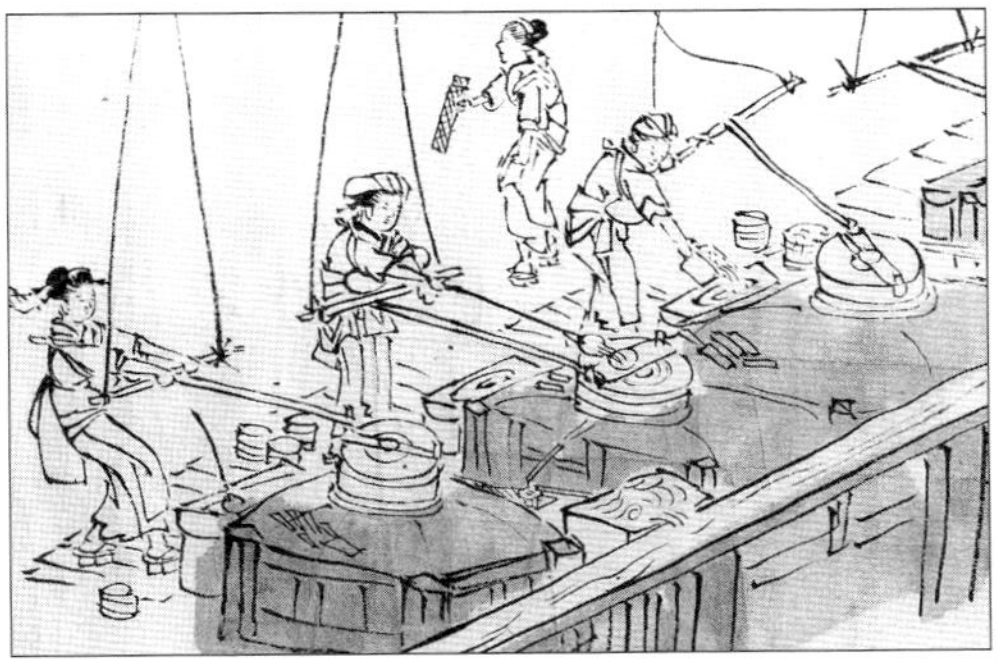

20. 挽き臼をまわす（金沢御山大盛之図）

16. サザエの灯り皿
（日本山海名物図絵）

22. 男3人で挽く臼（金銀採製全図）

17. 鉱石の乾燥（金沢御山大盛之図）

23. 布を敷いた樋状のネコ流し（金沢御山大盛之図）

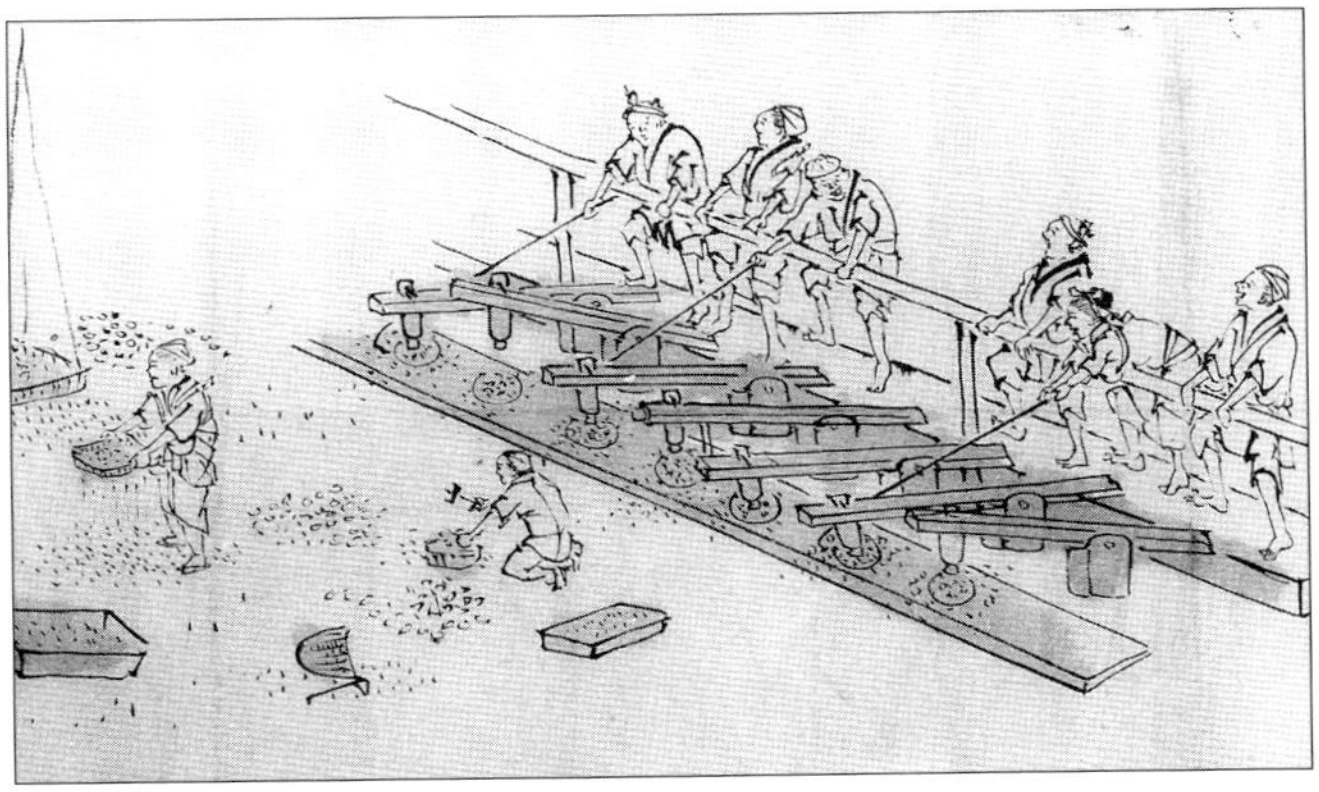

18. 鉱石の粉砕（金沢御山大盛之図）

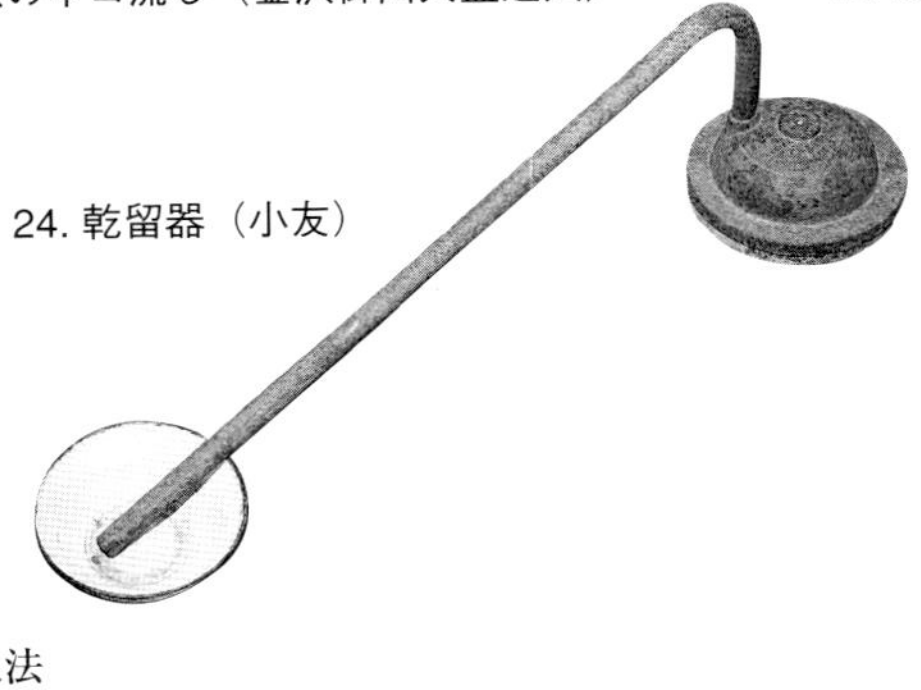

24. 乾留器（小友）

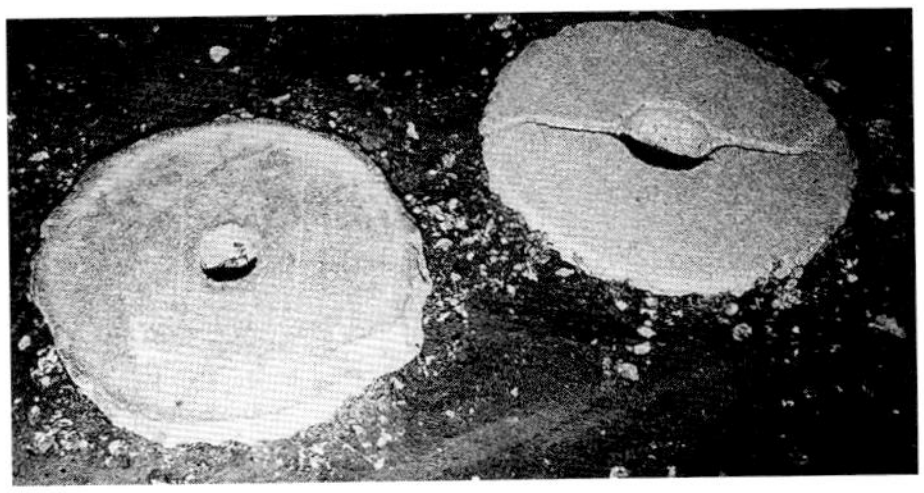

19. 金沢に残る石臼

して水銀と金を分離し、ルツボで熱して金を成形する。乾留器のない場合はルツボでそのまま熱して水銀を空中に蒸発させ同時に成形した。ルツボは金沢村では馬の骨を焼いて粉にして、粘土にまぜて作った（写真25）。小友では馬骨の話は聞けなかったが、黒鉛粘土で成形した例もある。ふつうは既成のルツボが使われた。

㋩スタンプ　木搗鉱の改良されたもの。杵もすべて鉄製で発動機で動かした。臼の中には水銀を入れずに、強い水流を流して粉砕した鉱石を銅板の樋に流し出した。銅板には昇汞液（塩化第二水銀）をぬり、その上に水銀をぬった。この上を金の細鉱が流れると、金だけが水銀アマルガムになって銅板上にとらえられ、土砂分は流れ去る。この水銀アマルガムが集められ、鹿皮で絞るなど先と同様に精製された。この銅板は木搗鉱と組みあわせても使われた。

25. 馬骨粘土のルツボ（金沢）

㋥ボールミル　鉄の球が入ったドラムの中に鉱石を入れて回転させ、鉱石を粉砕する機械。

㋭青化法　細粉した金鉱を青酸ソーダまたは青酸カリ溶液に入れると、金はシアン錯塩の形で溶ける。これに亜鉛片を入れるか電気分解をすれば金が遊離してくる。この方法だと混汞法で逃すような小さな粒子の金まで採ることができ、収量が大きくあがった。

●小炭

なまったタガネに焼きを入れたり、金を溶かして成形する時など、この地方の鍛冶屋や鉱山で使われた鉱業炭。

山に立ち枯れている栗の木（ツノガラ）を切って、地面に掘った穴に入れる。この穴をホドというが、乾燥具合で穴の大きさをきめた。湿った木の場合は小さくし、ツノガラを高く積んだ。火がよく燃えてきたらどんどん木を入れ、充分に火がまわったころ土をかけて消し、篩で土を通して小炭をとりだす。水をかけて消すヤキドリという方法もあったが、これは火力がやわらかいという。

●鉱業権

鉱業権と山の所有権とは全く別であった。鉱業権を獲得した山師は、山の持主に対して坑口付近の地上の荒らし分や地上の施設の土地代として、安い謝礼を払うだけでよかった。むろん、大金脈をあてても特別な分け前を山の持主に払う必要は一切なかった。

鉱業権の申請は、砂金掘りも坑道掘りも、まず仙台の鉱山監督局に試掘の設定をし、許可がおりると税金を納める。期間内（二年間、延長一回）に良い鉱脈をみつけると、本操業のための採掘権の申請をする。許可がおりると、税金を払うかぎり世襲が認められ、財産となった。山師には採掘権をとってから実際に掘る場合と、良い鉱脈をみつけると権利だけを売り渡す場合があった。いわゆるインチキ山師は後者に多かった。

江戸時代には、まず金山草分証文の許可をうけて試掘をし、鉱脈をみつけると運上金を納めて働方本証文を受け、請山となって採掘できた。しかし大直利《おおなおり》（大金脈）にあたると藩に届けねばならず、藩は役人を派遣して、山内見分けの上、鉱山を封印して藩営の御手山とした。こうなると、鉱脈を発見した山師は山先山師として優遇されたが、御手山の労働者として組みこまれて働かざるをえない仕組みになっていた。

●禁忌など

朝飯に汁をかけて食うこと、坑内で口笛を吹くこと、猿の話をすることは絶対のタブーであった（猿のことを金沢村では、オンチヤマという）。葬式よりもお産をきらい、家内のお産には一週間休むが葬式は三日で良かった。ただし砂金掘りにはこうした禁忌はほとんどなかった。以上は小友での話だが、金沢村では鋪《しき》の中に入る時に必ず胸をポンとたたいたという。坑内でたたくと遠くまで聞こえて合図になったという。

鉱山では山神さまをまつり、正月と十二月の十二日は休みであった。大直利をあてると、山神さまに金鉱とお神酒をそなえてお祝いした。なお、古い坑道の近くには山神の石碑があり、太い桜や桂の木が植えてあることが多い。

出作りの村
―福島県桧枝岐

文・写真・図　須藤　護
写真・図　鈴木　清

出小屋（鳴滝小屋）の前にひろげたムシロの上でアワの脱穀　撮影　鈴木　清

山小屋を訪ねる

昨年（昭和五四年）の八月に、友人の鈴木清君と桧枝岐《ひのえまた》本村から三キロほど桧枝岐川の上流にある通称キリンテという場所を通りがかったとき、古めかしい出小屋《でごや》（出《で》作《づくり》小屋）に出会った。

出小屋というのは、日常的に通うのが不便なほど本村（集落）から遠く離れた耕地の近くに建てられた農作業用の宿泊小屋である。

この小屋は、間口四間、奥行二間半の小さなものである。屋根は茅葺《かやぶき》で、一方が切妻《きりづま》、他方が寄棟《よせむね》になっている。不均衡な屋根だが、それは雪が深く煙出《けむだ》しを特別に発達させなかったため、イロリで燃やす薪の煙を切妻の開口部から、出さなくてはならなかったからだろう。

屋根の棟から勢いよく草が伸びている。なかでも、まっ白い花をつけた百合が印象的であった。この種の棟はクレグシとよばれるもので、古来この地方の民家の特色の一つに数えられるものである。二ヵ所の窓にガラス戸がはめられてあるのを除くと、小屋の内外ともほとんど改造されていない様子だった。

さいわいなことに、その小屋にはおばさんが一人、入口に腰をおろして休んでいた。折から雨が降りだしてきたので、畑仕事をやめ小屋に帰ってきていたのである。この人が桧枝岐村居平《いだいら》に住む平野トク子さんで、このキリンテ小屋の持主だった。

一〇年余り前までは、春から夏にかけての作物の仕付《しつ》け時期と秋の収穫時期には、家族揃って本村の居平からこの小屋に移り住んでいた、という。しかし、山畑で得る雑穀類から米へと主食が移行した今日、山畑での耕作はさほど重要ではなくなったが、トク子さんは昔ながらに一人で毎日小屋まで通ってまわりの畑の手入れをしていたのである。

桧枝岐には現在でもたくさん出小屋が残っている。この村は舟岐《ふなまた》川と桧枝岐川の合流地点にあたる狭い河岸段丘上に立地しており、その周辺に広い耕地をもつことがきわめてむずかしかった。そこで、いきおい村から離れた比較的なだらかな斜面を開拓し、そこで畑作物をつくり、人々は生活をたててきた。しかし、開拓地と本村が離れているために、毎日耕作に通うのが不便だったので、耕作地近くに出小屋を建て、農作業の忙しい時期はそこで暮したのである。出小屋は本村からだいたい六キロ四方の川沿いに点在している。それが多い時期には桧枝岐

キリンテ小屋のクレグシの屋根に生えた野草。茅屋根の棟にクレ（土）を乗せることで雨漏りを防ぐ　撮影・鈴木　清

キリンテ小屋

で六〇軒もの数を数えたという。出小屋を使わなくなった現在でも、三五軒ほど残っている。

出小屋が減少したのは、耕地整理や農業形態の変化、近代化にもよるが、その前にここでは明治三五年に突然村を襲った大洪水で、かなりの出小屋の流出をみている。このキリンテ小屋は、流出をまぬがれた数少ない小屋の一つであったのである。

私はトク子さんに、今晩ここに泊めてもらえませんか、と頼んでみた。この小屋に泊めてもらって、夜、内部の構造を観察しようと思ったからである。それに私は、キリンテ周辺の小屋はもう作業小屋としてはほとんど使っておらず、観光客を泊めるために開放していることを知っていた。いわば、バンガローやロッジのような形で再利用されているので、まさにそこにも、キリンテ小屋という看板が出ていた。キリンテにはこのような小屋があと三軒あって、自炊をすれば一泊一〇〇〇円程度で泊めてくれる。

もちろんトク子さんは承諾してくれて、米、味噌、葉菜などの食料と薪を用意してくれた。そして私たちを置いて、五時すぎのバスで本村に帰っていった。

明るいうちに食事の用意をした。といっても、味噌汁とご飯だけである。夕食を食べ終ったのが七時ごろで、あたりはもう薄暗くなっており、間近に見える山並が黒い巨大なかたまりになって、目前にせまってくるような感じがした。イロリの火と石油ランプがいよいよ明るさを増していく。外は暗闇の中に、星が降るように間近に輝き始めている。星の観察をするため定期的にここにやって来る学生がいるとのことだったが、なるほどうまい

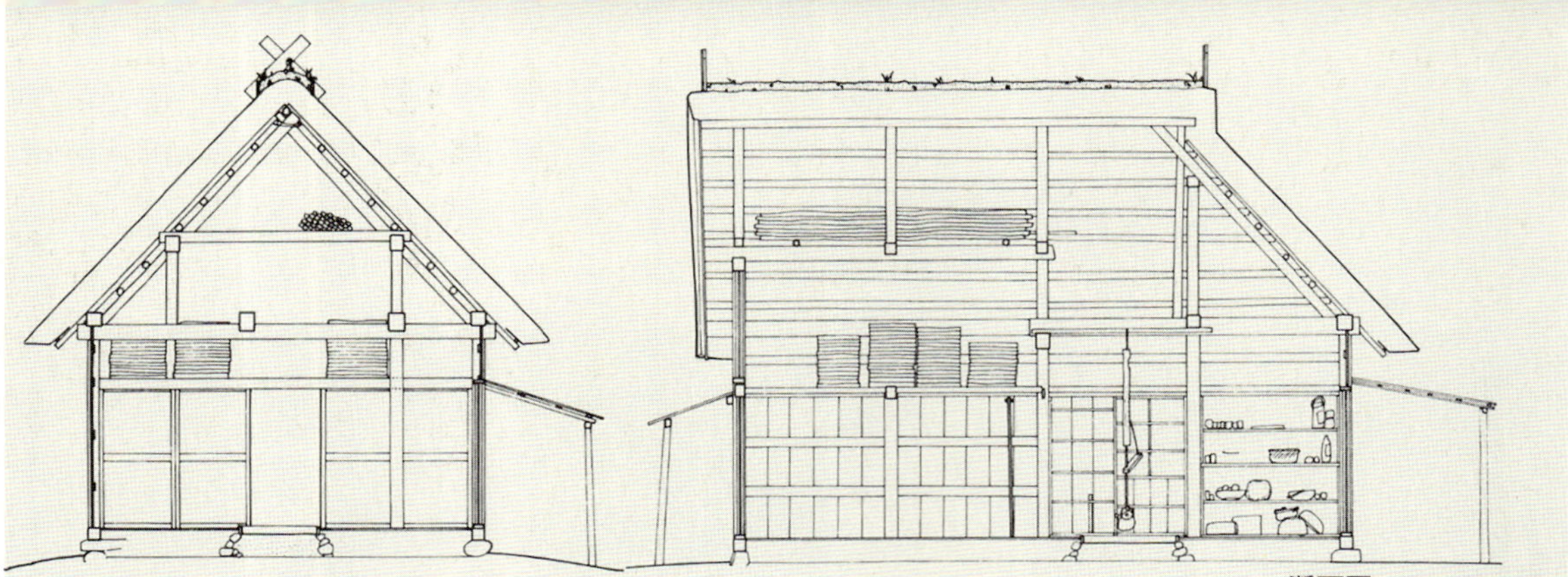
断面図　1：125

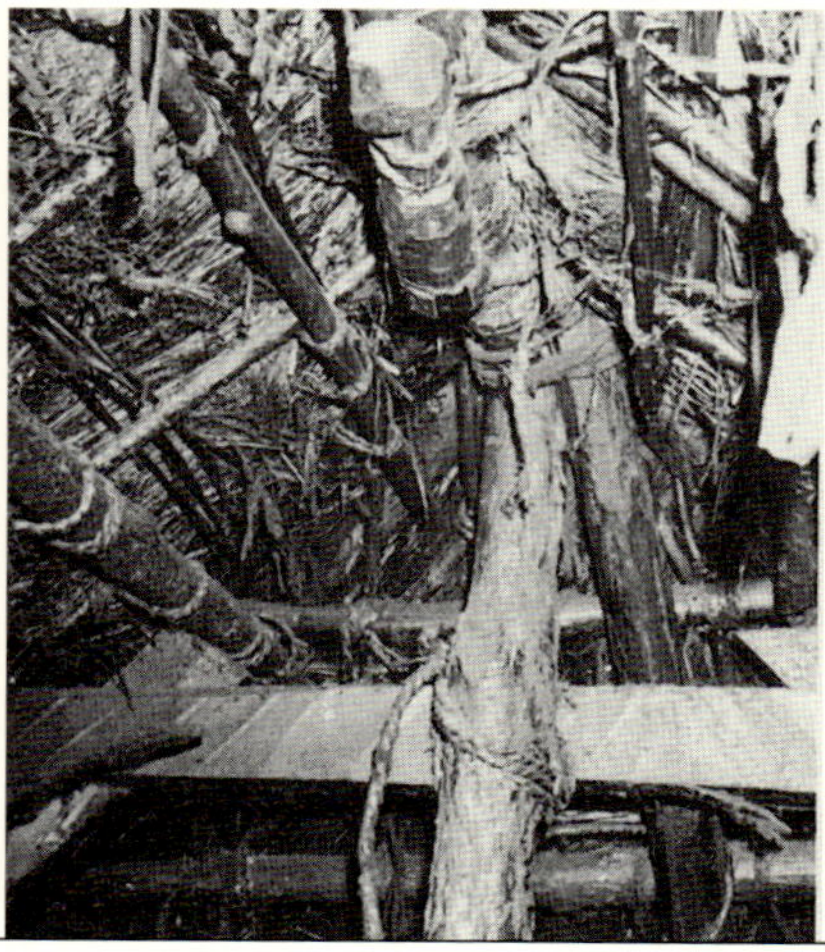

場所をみつけたものだ、と感心する。

腹がふくらんで一段落ついてから、小屋の実測を始めた。私は平面図、鈴木君は断面図を担当した。イロリに薪をどんどんくべて赤々と燃やし、石油ランプを部屋の中央に吊して、さらにまわりを明るくした。しかし、一時間もすると目がすごく痛くなってきた。イロリの煙が目に入る。それに、巻尺の細かい数字を見ていて目が疲れてきたのである。能率もほとんど上らなくなった。そこでその夜は早々に切上げ、翌朝早く起きて作業の続きをやることにした。

翌朝は日の出とともに起きた。おかげで仕事ははかどり、配置図まで含めて五枚の図面の実測が午前中で終った。出小屋に泊るときは、夜早く寝て日の出とともに起きるのが一番利口な方法であることを、このとき身をもって体験した。

出小屋の構造

桧枝岐には何回か足を運び、前後して、民家一軒、出小屋三棟、板倉一棟、アワ（粟）の乾燥小屋一棟、そして、風呂場として使っていた簡単な小屋を一棟実測することができた。

原初的な住まいを連想させて興味を感じる小屋をおもに注目したのだが、なかではやはり前述のキリンテ小屋が出小屋の基本形といってよかった。

出小屋の多くは道に背を向けて建てられてお

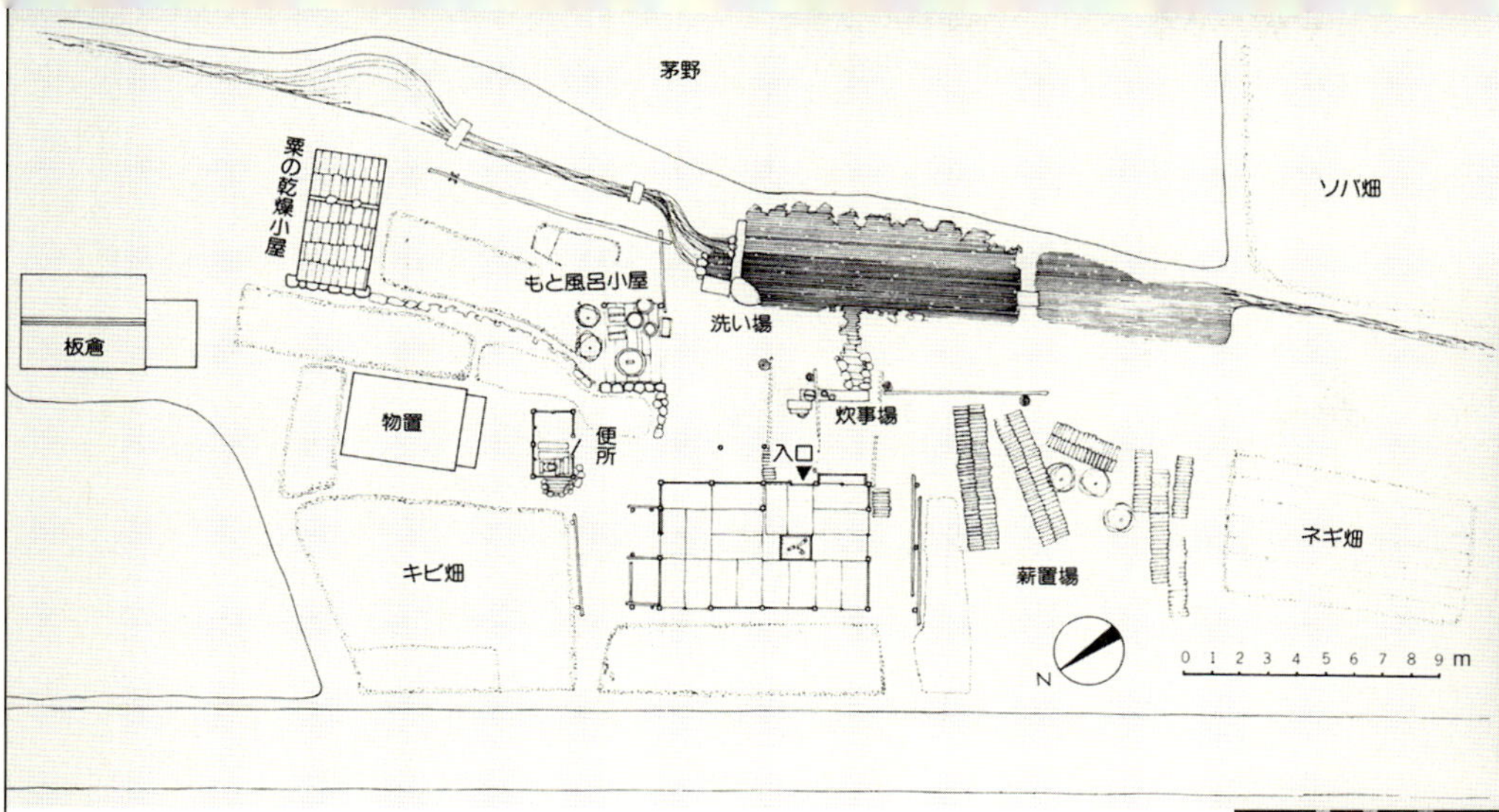

キリンテ小屋

もっとも原初的な出作り小屋で、この出小屋には何度も泊めてもらった。中に入るとすぐイロリが目につくが、ここが家族生活の中心で、イロリは食べ物の煮炊き、暖房に使われている。イロリの脇には作り付けの食器戸棚がある。イロリの脇には曲げ物の桶が置いてあるが、中に火を燃やすときに使う焚き付け用の木クズがはいっている。出小屋には電気はひかれておらず、ランプやローソクが灯りとして使われていた　食器棚とイロリ以外の写真撮影・鈴木　清

キリンテ小屋　作図・鈴木　清

り、このキリンテ小屋もその例外ではない。道から小屋の裏へ廻ると、そこに出入口があった。理由はいろいろあろうかと思われるが、特に、用水の引き方と密接に関連しているように思われた。

　道が川に沿って起伏少なく曲りくねって登るのに対して、用水は山腹を通っている。出小屋での水のとり方は、桧枝岐川の本流から水をあげて用いるというような大規模な用水工事はみられない。谷から流れ出る沢の水や湧水を引いてくる例がほとんどで、一本の沢の水は一軒の出小屋で使っているか、せいぜいその水を下《しも》にまわし、二、三軒で使っている程度である。古い出小屋の立地を見ていくと、まず第一に、耕地として拓きやすい比較的なだらかな斜面を確保し、水の流れ出ている沢の近くに、思い思いに小屋を建てるという形式をとっている。だから、出小屋が一ヵ所にかたまっていることはほとんどなく、小屋と小屋との間隔が離れているのが普通である。その小屋に水を引く場合は山側に水路を開き、土地の高低を利用して家の裏までもってくる。そして、小屋のすぐ裏に水をため、洗い場をつくっている。ここでは野菜や穀物などの食料を洗い、衣類や農具などの洗濯もする。だから、洗い場近くに出入口をつけた方が便利であり、おのずと川の本流に沿って走る道に背を向けて小屋が建てられることになる。

裏の出入口に廻ると、そこには下屋《げや》がついている。この下屋は、出入口から三尺ほど離して股木を立て、そこに桁を渡し、その上にブッツァキ（割板）をのせた簡単なつくりのものである。ブッツァキは、厚さ一〇～六センチ、長さ一メートルほどの割板で、楢《なら》材を用いる。楢材は腐りにくく、何十年ももつからである。下屋の幅は、大体二間ぐらいが普通であった。

この下屋は、春に出小屋に移ったときにつくり、秋に本村に帰るときつぶしていく。つまり、出小屋に泊り込んでいる時期だけ出入口や物置場として利用するため、冬期間必要はなかった。下屋の両側にうず高く薪が積まれており、これがイロリ用の薪として使われる。

なお余談になるが、この出入口に棒や茅を筋違《すじかい》のように斜めに立掛けておくと、この家は留守だという印になった。これは本村でも行われている作法である。出小屋を見て歩くうちに、このような小屋を何軒か見出すことができた。しかし、現在では観光客など外から入ってくる人が多くなったため、道端の出小屋は鍵をかける所もでてきている。

入口から小屋の中に入ると土間はなく、すぐ板敷の床になり、現在ここにはゴザを敷いている。正面にはイロリが切ってあり、左手には作りつけの食器戸棚がある。このイロリを囲んだ座が食事の場であり、家族が語り合う場でもあった。部屋はひと間で、原則的に間仕切はない。現在は二つの部屋に仕切っているが、これは最近つけたものであるという。

家族の寝る場所はだいたい決っており、年寄は出入口の近く、つまりイロリのまわりに、そして若い者は奥の方で寝ることになっていた。夏はともかくとして、秋の取入時期になると夜はかなり冷込む。また、便所は外にあるので、イロリがあり、しかも出入口の近くに年寄を寝かすという配慮がなされていたものと思える。

出小屋の屋根構造はサス造りである。サス造りというのは、左右両側の梁から太い材（サス）を斜めにあげ、この二本のサスが交叉したところに棟木をのせて屋根を支えるという構造であるが、キリンテ小屋の場合はサスの太さが一三センチ角ほどの細い角材を用いている。そのため梁から棟木まで一本で支えることができず、二本に継足した形になっている。つまり、梁の端から三尺ほど中に入った所に束《つか》を立て、その上に上屋梁をもう一本のせ、上屋梁から棟木までをサスで支えている。梁と上屋梁までの間は直径が一一センチほどの丸太を渡している。桧枝岐ではこの材を何と呼んでいるか聞かなかったが、南会津地方では一般にオイザスと呼んでいる。オイザスは大きな民家によく見られる構法であるが、出小屋のような小さな小屋で用いている例は稀であり、その理由はよくわからない。この小屋が建てられた当時は、山の利用に制限があったのか、出小屋であるから大勢の人々の手伝が得られなかったのか、今後つきつめてみたい問題である。

この基本形の出小屋に対して、第一段階の発展形は嫁郷《よめごう》の星富吉さんの小屋であろう。それは養蚕の流行に伴って変化した小屋といえる。

嫁郷はキリンテとは逆に本村から五キロほど下に下った場所で、ここには一二戸の出小屋があった。富吉さんの小屋はもとは三間四方出小屋式のひと間どりで、それに三間と四間の蚕室を増築したものである。従って現在は、間口七間、奥行三間の平入《ひらいり》、屋根は片側が切妻で、もう一方の側が寄棟である。

以前この出小屋は桧枝岐川のすぐ近くに建てられていたが、明治三五年の大洪水で流出し、畑も流された。その後洪水の被害からのがれるために現在の段丘上に建て

小屋の外壁に収穫したキビを干す嫁郷小屋所有者の星富吉・ヤスさん夫妻

嫁郷小屋

なおしたものである。そして、建てた当時は三間四方であったが、数年後本格的に養蚕に取組むために現在の形に増築したものである。富吉さん（明治二三年生）の父親は角五郎といい、この人は群馬県から養蚕の指導にやって来て星家に婿入りした人であるというから、蚕室をもったこの嫁郷小屋は当時村の模範になっていたのではないかと思う。

嫁郷小屋も他の出小屋の型どおり、道から入って裏に廻ると出入口があり、下屋もついている。そして、出入口の近くには直径四〇センチほどの藁打石《わらうちいし》が埋めてあった。出入口の前には簡単な小屋が建てられ、そこは沢から引いた水をため、洗い場として使われている。

洗い場のすぐ脇には風呂場があるが、この小屋に風呂がつくようになるのは大正の中ごろであった。幅、高さともに三尺ほどの分厚い板を四枚合わせて大工に風呂をつくってもらった。桧枝岐には大工が二人いた。明治二六年に大火があり、村中のほとんどの家が焼けた。このとき越後から大勢の大工が入り、このうち二人が村に定着したのである。風呂を持つ以前はもらい風呂で、風呂がわくと一〇〇メートルほど離れた隣家からオーイ、と大声で呼んでくれる。よその家に風呂を呼ばれて行くのは楽しみのひとつであった。何軒かの人がその家に集まり、お茶をごちそうになりながら世間話をする。これが楽しかったのである。

出小屋の内部はキリンテ小屋と同じであるが、大きく違う点は一坪ほどの土間があることである。ただしこれは作業場としての土間ではなく、はきものを置くためのものであった。部屋の隅には作業着がたくさん下げられ、

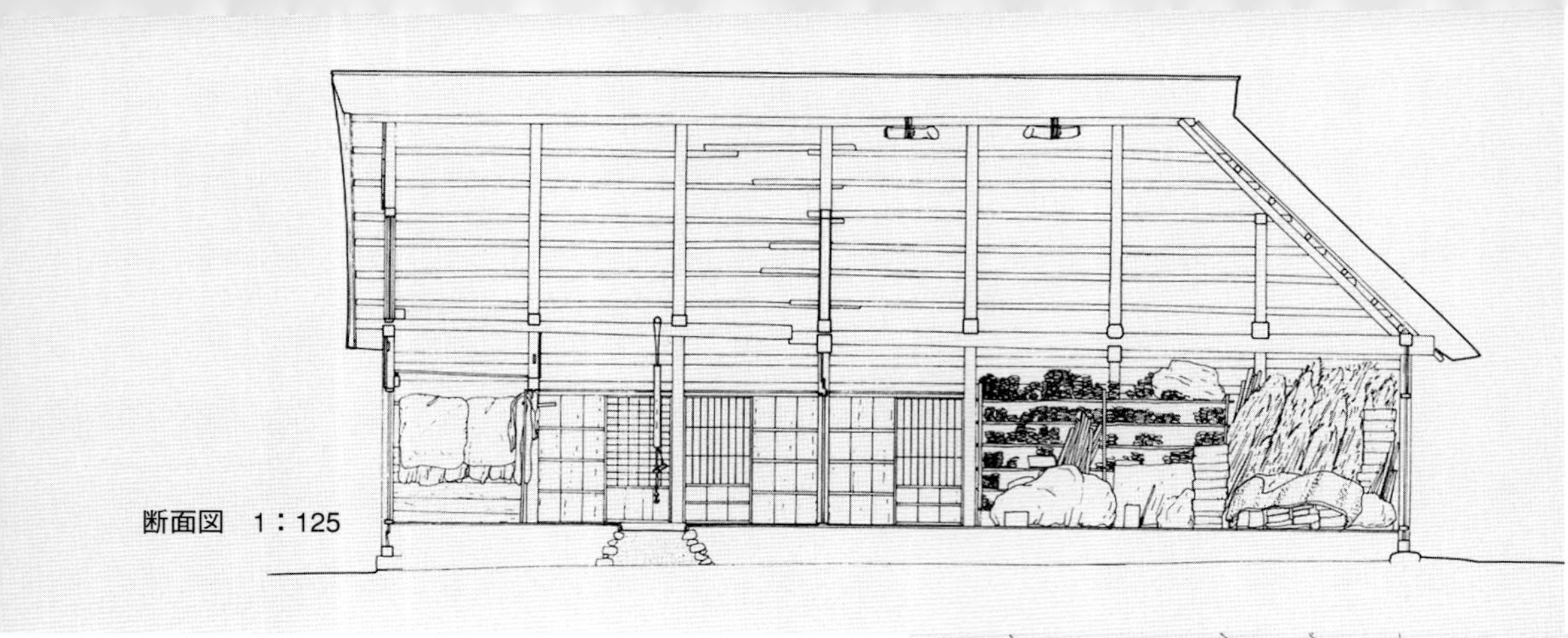

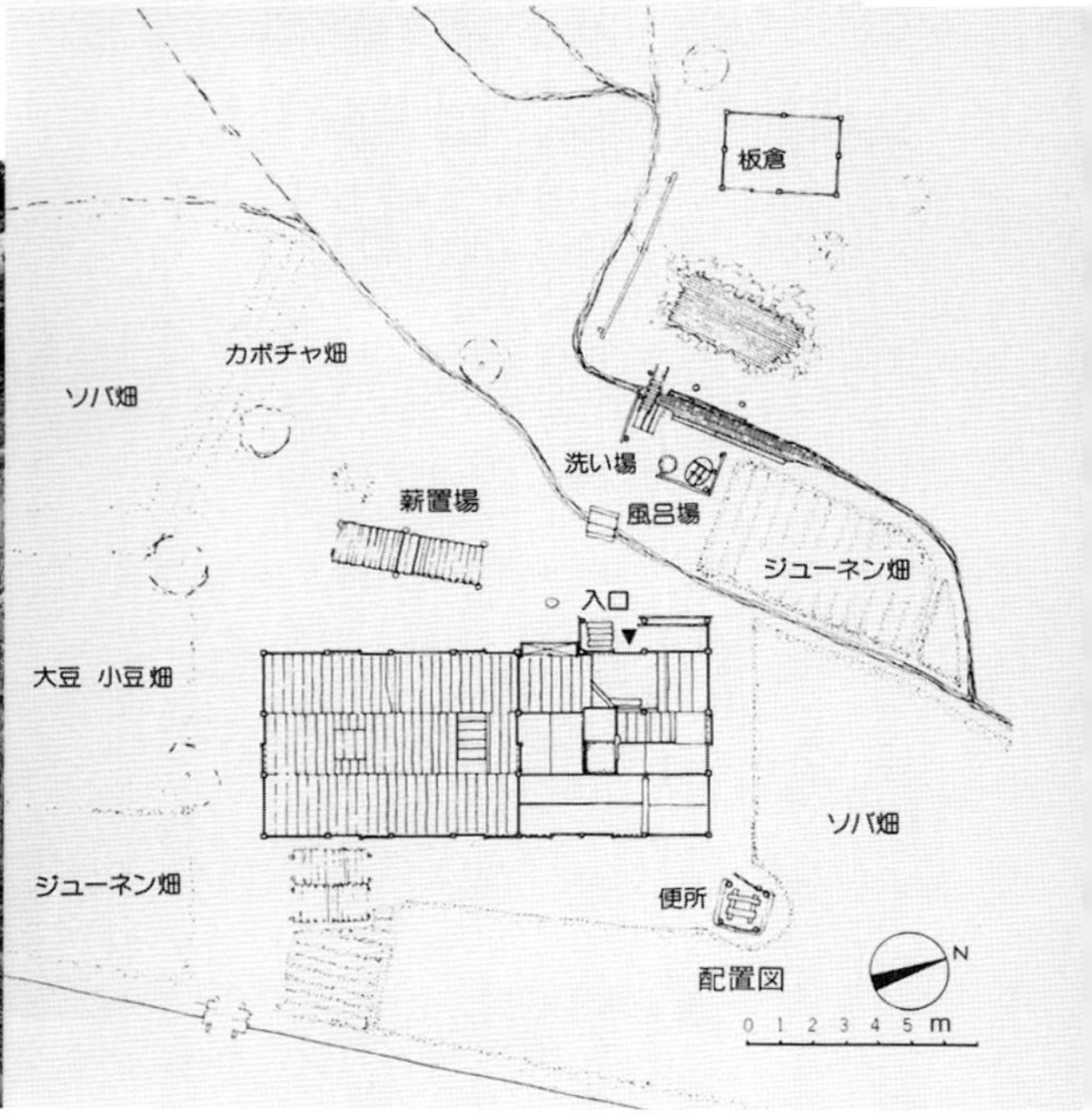

嫁郷小屋

星富吉・ヤスさん一家が所有する出小屋で、居住部分に加えて蚕室を備えている。小屋の前に水場がある。この小屋を初めて訪ねた時は留守で、入口に斜めに棒が立てかけられていた。出入り口の下屋は、出小屋を使用しない冬は取り外しておく。雪で押しつぶされたり、割板がはずれるのを防ぐためだが、出小屋がもっと簡便だった時代の名残のようである　上・下左　撮影・鈴木　清

嫁郷小屋　作図・鈴木　清

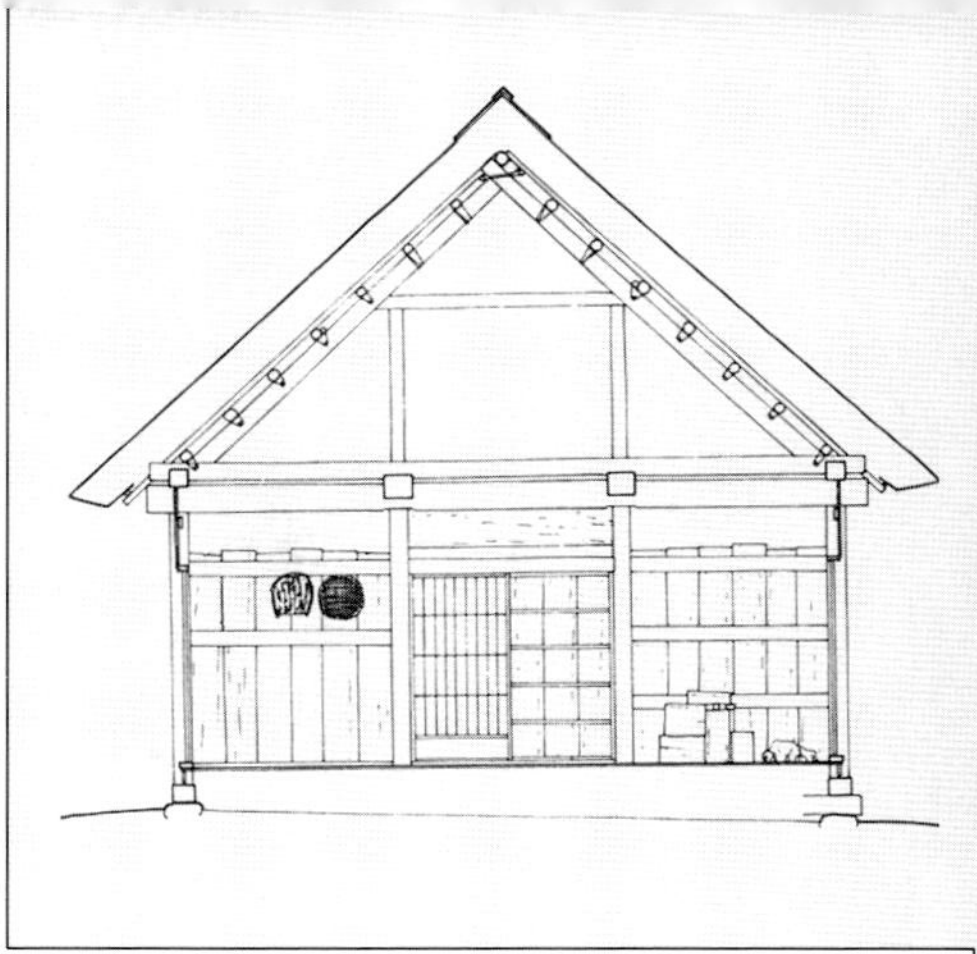

ふとんも積んである。出小屋には押入や収納家具がないためである。
　隣室の方は、ここに何列も棚を吊り、蚕を飼ったあとがある。床は板敷で二ヵ所に炉のあとがあり、壁間には一間おきに障子戸がはめ込まれている。これは養蚕に必要な暖房と換気のためであった。

農家の形式に近い出小屋

　次に、第二段階の発展形は、さらに養蚕が村の生業として本格的に定着したころに建てられた出小屋である。その例として鳴滝《なるたき》の平野初三郎さんの小屋があげられる。

　この年、桧枝岐でアワ（粟）をつくったのは初三郎さん宅ただ一軒だけだったので、私たちはそれをみせてもらったり、アワ刈りを手伝ったりして、鳴滝には何度も通った。鳴滝へは嫁郷へ行く二キロくらい手前を左に折れ、一度桧枝岐川の深い谷に降り、川にかけられている一本橋を渡ってまた谷を登る。そして段丘上の道をしばらく行くと初三郎さんの出小屋に着く。私はこの道が特に好きだった。夏は青葉と谷のせせらぎがすがすがしく、また谷を渡る風が涼しかった。秋になるとあたり一面が紅葉し、澄んだ川の水に映る。夏も秋も谷あいの一本橋はこの風景にぴったりとけ込んでいた。

　私たちが出小屋を訪ねると、初三郎さんや取入の手伝に来ていた息子の春久さん夫婦が気持よく迎えてくれる。一時おばあさんの体の具合がよくなくて、初三郎さんだけがこの小屋に泊っていた。私もこの小屋に何日か泊めて欲しいとお願いしたが、もう年をとっているから夕方六時ごろには寝てしまうだあ、と言われてあきらめた。さいわい秋の忙しい時期にはおばあさんも出小屋に移り、初三郎さんの身のまわりの世話をやいているのをみて、他人《ひと》ごとながらひと安心した。

　この鳴滝小屋は初三郎さんが十五歳のとき建ったというから、今から七〇年ほど前になる。それ以前は畑のまん中に二間半と五間の小屋があったが、雪崩《なだれ》にあってつぶされてしまったという。鳴滝は会津駒ヶ岳の西の裾野にあたり、特に雪崩の多い地帯である。そこで、次の出小屋は桧枝峡川の近くに建てた。この小屋はのちに弟に譲ったのであるが、今はつぶれてしまっている。

　三番目のものが現存している出小屋で、養蚕を本格的にやるという目的で一般の小屋よりも大きくしたものである。それだけに出小屋というより農家といった方がぴったりするほどの大きく立派なものであった。

　鳴滝小屋は斜面を利用して建てた二階建てで、一階は間口三間、奥行四間、二階は間口三間、そして奥行が七間ある。前述の二軒と違い妻入《つまいり》形式の建物である。また、一間に一間半という出小屋にしては比較的広い土間をもっていることも前述の二軒と違うところである。この土間は何のために設けたのかその理由はよくわからないが、ただ単なる寝泊り小屋から多様な目的をもつ農家への変遷をうかがうことができる。私たちが滞在してい

鳴滝小屋

養蚕が盛んだったころ建てられた出小屋で、一階は居室、二階は蚕室になっている。部屋の隅に置かれている飯台はお昼時にはそれを窓際の明るい所に運び、食事をする。ここではよく食事をご馳走になった。おかずは季節がらマエタケの煮物と味噌汁、焼き魚などだった。桧枝岐では食前か食後かにトウモロコシを食べることが多いが、この習慣は訪ねた当時はまだ残っていた

た間は土間では作業することがなかったが、出入口として使うほかに、脱穀した穀類の搬入、それに農具置場として利用していたのである。

土間に入る前には下屋が出ている。これは常設されている下屋のようで、入口に向って右側の隅に小便所が設けられている。つまり、玄関の体裁を半ば成しており、定着民家としての機能を整えつつあるといえる。

家族のための居間は、土間を除いて三間四方ほどのひと間であり、これはキリンテや嫁郷の小屋とほとんど変らない。最も異なる点は、土間のすぐ右脇に下屋を出し、二畳敷の若夫婦の部屋が確保されていることである。これは前述の二軒と違いはっきりと個室として独立している。若夫婦はここで寝泊りし、老夫妻はイロリのそばで寝た。

二階は三間に七間という広いスペースをもっているが、これは背後の山へ構造材を渡して床面を長くのばしたもので、地形をたくみに生かしたつくりである。ただし、

養蚕をするため大きなつくりの鳴滝小屋。小屋の前の稲架にアワを干している　撮影・鈴木　清

奥行は七間あるが入口に近いほうの一間分は吹抜になっており、後の一間は物入れとして利用しているようで、実際に使える床面は奥行五間分である。一階の土間の左側にある階段を登ると、幅一間の通路兼作業場が奥に続き、その右側が蚕室となっている。ここには幅二尺、長さ二間の蚕棚が余裕をもって八列並ぶ。

二階の通路はうしろの丘につながっているので、二階からすぐに外へ出ることができる。外へ出れば桑畑が一面に広がっている。新しい桑を通路に入れ、蚕の糞は棚からおろして通路へ出し、通路の桑を蚕棚へ、という流れるような作業がこの蚕室のつくりであればできるのだ。出小屋というよりも、むしろ養蚕工場という言葉がぴったりする機能的なつくりであった。

多くの出小屋を見て歩き、また三軒の出小屋を実測してみて、基本的にはイロリを中心にした三間四方、ないしは三間に四間の床張のひと間どりが基本で、ここで食事をし、お茶を飲み、就寝もした

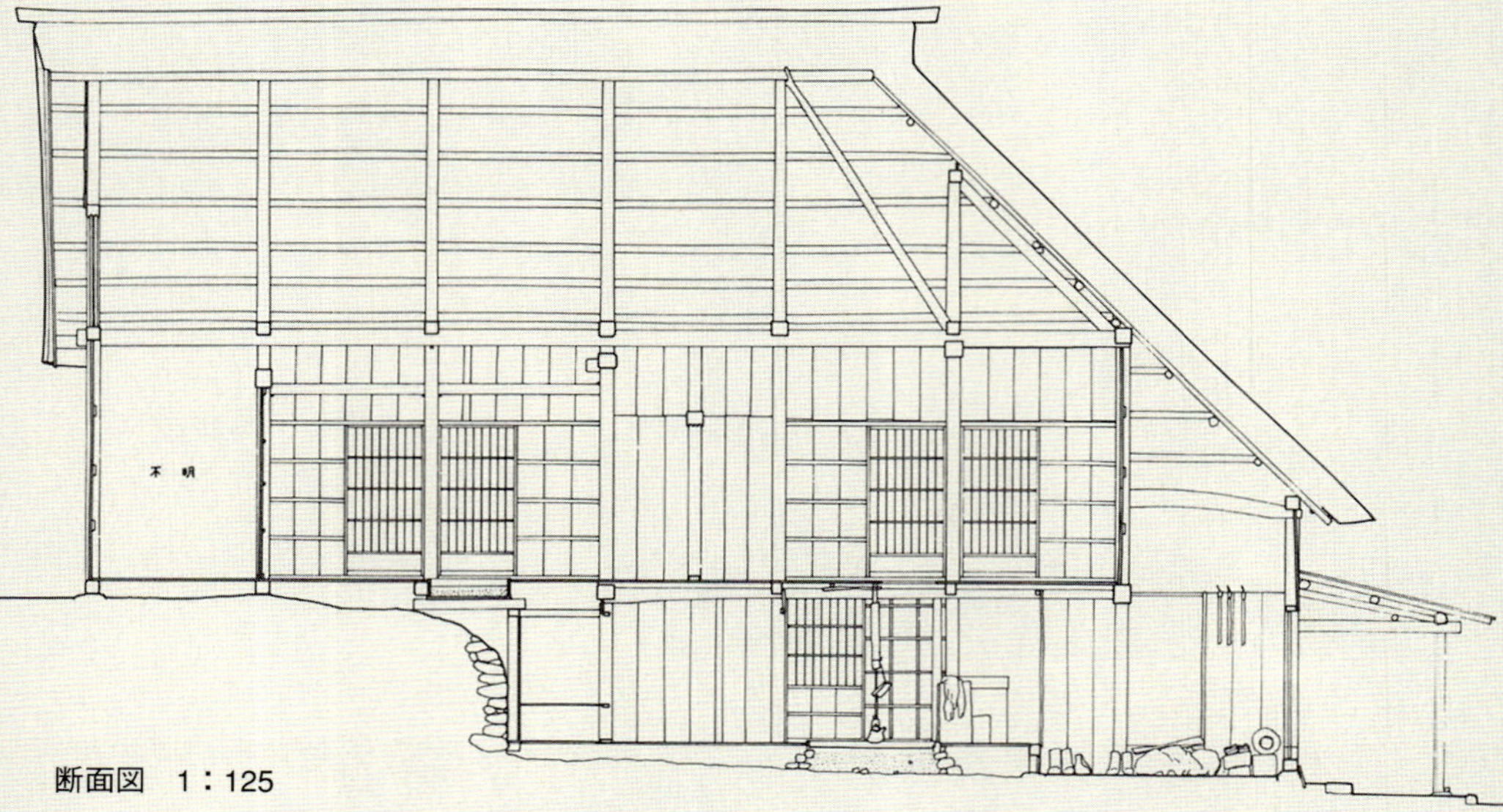

断面図　1：125

鳴滝小屋

ことがわかった。建てた年代が新しくなるにつれ出小屋は大きくなるが、これは居住部分が大きくなるのではなく、蚕室が大きくなっていったのである。明治以降、従来の畑作から養蚕への比重がうんと高くなり、養蚕が桧枝岐の重要な産業になっていったことは、これらの出小屋からみてもよくわかる。同時に出小屋の内部に土間が取入れられてくるが、それも時代を経るにつれて農家の形式に近づいていく。鳴滝小屋にいたっては、広間の背後に部屋（主人夫婦の寝間）と座敷がつけば一般の稲作農家と変らなくなる。しかしそうかといって、出小屋が一般農家の原形で、それが農家に移行したとは簡単にいえないが、出小屋の使い方をもっと深く突込んでみることによって、畑作農家やさらに稲作農家への発展過程は探れるのではないかと思ったりした。

秋の収穫期には比較的長い滞在をするという予定をたてた。農作物の収穫の手伝をさせてもらいながら、実際に出小屋がどう使われているのかを観察したかったからである。また、桧枝岐ではアワ、キビ、ソバ、ジューネン（エゴマ）をつくっている家も少なからずあり、これら雑穀類の収穫にも大いに興味があった。

キビの収穫を見る

確か九月二三日ごろであったと思う。そろそろ秋の取入が始まるので、再度桧枝岐へ行く準備をしていたころ、星数三郎さんから、キビの刈入はもう済んでしまった、という電話がかかった。数三郎さんは桧枝岐での調査中に最初から最後まで世話をやいてくれた人である。桧枝岐のことは隅から隅まで実によく知っていて、私た

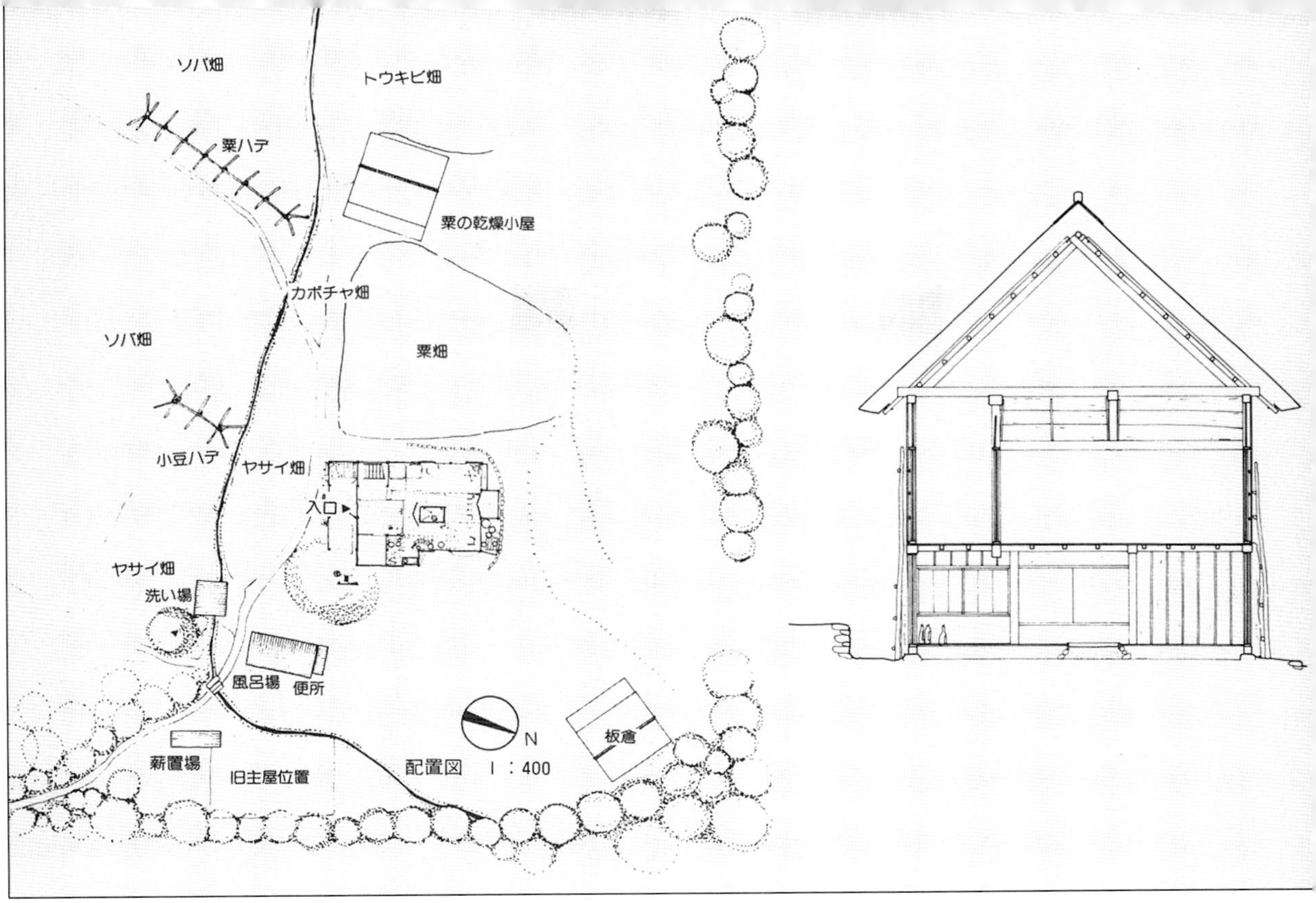

鳴滝小屋　作図・鈴木　清

ちに適切なアドバイスをしてくれる。今年キビをつくったのはキリンテの平野トク子さんの家だけである。キビは他の作物より早く実をつける。そこで雀がたくさん来て早く刈取ってしまわないと実がなくなってしまうから、とのことであった。

電話をもらってからさっそく桧枝岐へ急いだ。キビの穂刈はすんでいたが、まだキビ打《うち》作業は残っていた。キビ刈は雀の来襲を恐れて早くすませたが、その後天気が続かず、乾いたかと思うと雨に打たれ未脱穀な状態が長く続いていた。なお、その間にソバ刈、ソバ打の時期に入り、キビ打はだんだん後まわしになってしまった。

キビ打をしたのは実に一〇月半ばのことであった。天気が続けば五、六日の乾燥ですむものを、二〇日あまりもの期間を要したことになる。また、天候の関係だけでなく、従来桧枝岐での穀物比重はキビよりもソバの方がずっと高かったのである。そのため、キビ打の日を延してでもソバの収穫に力を入れるようになる。そのような長い習慣が、キビ打をこんなに延してしまったのだと思える。

さて、待ちに待ったキビ打は一三日の午後行われた。午後にしたのは、午前中は朝露が残るため少しでも長く日に干しておくという配慮からであった。キビを干してある場所の近くに莚《むしろ》を六枚ほど敷き、ほぼ中央に四〇センチ角ほどの板を置く。キビの穂をその板の上にのせ小型のツチンボウで打つ。莚の上には竿からおろしたキビの穂を並べておき、手の届くところに何束かかためておく。それらが打終るとまた周囲の束を近くによせる。キ

キビの収穫●キビの種まきは5月下旬から6月中旬にかけて行い、6月末と土用（7月20日）ころ除草と中耕を行う。作物のまわりに生えている草を除き、根元を軽く耕してやる。そうすると作物は丈夫に育つ。刈入れは9月20日すぎで、穂刈をして養蚕の棚に使っている棒を利用し6日ほど干す。それを板の上にのせて小型のツチンボウで脱穀し、一度トオシにかけて選別する。さらにトバシをしてゴミを取り除き、バッタリにかけて精白する。バッタリは水の力を利用して穀物を精白する臼のことである

ビの穂を莚の上に並べるのは、能率をあげるとともに、莚の上の方が早く乾くからでもあった。

二方に振分けた片方を、まずツチンボウで丹念に打っていく。束をまわしながら五〇回ほど打つと、次いでもう一方の束を打ち、最後に両方をまとめてまた五〇回ほど打つ。そして残った実を手でもんで落す。

まだよく乾いていないようですな、とトク子さんは首をかしげながら作業を続けた。どうも我々が見ているのを意識して気の毒がり、少し早く作業を進めたようである。よく見ると、一五〇回も打ったキビの穂には、まだ落ちきらない実がついていた。

乾燥が充分でないと実が落ちにくい。すると、収量が減ってしまうばかりでなく、強く打つので余計なゴミが実に混じってしまう。ツチンボウを握る腕もかなり疲れる。それに、キビの場合は表皮とその中にもう一枚皮がかぶっていて、キビ打のときに表皮はだいたいはがれるのだが、湿っているとそれがはがれにくい。だから、選別や精白にまた手間がかかる。今回のキビ打からは、いかに乾燥が大切であるかを教えられた。

打終ったキビの中にはゴミや土や折れた穂先などが混じっている。そこで一度トオシにかけて大きなゴミを取除く。しかし、

アワの収穫●アワもソバと同様近年まで主食になっていた作物で、種まき、手入れ、収穫はキビと同じ要領でやる。収穫は10月上旬から中旬にかけてはじまるが、このころから天気がしぐれるので、火力乾燥して脱穀することも多かった。

アワもまた焼畑で多く作られた作物である。山を焼く時期は5月中旬ごろであるが、あらかじめ前年の8月か9月に草木を刈払い枯しておく。山を焼いてから2、3日すると土が冷えるからそこに種をまく。次の年にはソバをつくり、3年目になると土がやわらかくなるのでダイコン、カブナ、カボチャなどをつくった。

トオシにかけてもまだ小さなゴミが残るので、もう一度箕《み》を用いて選別をする。これは風を利用した選別で、実の入っていない殻やゴミは軽いから遠くへ飛び、実の入っているものは重いから真下に落ちる。これを桧枝岐ではトバシといっている。

トバシをするときには、少量の穀物であれば莚を二枚敷き、その継目《つぎめ》にキビの茎を入れて高く盛上げておく。そして、一方の莚にはキビの実が落ちるようにし、他方にはゴミが落ちるようにする。準備ができると、箕《み》の中にゴミの混じっているキビの実を入れ、それを高く持上げて少しずつ落していく。すると、予想していたよりもはるかに正確にキビの実は真下に落ち、ゴミは遠くに飛んでいく。そして、一枚の莚にはキビの実の山が築かれていく。この作業をよく見ていると、トク子さんはたくみに箕の高さを上げたり下げたりしている。野外であるから、風が一定の強さで吹いているわけではなく、微妙に変っている。そこで、風が強いときは腰のあたりまで下げ、弱いときには頭のあたりまで上げる。しかし、どんなにたくみに箕をあやつっても、実とゴミとの間に落ちるものが出てくる。それはもう一度箕の中に入れてトバシをするが、このとき莚の境が高くなっていると、ゴミとの区別がしやすいわけである。

一方、風で飛ばされたゴミもほぼ莚の上に集まるが、これは畑の隅に撒いて焼く。その灰は来年植える作物の肥料になる。トク子さんの家では、来年そこにカボチャを蒔く予定だそうである。

今年のキビ耕作はさほど広くなく一五坪ほどしか植えなかったが、以前は二畝（六〇坪）ほどつくっていた。今年は一五坪で一斗ほどの収穫があった。二畝つくれば四斗俵で一俵になる。

キビはキビモチ、キビダンゴ、あるいは、赤飯に入れて食べるのであるが、昔はだいたいハレの日の食べものであった。だから、そう多くの量は必要ないわけで、一俵つくる家が標準だったが、中には二俵ほどつくる家もあったそうである。

ソバの刈取を手伝う

ソバは他の雑穀物と違い現在でも日常食べているので、ほとんどの家で少しずつつくっている。この村で出作りが盛んであったころ、ソバはアワと並んで村人の主食になっており、どの家でも作付面積の半分はソバをつくっていた。

今年のソバ刈は九月二六日から始まった。この時期になると、出小屋の畑ばかりでなく、村の近くのあちこちの畑でもソバ刈がいっせいに始まり、活気づいている。

ソバ刈には私も間に合ったので、嫁郷の富吉さんの畑で手伝わせてもらった。ソバ刈は稲刈のようにやさしくはないですよ、と富吉さんのつれあいのヤスさん（明治二九年生）は言いながら、少し柄の短い鎌を貸してくれた。普通の草刈鎌の柄を短く切ったものである。鎌は越後の行商人が売りに来たものを使っていた。

話に聞いたように、ソバ刈は大変むずかしく、しかも手間がかかった。ソバには赤い茎、青い茎、黒い茎があり、いずれもやわらかくて折れやすいが、特に黒い茎はよく熟しているので折れやすく、ちょっとさわっただけでもグニャリと折曲ってしまう。だから、切れない鎌を使ったのでは茎が切れずに折れる。ところが下手に力を入れると、今度は根ごと抜けてしまう。そこで、ソバ刈のコツはそっと茎をおさえて鎌を上から下へ斜めにおろして刈ることである。

ソバはあまり根がはらないが、それでも成長し実をつける植物である。だから焼畑のような粗放な畑でも育つのである。かつて耕地に恵まれない山地寒村の重要な主要作物のひとつだったのも、その性格に起因する。

しかし、ソバは原則としてばら蒔きであるから、稲のように整然と並んではえてはいない。一本だけポツリとあるところもあれば、一〇本もまとまっているところもある。私などは慣れていないせいもあるが、手際よく束にして刈ることができず、一本一本刈っていったので、ことさら手間のかかる作業のように感じられた。さらに手間がかかることに、まっすぐ立っているものばかりではなく、中には折れているものや倒れてしまったものもあり、それも丁寧に起して刈っていかねばならない。特に山鳩に荒らされたところなどは、二メートル四方くらいぽっかり穴があいたように倒れていて、大変刈りづらかった。ようやく一束刈って運ぼうとすると、今度は刈取ったソバの実と、まだ刈っていない実とがからみあって離れない。これをまた丁寧にほぐしていく。無理やり引っ張ると、せっかく実ったソバの実が地面に落ちてしまう。申訳ないことに、私はずいぶん畑の中に実を落してしまった。

ヤスさんのやり方を見ていると、ひと鎌ひと鎌、実に丁寧に、しかも手際よく刈っていく。そして、左手に持ちきれないほどたまると、一カ所に集めて積重ねておく。それもまるで宝物を扱うかのように、そっと積上げていく。五、六束の山ができるとまた次のかたまりをつくり、ある程度の山がたまると、ひと山ずつボッチにして立てていく。ボッチというのは、実の方を上にして茎を円錐形に広げた状態をいい、それを乾燥させるために畑に立てておく。これをソバボッチという。これでも大風が吹かない限り倒れることはなかったという。しかし、今年は台風が二つも近くを通ったためほとんどのボッチが倒れて水びたしになり、これで後の作業がずいぶん遅れた。普通、ボッチにしたソバは、三、四日乾燥させればソバ打ができるのであるが、今年はソバ打が始まったのは収穫後一〇日以上も過ぎてからであった。

さて、一〇月一二日はめずらしく朝からカラリと晴れて、この上ないソバ打日和であった。ソバに限らず雑穀類を脱穀する日は、天気がよくて、しかも少し風が吹いている日がよかった。その風も南風より北風の方が湿気が少ないので実が落ちやすい。ソバも湿気に敏感で、少しでも湿気があると実が落ちにくくなる。極端な例では、日中と夕方でも実の落ち方が違ってくるという。とても風通しの悪い家の中ではできない仕事である。

朝早くから畑に出て、ソバ畑のまん中に枯草を敷き、その上に莚を二〇枚ほど並べてソバ打の作業場をつくる。富吉さんは年老いて畑に出られなくなったので、春と秋の農繁期には、おばさんのヤスさんと息子さんの寛さん夫婦が畑に通ってくる。この日はそのほかに手伝の女の人が一人、そして私たち二人が加わった。

ソバ打は普通、一本の木の枝から扇形に三、四本の枝が出ている木を利用した打棒《うちぼう》を使う。これをマトウリといい、これで一束ずつ実を落していく。もちろん現在でもマトウリを使っている家がほとんどであるが、富吉さん宅では作付面積が他の家に比べて多いこと、それに天気が変りやすいので早く仕事を終らせたいために、別の打棒を使っている。この棒は何の木でもいいのだが、ソバを打つ部分がまっすぐで、柄の部分が具合よく曲っている木を山から取ってきた。この種の打棒は、南会津地方一帯で豆を打つときに用いており、長さは一・三メートルほどある。

作業場の準備ができあがると、女の人たちが畑に立ててあるソバボッチを莚のまわりに運び、そして男たちが棒を叩いてソバの実を落してゆく。一つのボッチが終るとその上にまた次のボッチをあげ、次々に重ねて腰の高

ソバの収穫●ソバは近年まで桧枝岐の主食のひとつになっていたので作付反別が多い。一般にソバとアワ、ヒエ、キビを同じ位の反別にして、輪作していたようである。ソバの種まきは7月上旬で、ばらまきをして適当に土をかけてやる。その後の手入れはない。肥料は干草や蚕の糞を入れた。収穫は秋の彼岸（9月23日）すぎで、ソバボッチにして干す。脱穀にはマトウリという打棒を使うが、能率をあげるために長い打棒を使うこともある。ソバは、焼畑でもよくつくった作物で、ふつうの焼畑のほかにソバガノというのがあった。カノとは焼畑の意味である。ソバガノは7月上旬に山の草木を刈払い、いい天気が続けば4日ほど乾燥させて、7月20日ごろに山を焼く。そのあとにソバをまいた。ソバを食べるのはだいたい夕食で、様々な食べ方があった　撮影・鈴木　清

嫁郷小屋の打棒での豪快なソバ打ち作業。マトウリで丁寧に打つことにより良く実が落ちる　撮影・鈴木　清

さあたりになると実の落ちた茎を払いのけて、また新しいボッチを積んでゆく。この日は天気がよかったのでおもしろいように実が落ちる。どんどん重ねていっても上を打った振動で下の実も落ちるので、大変能率があがった。中には莚を飛越えて畑の方に飛んでいく実もあった。今日はほんによく実が落ちらぁ、本当はマトウリで打った方がソバが無駄にならねえだが、と言いながらも、どんどん打棒を振りまわす。マトウリでトントン打つよりも五倍くらい能率があがるが、その分だけロスも多くなる。午前中だけで五人かかって一反歩ほど（約四俵分）のソバ打が終った。

ところが秋の空はとても変りやすい。雲ひとつない晴天であった空が、一一時ごろには西の方から雲がグングン伸びてきて、昼になると雨が降り始めた。そして、昼食が終るころには土砂降りの雨になった。ソバ刈のときにもこのようなことが何日かあった。急いで打終ったソバの実の上にシートをかけ、まだ畑に残っているボッチを出小屋の中に入れた。出小屋は平入《ひらいり》であるが妻側にも出入口がついており、こちらの方がソバ畑に近い。そこから小屋の中にボッチを入れ、積んでおく。ソバ打は中断してしまったが、おかげで妻側の出入口の存在意味がよくわかった。ここは作物を取込むときだけ使うのでなく、種モミや農具の出し入れにもよく使っている。

この日は午後三時ごろからまた天気がもちなおしたので、打落した分だけの選別をした。富吉さんの家では唐箕《とうみ》を使っている。この家は昭和二八年ごろから水田耕作を試みたことがある。桧枝岐では富吉家のほかに前述の平野初三郎家、それに葭《よし》が平《ひら》に一軒水田をつくった。いずれも収量が少なく、そのうち米が配給で入るようになったので、一〇年あまりで水田耕作をやめてしまったが、当時使った唐箕が残っていた。唐箕で選別すると、実のよく入ったソバとシイナ（半分位しか実の入っていないもの）とゴミとに分れる。シイナにはまだ食べられるソバが入っているので、もう一度唐箕にかける。この作業もキビの項で述べたトバシと原理はまったく同じである。しかし唐箕の方は、回転羽根（羽根車）のまわし方を調節することで一定の風を送ることができ、能率も風選の五倍くらいにあがる。午前中に打落したソバの実は、一時間あまりで選別が終った。選別したソバの実は二斗入の紙袋につめ、先ほどの妻入の出入口から小屋の中に運び込む。

一応選別が終ると、天気のいい日を選んでもう一度野外で二、三日干す。畑の中に莚を並べ、一枚の莚に五升ほどの割合で配り、それを薄くのばして日に当てる。種ソバの場合は二日が限度であるが、食用のソバはいくら干してもかまわない。干せば干すほどおいしいソバができるという。

出小屋と土間

キビとソバの収穫作業を実際に見たことで、なぜ出小屋の中に作業場としての土間がないのかということも理解できた。

繰返しになるが、キビとソバの脱穀を整理してみると、よく晴れた日で、しかも北風がそよそよ吹く日が雑穀類の脱粒性が最もよく、作業の能率があがり、無駄も少なくてすむ。これに対して、雨の日はもちろんのこと、曇

●桧枝岐の生活ごよみ

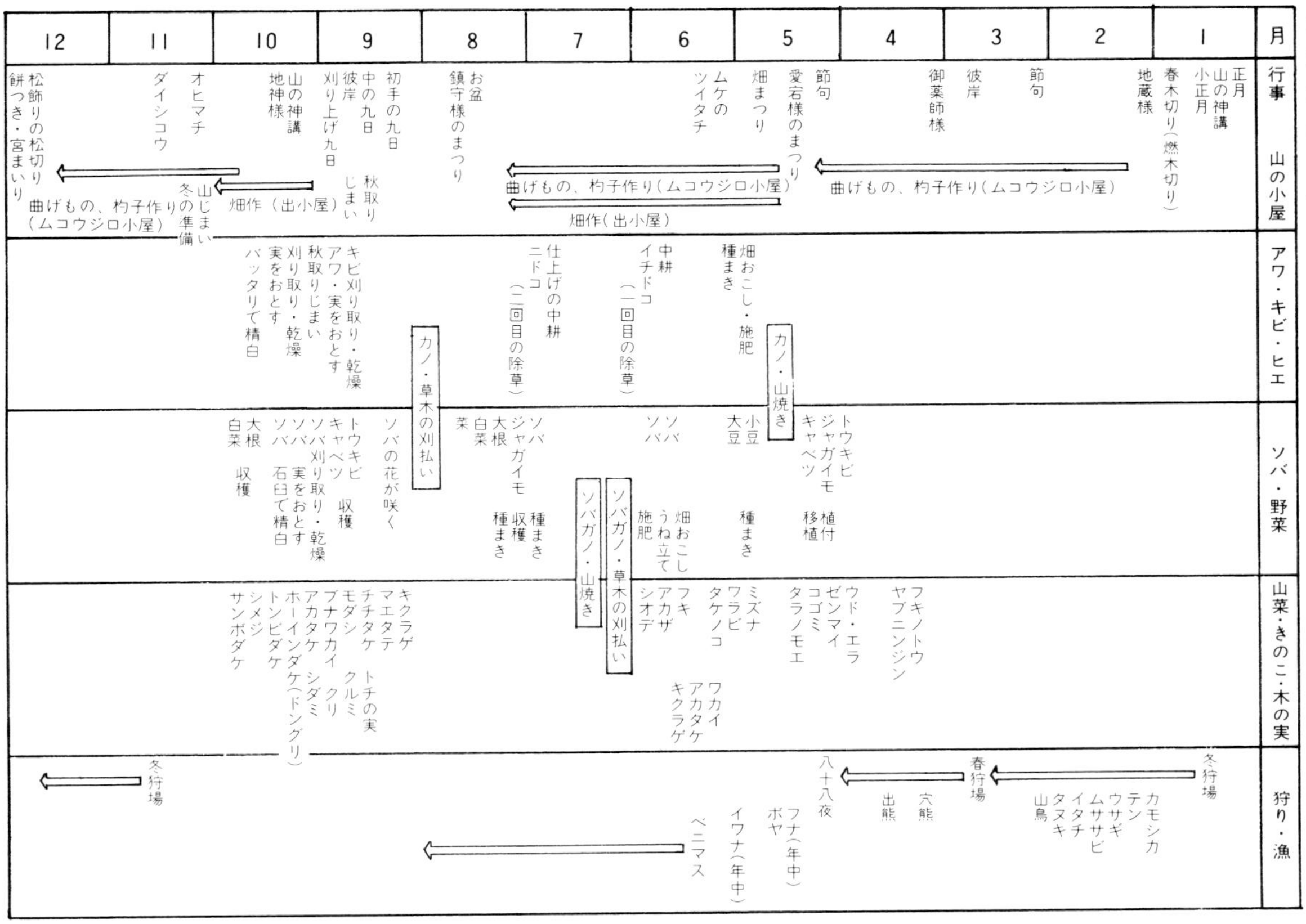

った日でも風のないときは作物の茎が湿っていて、脱粒性がすこぶる悪い。キビ打で体験したように、一年間丹精こめてせっかくつくった作物も、脱穀の日和を誤ると倍の労力がかかり、しかも減収してしまうのである。だから、稲作農家のように、天気のいい日は野外の仕事をして、雨や雪の日は家の中に取込んでおいた稲の脱穀をする、というわけにはいかない。山村の畑作地方では、あくまでもよく晴れた日に野外で脱穀作業を行うことになる。いわば畑が作物を栽培する場であると同時に、作物を脱穀する場にもなった。

古い時代は、稲も雑穀も棒状のもので叩き落すか、床などに叩きつけて脱穀するということをしていたようであるが、稲作・米食が普及するに従って、次第に二本箸、そして千歯こきへと脱穀用具の改良が進んでいった。これに対して雑穀の方は、依然として打棒の時代が続いてきた。逆に道具の改良が、稲作農家に長く作業場としての土間を残してきた要因のひとつではないか、と私は思っている。ところがまた近年は、足踏み脱穀機、そしてコンバインへと大型道具の改良が進み、稲も野外で脱穀をする農家が多くなっている。

また一方、村の中に精米所ができて、各家で米の調整をすることはなくなった。それにつれても、近年稲作農家の土間が消えていくという現象が起きている。家の中の作業が外に押出されていくと、農家は純粋な居住空間に変っていく。

出小屋に作業場としての広い土間が必要なかったのは、野外での仕事が多かったことによるもので、出小屋の中は一家族が三カ月あまりの間、住居として必要な広さがあればそれで用が足りたからである。

出小屋の原形

　では、出小屋は最初から土間はなくて床住まいをしていたかというと、必ずしもそうではなかったようである。私自身は、掘立《ほったて》柱、土間形式の小屋が古い出小屋の形ではなかったか、と思う。小屋の構造もサス構造ではなく、それ以前に棟木を股木の棟持柱で支え、簡単に架構できる形式のものがあったはずである。

　そのヒントを与えてくれたのがアワ（粟）の乾燥小屋であった。夏の調査のときは、背丈ほどもある雑草の中に埋れていた乾燥小屋が、秋にもう一度訪れたときはその全貌を現しており、私たちの目を引きつけた。

　アワはソバと同様、戦前まで桧枝岐では大切な主食のひとつで、毎年各家の全作付面積の三分の一以上は栽培していた。しかし、アワは他の作物に比べ収穫時期が二週間あまり遅い。今年の刈入は一〇月九日から始まった。ところが今年のように天候の不順が続くと、早く刈入れた作物の脱穀が延び、そのしわよせがアワに及んでくる。前述したように、今年桧枝岐でアワをつくったのは、鳴滝の平野初三郎さんの家一軒だけであった。初三郎さんのところはソバも三反歩ほどつくっており、ソバ打は昔どおりマトウリでやった。脱穀と選別に正味一〇日あまりを費やし、しかも秋の気まぐれな天気のためにソバ打が延び、アワ打は後へ後へと延期になっていく。そこへもってきて台風の影響を直接受けてしまった。一〇月一九日にアワを干しておいたハデが倒れ、せっかく乾きかけていたアワが水びたしになってしまったのである。

　結局アワ打が始まったのは一〇月二六日からで、それ以上もたもたしていると一一月にもつれ込んでしまう。一一月に入ると山はしぐれ、中旬には初雪がやってくる。たとえ作業が順調にいったとしても、雪国の晩秋は冬に向けての準備が忙しく、てんてこまいの毎日が続く。出小屋から本村へ帰る準備、本村の住まいの雪囲い、ヒクサ（干草）刈、薪運び、漬物仕度、保存食料の準備など、こまごました仕事が待ちうけている。こうなると、よっぽど順調に仕事が進まなければ、冬を迎えるまでに天気をたよる野外のアワ打をすることはむずかしかった。

　そこでそんなときのために、どの出小屋でも小屋の近くにアワの乾燥小屋を建てていた。小屋の中に炉をつくり、炉の上の火棚に穂刈をしたアワをのせて乾燥させ、その小屋の中で、アワ打もする。

　このアワの乾燥小屋が大変おもしろい構造をしており、古い出小屋の形を偲ばせてくれる。一般には高く土の盛上った土手のようなところを利用して、この土手の部分に石を積上げて平入の一方の壁にする。石の壁から三メートルほど離れたところに股木の柱を約一間の間隔で二本立て、そこに棟木を渡す。この柱は掘立で、ウダツとよんでいる。

　石壁の上端から棟木に二本の屋根を支える材をかけ、またもう一方の端からも二本の材を棟木にかけて、民家でいう桁で受ける。出入口をゲンカといい、この桁を支えているのはゲンカハシラという柱で、これは股木ではない。棟木にかける屋根の構造材をブッカケとよんでい

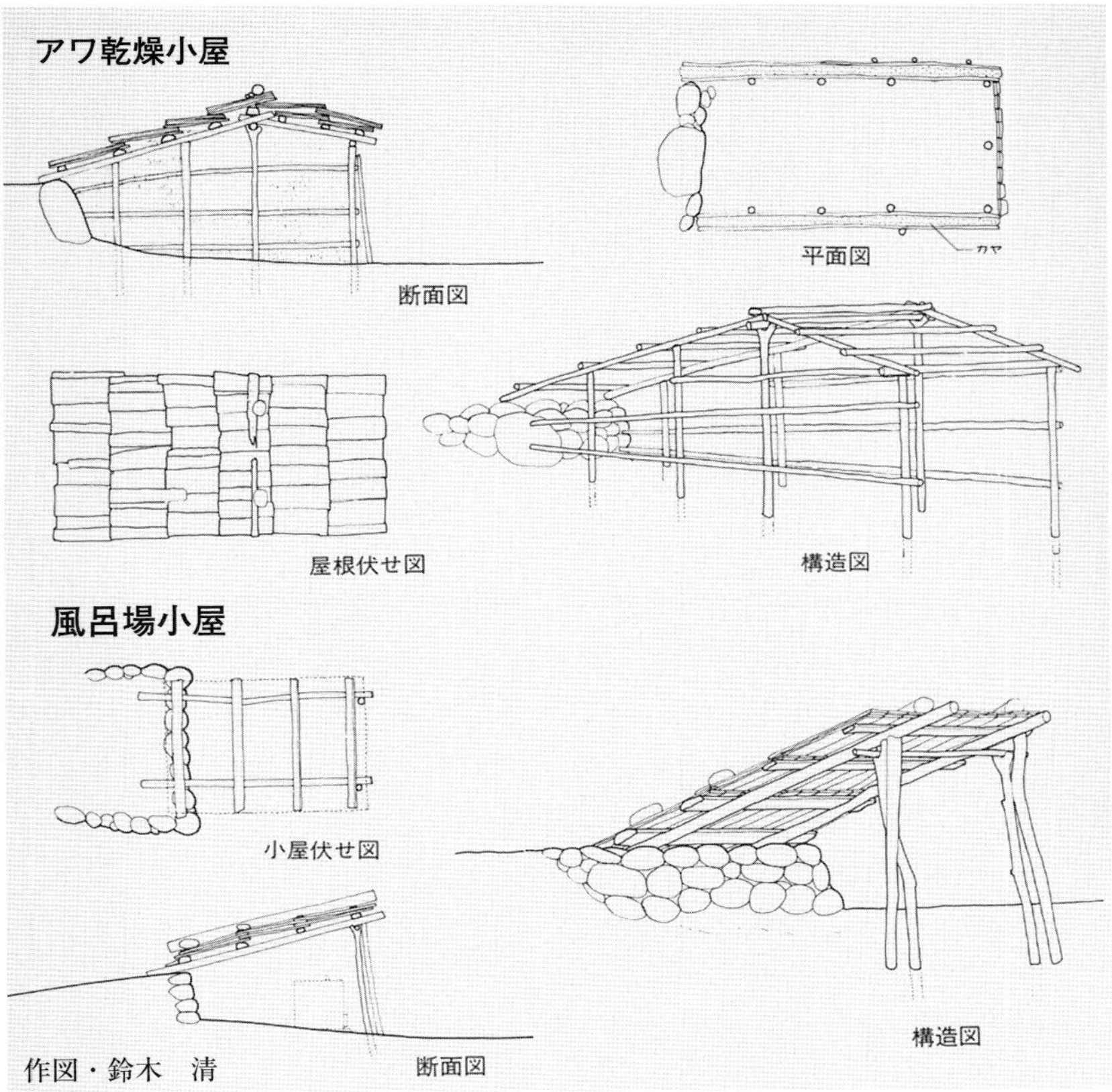

アワの乾燥小屋

風呂場小屋

アワの乾燥小屋と風呂場小屋●
これらの小屋は出小屋の原形と思われる。乾燥小屋の形式は狩場小屋や杓子小屋にもみられた

る。ブッカケの上に棟木と並べてカラーとよぶ横木を八〇センチほどの間隔で渡し、その上にブッツァキをのせて石でおさえる。ブッツァキが楢の割板であることは前述したが、ここで使っているのは厚さ四センチ、長さ一メートルほどの板で、幅はまちまちである。広いものは六〇センチもあり、二〇センチのものもある。これを一列に並べていき、板と板との間にはもう一枚のせ、二重にして雨もりを防いでいる。壁は出入口と石壁を除いた二方を茅で葺き、出入口には板をかけるという簡単な小屋である。

この小屋は、ブッツァキを除いてすべて皮をむいた丸太材を使っており、材と材を止めるときは、ネジリという方法を用いている。ネジリは楢、万作《まんさく》、百日紅《さるすべり》などのやわらかい木の枝を一メートルほどの長さに切り、これをやわらかく折曲げ、材と材を縛りつけて固定する方法である。ネジリは縄や木のツルに比べるとずいぶん縛りにくいが、これがイロリの火によって乾燥してくると、グッとしまってきて、材と材とがガッチリ固定される。よく乾燥しておれば、ナタで少々傷つけても切れることはなかった。また、腐りにくいことも利点の一つである。釘を必要としないネジリによる方法は、この類の小屋はもちろん、民家の屋根材を固定する方法として広く用いられてきた。

小屋は平入で、大きさは間口一間、奥行二間ほどあり、棟木の高さは二メートルほどである。中に入ると、小屋の中央部は比較的棟木が高いので頭がつっかえることもなく、意外に広々としていた。また土地さえ得られれば、簡単な架構で間口はいくらでも広げることができ、これはこの小屋の大きな利点である。床は土間のままで下に茅などの草を敷き、その上に莚を敷く。いわば土間形式の掘立小屋である。

狩場小屋と杓子小屋

杓子づくり●杓子は味噌汁などをすくう汁杓子のことで、材料はブナの木である。明治末期ごろから昭和40年ごろまで、桧枝岐の特産物のひとつになっていた

桧枝岐ではこの土間形式の小屋が、狩場小屋や杓子小屋としても活用されてきた。狩場小屋は、狩りのために出かけたとき泊る小屋のことである。

熊のような大物をとるときは一〇人前後の仲間をつくり、その中で信望が厚く、しかも優れた技術をもった年長者がテイショウ（大将）になり、仲間を統率する。そして、五泊から七泊ほど山に泊って狩をするのであるが、この間滞在する小屋が狩場小屋である。狩場小屋には、家から持ってきた塩、味噌、干葉《ほしば》（大根の葉や菜を乾燥させた保存食）、ソバ、アワ、米などの食料を保管し、寝泊りもする。

杓子小屋は、杓子の材料となるブナが多く繁り、水の便のよいところに建てる山作業小屋である。桧枝岐では、明治の末ごろから杓子づくりが盛んになりはじめ、それが昭和四〇年ごろまで続いた。杓子の前は、手桶、メッツ、オボケ、フカシ桶などの曲げ物、それに雑穀類の選別をするトオシの曲げ物が主な生業のひとつになっていた。そのほか、屋根の材料になる木羽板《こばいた》、建築用材に用いられる長板なども主要な生産物であった。このような木工品をつくるときは、山深く入り込み、何日も泊って仕事をするわけであるが、このとき寝泊りするのがこの半地下式の掘立小屋であった。

この小屋には必ず炉をつけた。狩にせよ、木工品づくりにせよ、農作業のない冬場の男たちの仕事として行うことが多く、暖をとる必要があったばかりでなく、炉の火は乾燥やその他の用途に利用したからである。炉は、小屋のまん中につける場合と、石壁の側につける場合とがある。前者をナカホド、後者をムコウジロとよんだ。ナカホドはアワの乾燥小屋のように平地に建てる小屋に多く、ムコウジロは斜面に建てる小屋につけた。杓子小屋の場合は、ほとんどが山の斜面に建てるためムコウジロがほとんどで、ムコウジロ小屋ともいった。

杓子づくりに山に上るときは、三人なり五人なりの仲間を組むが、その仲間たちは一つの小屋で作業をした。一人分として必要なスペースは、間口一間半、奥行は炉が四尺、作業場が四尺、そして土間兼通路が七尺ほど必要で、合計二間半になる。三人で作業する場合は、間口四間半、奥行二間半の細長い長屋形式の小屋になる。杓子小屋の場合ムコウジロが都合いいのは、このように細長い炉を石の壁側につければ、それぞれの人が何人でも炉に向って仕事ができたからである。しかも炉の上の天井に明りとり兼煙出しの窓をつければ、まことに能率的な作業場になり、その上火事の危険性も少なくなる。夜になると、四尺と九尺の作業場がそのまま寝室に早がわりする。布団や衣類は、ゲンカハシラとウダツとの上部に棚をつくり、そこに上げておいた。この棚をマクラダ

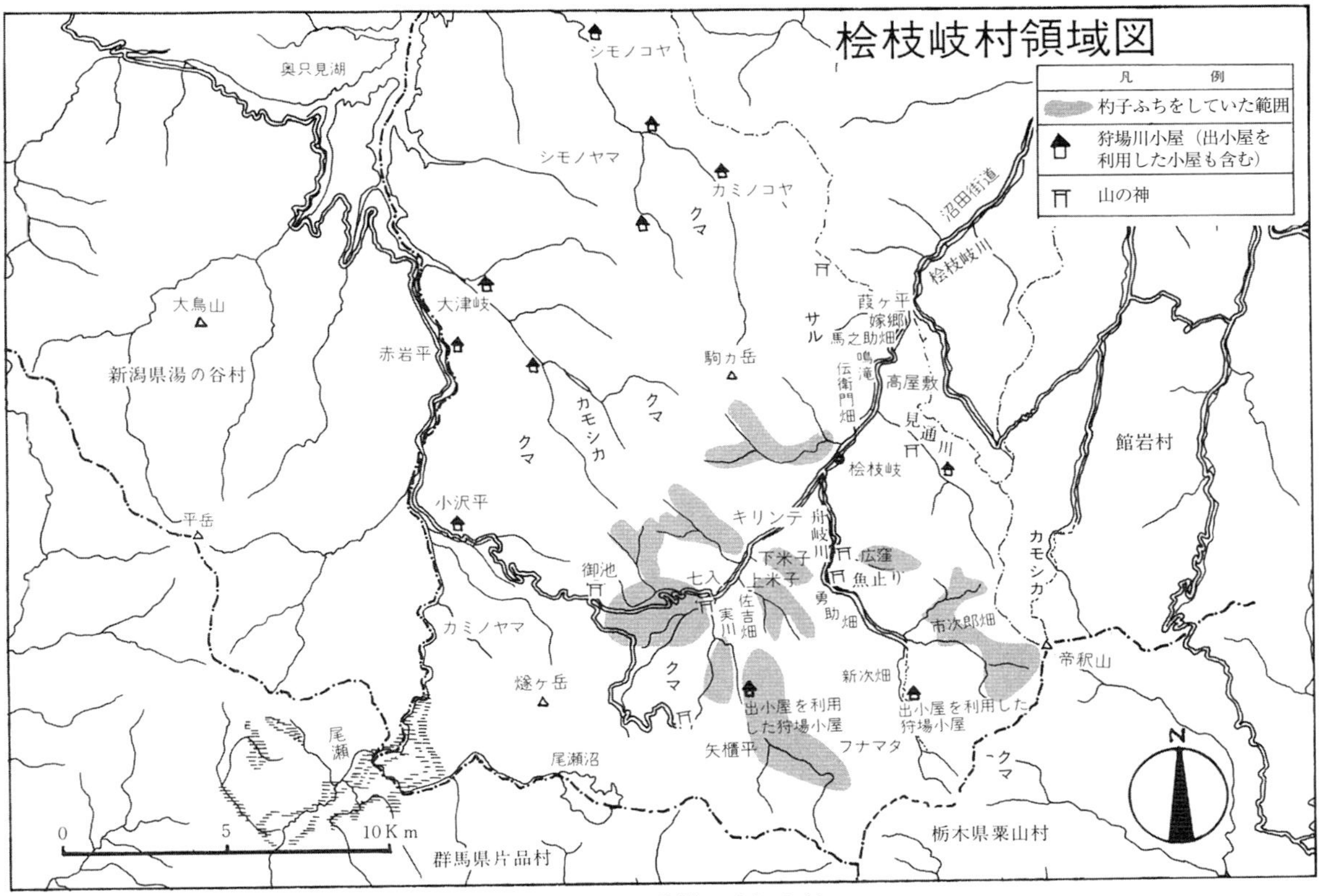

領域図●桧枝岐村の領域は大きく農耕地、木製品加工地、狩場に分れるが、人名のついた畑（主に焼畑地）と狩場が一部重なっている

ナといった。

狩場小屋も杓子小屋も山深い土地に建てることになるのだが、この形式の小屋は斜面を均《なら》して建てる。山中に入り小屋を建てる場所をまず見定めてから、斜面の高い部分を削りとり、低い部分に盛土《もりつち》をして平地をつくるのである。斜面の土をたくさん削れば、それだけ広い平地が得られるし、斜面に沿って細長く削っていけば、間口の広い小屋を建てることができる。削りとったところは土の壁になり、崩れやすくなるから、石を積んで補強する。その石の壁を平側の壁として利用し、前述したような小屋を架構するわけである。

この半地下形式の小屋が出小屋の古い形ではないか、と私は考えている。その理由は、焼畑地にこのような小屋を出小屋として使っていた形跡があり、しかも出小屋と狩場小屋を併用していた時代があったからである。

桧枝岐の人々にとっては、焼畑による雑穀類の収穫は欠かすことのできない食料確保の手段であった。焼畑は定畑と違い三〇度くらいの急斜面でも耕作ができたので、平地の少ない桧枝岐では、焼畑をすることによって耕地を三倍にも四倍にも広げることができたのである。そして一度山を焼けば、あまり手間をかけない割には比較的収量があったという。しかもこの地方では、焼畑耕地は太閤検地から除外されており、以後租税の対象にはならなかった。現在出小屋周辺の山は、ほとんど焼畑地や採草地として利用していた山だった。現在八〇歳以上の古老から話を聞くと昔は五月中ごろに出小屋に移ることを「ヤキハタに移る」とも言っており、出作りが盛んであった時代はまた、焼畑耕作が盛んであったことを物語っている。さらに村の周辺に点在する出作り集落のまわりには、「畑」と名付けられた地名が多く、それも頭にほとんど人名が付けられている。伝衛門畑、佐吉畑、三造畑、長衛門畑、新四郎畑、新次畑、市郎次畑、馬之助畑などがそれである。これらの畑はもう山になってしまっているものが多いが、沢沿の比較的広い斜面に立地しており、焼畑によって拓かれた畑であることを物語っている。

そして焼畑地は村から離れているので、やはり出小屋を建ててそこを住まいにしながら農作業に携っていた。このとき建てた小屋がもともとは掘立、土間住まいの小屋ではなかったか、と私は思っている。さいわい、村の古老からもそういう小屋に住んだという話を聞くことができた。具体的には、上大戸沢の沢沿いにある馬之助畑は隠居畑であったが、ここに建っていた小屋は掘立形式のものであった、という。ただ、残存例はもうない。

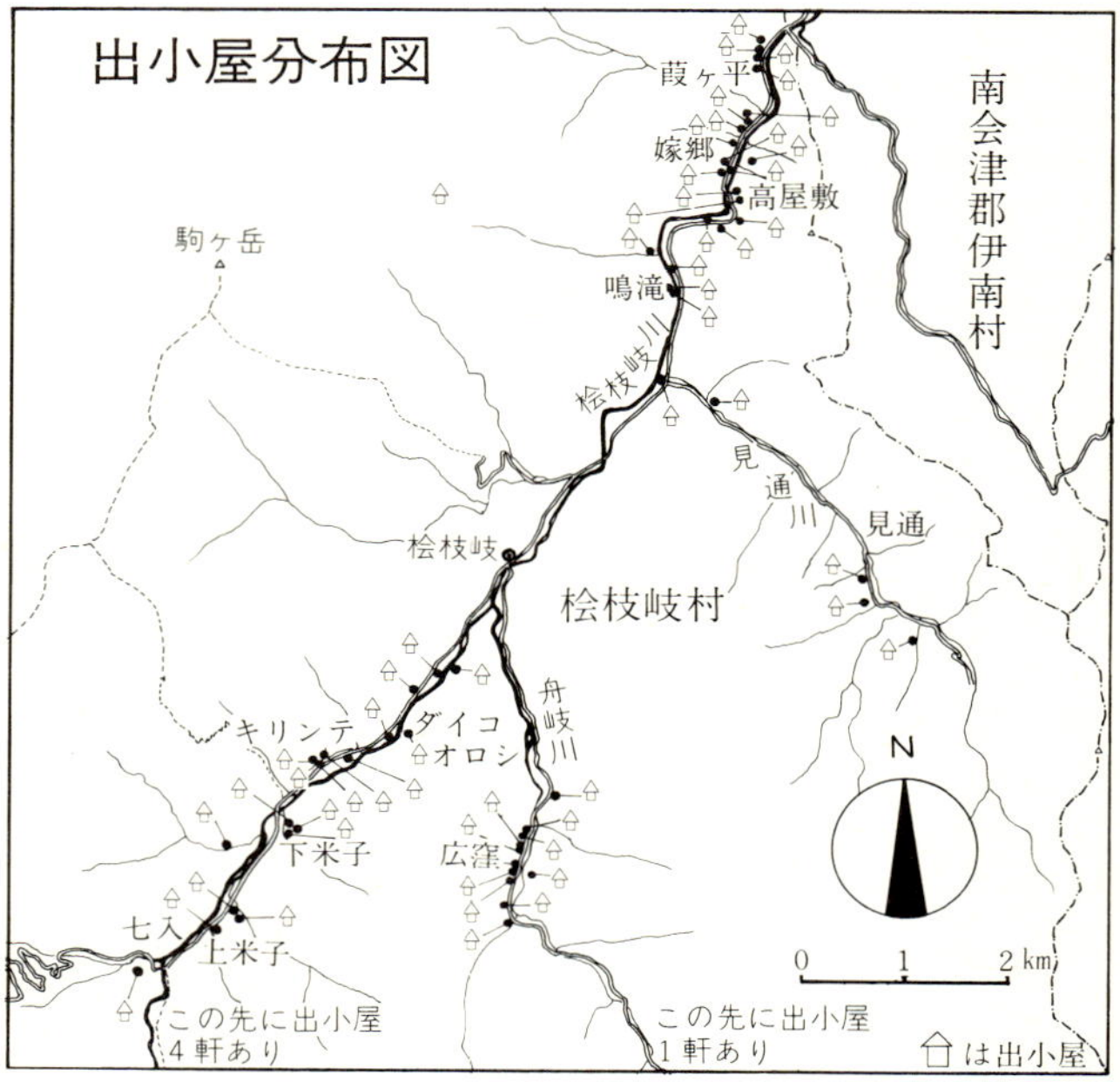

さらにおもしろいことに、本村から遠く離れた出小屋が狩場小屋としても利用されていたというのである。狩場小屋として利用されていた出小屋は、本村から舟岐川に沿って一〇キロほどさかのぼった所に一軒あり、また実川《みかわ》をやはり一〇キロほどさかのぼった矢櫃平《やびつだいら》に一軒あり、その他にも二軒ほど確認できている。これはまだこれから確認しなくてはならない事柄が多々あるのだが、少なくとも狩猟の領域と焼畑の領域が重なっていたことを物語っている。狩場小屋は先に述べたように、掘立、土間住まいの小屋であった。

出小屋が狩場小屋を兼ねていたことは、私にはよくわかる。狩猟の中では、クマやカモシカなど大型動物を獲るときは、仲間で隊を組んで行ったのであるが、小型動物の場合にはその必要はなかった。イワナやマスなど川に上ってくる魚を獲ることも、狩人たちは日常的かつ個人的仕事として行っていた。大正時代までは桧枝岐のすべての人がこれに携っており、中には専業にしている人もあった。

だから、出小屋を建てるときは必ず近くに沢のある所を選んだ。これは、まず第一にその沢から飲料水を引いてくるためだったが、その沢がまた川魚を獲る漁場にもなっていたことは充分考えられることなのである。また出小屋集落は実川、舟岐川、そして上記の二本の川が合流する桧枝岐川沿いに多い。これは定畑を拓くための平地を求めて集まったものと考えられるが、その他に下流から上ってくるマスを獲ることも、その目的の一つであったのではなかろうか。事実、近年まで出作りをしていた人の話を聞くと、夏の夕方などは蚊が出てきて仕事にならないから、よく魚を獲りに出かけ、しかも、わずかな時間でけっこうな魚獲があったという。それが出小屋での夕食の食卓を飾った。

また五月中ごろに本村から出小屋へ移ったとき、近所の人々が寄合って、畑祭《はたまつり》をした。このときの最大のごちそうがイワナであり、数日前から釣の上手な人が川で獲って準備したものだという。このように、農作業のための出小屋ではあったが、それが同時に狩猟漁撈活動の拠点にもなった形跡が随所にうかがえるのである。

もちろんクマやカモシカなど大型動物を獲る場合も出小屋を拠点とすることがあった。そこからさらに遠出するときは、針葉樹の枝を切って簡単な三角小屋をつくり、その中に泊って寒さをしのいだという。これをフンゴミドマリといっている。

以上のようなことを考え合わせてみると、古い出小屋の形式は狩場小屋や木製品加工のための出小屋とは、切り離しては考えられなくなってくる。同時に、焼畑、狩猟、木製品加工というそれぞれの生産活動をしてきた地域も、相互に重なり合って山中の領域を占めていたことを教えてくれているように思う。

そして、そうした山地徘徊性の強く定着性の薄い生産活動の場合は、いずれが主であろうが、いずれが従であろうが、その小屋は簡便な掘立、半地下、土間住まいの形式が都合よかったのである。この地にいつごろから定畑が拓けたのかは不明であるが、定畑の場合は定着性が強くなる。それにつれてサス造りの本格的な家屋が建てられるようになったのだと思う。そして半地下、掘立式の小屋と使い分けていたのではないかと思われる。

桧枝岐の立地

それではなぜ南会津地方で、桧枝岐だけに出作りの慣行が盛んで、近年まで続けられてきたのか。

只見町の奥の村々はまだ行っていないのでわからないが、少なくとも私が歩いた限りでは、南会津地方で出作りの慣行を残している村はない。そこでこれは、桧枝岐という村の成立と発展にかかわる大問題であるように思える。これまでの資料の蓄積からでは、とうてい結論を出すことはむずかしいが、今後の課題として、ここでもその問題を提示しておきたい。

二、三年前から越後から会津一帯にかけての、山中にある小屋を注意して見てきたが、桧枝岐のようなまとまった形で出小屋が残っている所はなかった。

桧枝岐以外のほとんどの村は耕地が拓けそうな所を選んで村をつくり、せいぜい村から遠くてもだいたい三、四キロ以内の所に耕地をもっていた。そこにも出小屋はある。それは小さな三角小屋の点在している例が多い。実はこの三角小屋は私が勝手につけた名称で、二本の股木を適当な間隔をおいて立て、その上に棟木をのせ、棟木に屋根材をかけていくという簡単な小屋である。ちょうどキャンプに行くときに持って行くテントの形によく似ていることから、三角小屋と名付けた。この小屋はせいぜい一坪か二坪位の広さで、中に炉が切ってあり、昼食のときにお茶をわかして飲むこともできるし、昼寝も

板倉集落とソバボッチ。板倉集落があるのが桧枝岐の特色でもある

できる。農具小屋として利用することもある。最近この小屋の残存例は少なくなってきたが、南会津郡、大沼郡、さらに新潟県中魚沼、古志、栃尾地方には同種の小屋が見られる。家から弁当を持って田んぼに行き、昼食は三角小屋で食べ、夕方に帰ってくる。つまり寝泊りをしない小屋なのである。

ところが桧枝岐の場合は歩いて通える距離に耕地が少なかったばかりでなく、耕地面積そのものが広くなかった。例えば元禄二（一六八九）年伊南《いな》口桧枝岐村已差出帳によると、石高が一三一石四斗三升で、畑の面積が二四町八反七畝三歩となっている。このころは世帯数九一、戸数が七六戸あり、畑は一世帯当り二反七畝余り、石高は一石四斗九升となる。大ざっぱな計算であるが、この食料で一世帯が三カ月は生活できると考えられるが、あとの九ケ月は食べるものがなくなってしまうという状態である。そして畑の反別、石高、戸数は明治の初めごろまで多少増えはするが、だいたい同じような数字が出てくる。二〇〇年あまりもの間に、耕地も作物の収穫量も目立った増え方はしていないのである。それは、年貢の対象にならない焼畑による雑穀の収穫があったとしても、農作物だけで村の生活がなりたつ状態ではない。

ところが南会津周辺の他の村々を見ると、だいたいどこの村でもこの間に大幅に耕地が増えているのである。たとえば田島町針生では文禄三（一五九四）年の検地によると、石高は一二〇石九斗九升となっている。地元の郷土史家室井康弘先生の話では、だいたい表むきには三一町歩くらいの田畑をもっていたという。それからおよそ二〇〇年後の天明八（一七八八）年の記録によれば、石高は四七九石八升八合と、およそ三倍に増えている。ちなみに戸数は七九戸、人数三三七人であるから一戸平均の耕地は約六反、家族数は四、二人弱である。もうこの時点では農業だけでかなりの生活基盤が確保できてい

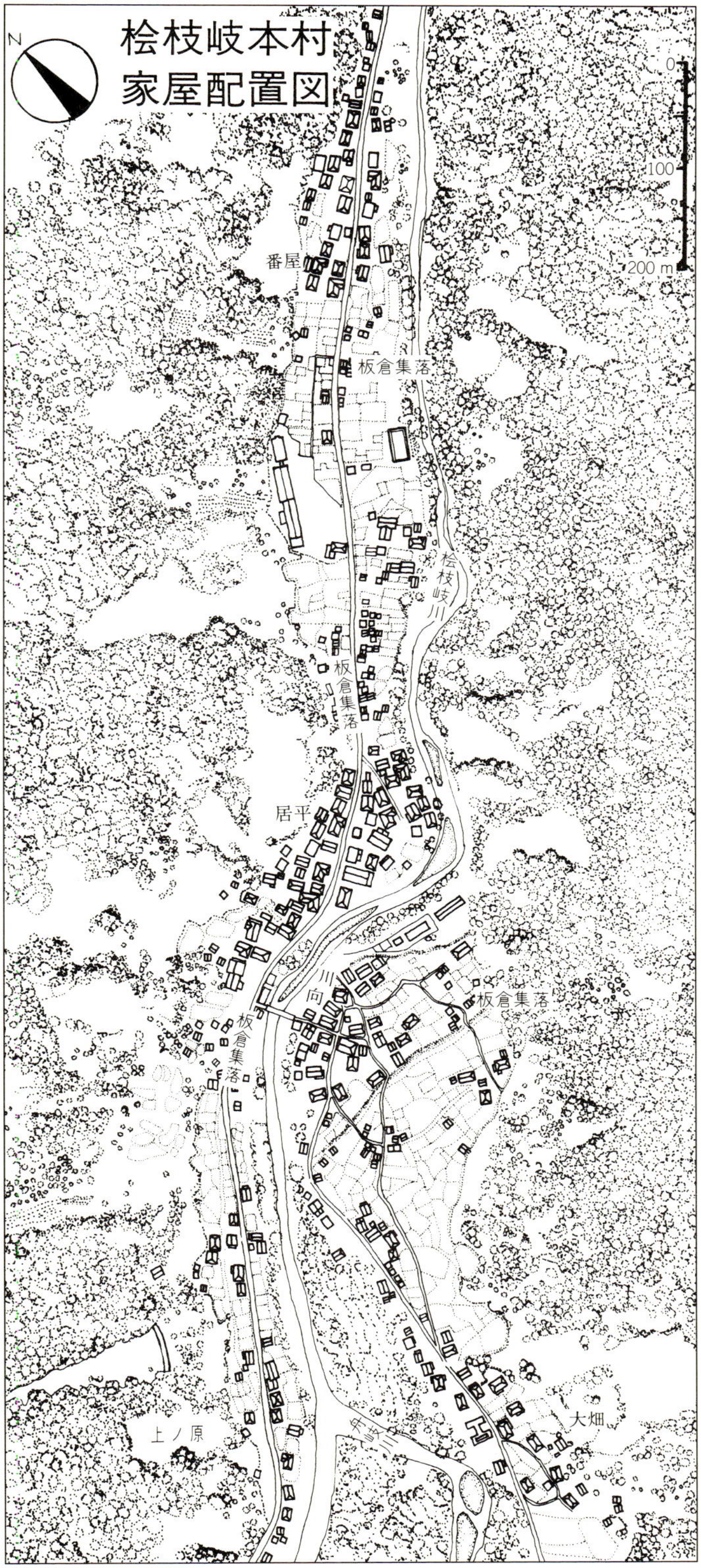

集落の全体配置図●桧枝岐は下《しも》から番屋、居平、上の原、川をはさんで川向部落と大畑がある。このうち居平、川向が古い集落である（作図・鈴木　清）

板倉●穀物や生活用品の収蔵に用いている板倉。セイロウ組みのものが古く、釘は使っていない

るのである。

さらに時代を下り天保八（一八三七）年の桧枝岐の文書をみると、畑高一三二石九斗二升四合、此反別二五町三反六畝二七歩とあり、明和二（一七六五）年と安政年間（一七七二～一七八〇年）の新畑開発で石高にして一石四斗八升あまり、反別にして五反ほど増加しているにすぎない。

ところが、このほかに村の生産物として木羽板一一三両程、木挽板割小板五〇両程、椙縄三〇両程、曲げ物三〇両程、蚕二〇両程、屋根葺、木樵一〇人程金一〇両、通荷物駄賃取一〇両があり、合計三三一両の収入を得ている。これら農作業以外の山仕事での収入が大きい

桧枝岐本村●桧枝岐本村のうち左側の段丘上に居平、川をはさんで川向の集落が見える。村には星、平野、橘の三つの血縁集団があるが、居平の高台には星一族が住んだ。ここは桧枝岐川の洪水を避けるには最もよい場所である。川向に住んだのは平野一族で、ここは川の氾濫原でもあり、何度か居住地をかえたようである。橘一族はもと村の下の滝沢のあたりに住んだという記録があり、後に居平の低地に移った

村には石造物が多いがなかでも六地蔵が目につく。また5月12日と8月18日に行われる歌舞伎は、村民の楽しみのひとつになっている

のである。

これらの生産物は馬の背につけて会津若松城下や江戸城下に送られていた。荷を運ぶときは各宿場を通さずに付け通しで運ぶ、中付駑者《なかつけどちゃ》であった。帰り馬には米を積んでおり、これが村人の重要な食料になっていたのである。

木羽板や長板などの建築用材の需要が多くなるのは、少なくとも近世に入ってからのようで、会津若松や江戸の城下が整備されるころからではなかったかと思える。本来街道を行く物資は宿駅から宿駅へと、継ぎ送りをするのが正規の形であったが、会津藩の場合は桧枝岐産の建築用材を、目的地会津若松まで付け通しすることを許していた。これを中付駑者といい、中付の記録は貞享二（一六八五）年から見出すことができる。このころにはすでに桧枝岐から多くの建築用材が生産され、会津若松に送られていたはずである。会津地方の一般の農家の場合は屋根は茅葺きで、壁は土壁である。しかも時代が古くなればなるほど土間が広く、床に板を敷く面積はせまくなる。しかも柱材や構造材は各村の共有山から取ってくる例が多く、桧枝岐産の建築用材の需要が多かったことは考えられない。

では近世以前はどうであったかというと、記録がないのではっきりはしないが、桶類、それに穀物を選別するトオシの輪などがこの村で生産されており、しかも近郊の農村に売り出していたと思われる。この地方では竹が自生しない

ので、古くから桶類は曲げ物か、木をくり抜いたフネのようなものが用いられていた。またトオシの輪は農家にとって欠かすことのできない必需品で、一軒の農家で少なくとも二個以上は揃えていたと思われる。いずれもこの地方では桧枝岐が唯一の生産地で、曲げ物の材料になる桧《ひのき》、唐桧《とうひ》、栂《つが》などの良材は、桧枝岐周辺の山でないと自生していない。そしてこれらの製品は建築用材と併《あ》わせて、明治期まで桧枝岐の主要産業になっていた。

山への依存

桧枝岐の生業としてもう一つ大事なものが狩猟であった。狩猟は木製品の加工と同様、集落の立地からみてたいへん有利な条件にあるといえる。つまり集落をとりまく山々はクマ、カモシカ、イノシシ、サル、テンなどの棲息地で、南会津地方にはこれほど狩猟に適した土地はない。

桧枝岐村史には「昔は猪が棲息して畑作を食荒して困ったことがあったというが、明治二六、七年ころを境にして、ほとんど影を失ってしまった。鹿も相当棲息していて、その大群を見ることもめずらしくなかったというが、明治二二、三年ころ、初雪としてはまれにみる大雪の年、そのころを境にして影を見ることがなくなった。猿も相当大群が棲息していたが、昭和三三年奥只見発電所建設工事の進捗とともに、しだいにその影を見ることができなくなった」と書かれている。少なくとも明治の中ごろまでは、狩猟が生業として成り立っていたことがうかがえる。

桧枝岐の猟場は大きくわけてカミノヤマ、シモノヤマ、フナマタの三つにわかれる。カミノヤマは燧《ひうち》ケ岳の裾野、尾瀬を含む地域、シモノヤマは会津駒ヶ岳の北方から、奥只見を含む地域、そしてフナマタは舟岐川をさかのぼり栃木県上栗山、下栗山を含む地域をさしている。これらそれぞれの猟場に入る狩りの仲間は決っており、他の仲間の領域に踏み込んではならないことになっていた。それぞれの狩場《かりば》に行く道には山の神がまつられており、狩場に入る前に身を清めて参り、山で事故のないように、そして豊猟であることを祈るのが慣例であった。

ここで農耕よりも木製品加工や狩猟の比重が高かったことを証明するのに、桧枝岐の生活領域が非常に広かったことがある。それはとくに狩猟に関して顕著に現われている。

現在の桧枝岐村の面積は三九一平方キロメートルあり、町村合併が行われる以前の旧村時代は、福島県内では最も面積の広い村であった。この面積を町歩になおすとおよそ三九一万町歩になる。そのうち集落地は出作り集落を含めて、せいぜい多く見積っても一〇〇町歩前後である。山林との割合は約〇・二六%で、一%にも遠く及ばない。残りの九九・七四%は山林におおわれていた。ちなみに、南会津地方でも特に山仕事に頼る割合が多かったのが田島町針生である。その山林の実質面積が約八〇〇〇町歩であることを考えると、桧枝岐の山がいかに広かったかがこれでわかる。しかも狩猟の領域はこの範囲にはとどまらず、只見川流域の大鳥山、片品村の利根川上流、上栗山、下栗山まで足を伸ばしているのである。ちなみに桧枝岐本村から大鳥山までは、直線距離にして約三〇キロある。

これに対して農耕が主な生業として成り立ってきたと思われる村の領域はぐっとせまくなる。領域がせまくなるばかりでなく、村人の行動半径もせまい。三角小屋のところで述べたように、遠くとも朝田んぼに出かけ、昼食を小屋で食べ、夕方村に帰ってくるという範囲である。また耕地をとりまくようにして共同の草刈場、牧場、薪を切る山、屋根茅を刈る山などがある。これらがセット化されて農村の生活を支えてきたのである。

　桧枝岐の場合は、天保八年の木製品の生産高、そして桧枝岐の生活領域を考えあわせると、木製品の生産や狩猟をする目的で村ができ、それに可能な限りの畑作が附随した、と考えた方が自然である。

　そうであれば山仕事に適した山の近くに、住めるだけの平地を見つけ、そこに村をつくることが第一の条件になり、農耕に適した土地を得ることは、第二次的な条件になってくる。山に近い所はまとまった広い耕地は求めにくいし、まわりの山々にさえぎられて日照時間は少なくなる。事実、秋になると午後二時ごろからは、日影になってしまう畑地もめずらしくないのである。しかもこの村の標高は、村の中心部で九〇〇メートルもあり、標高が高いから水が冷たく、米をつくることにはまったく適していない。ことごとく農業に適さない条件を備えているのである。出作りの慣行はこれらの問題と切り離して語ることはできない。

　結局出小屋の実測から始まった桧枝岐滞在記は、多くの問題を残して終った。それらは今後の課題として、ひき続き取組んでみたいと思っている。

　桧枝岐や南会津の村々で考えてきたことの多くは、実は宮本常一先生の物の見方や考え方を参考にさせてもらっている。先生は毎月第一金曜日に日本観光文化研究所で「日本文化形成史」という講義をされているが、この中で焼畑の発生は狩猟と密接にかかわっているという意味のことを語られた。また古くから焼畑をやってきた地帯では、すぐれた木工品の加工技術をもっている人々が多いことも指摘された。それを桧枝岐に置きかえてみると、狩猟、焼畑、そして木製品加工の三つの生業が見事に共存し、今日の村の基盤を築いていたわけである。

　またこれを機に、今後は同種の生活形態をもっていた他の地域にも、どんどん出かけて行きたいと考えている。たとえば、研究所の先輩である姫田忠義さんたちが長い間通っている宮崎県西都市銀鏡《しろみ》とその周辺の村々である。銀鏡には狩倉《かくら》組という生活共同体が一九（明治以前は一二）あって、それぞれの組は五戸から一〇戸ほどの家が加わっている。狩倉組は狩倉とよばれる広大な山をもっており、その中で狩猟、焼畑、木の実や草を得ることもしていた。そして狩倉さまという神さまを中心に、まつりが現在でも行われている。銀鏡で狩倉組のことを掘り下げていくことができれば、狩猟、焼畑、自然採集を中心にした、かつての村の成立がわかるかも知れない。これは桧枝岐での課題として残った問題である。

　また白山山中や飛騨山中の村々では、まだ出作り小屋が残っている地域があると聞かされている。このような村にも足を踏み入れてみたいというのが、今年の計画である。

　そしてその成果を携えて、再度桧枝岐村を訪ねられる日を楽しみにしている。

南部牛のふるさと

文・写真　須藤　護
写真　森本　孝・鈴木　清

住まいの近くを牧草地に改良し、里山放牧の手間を省く家が多くなった（山形村二又）

なぜ、越後山中に南部地方の牛がいるのだろう……

今から六年ほど前に新潟県古志郡山古志村で、牛の角突きが復活した。牛の角突きというのは、もともと春の農作業が始まる前に、あるいはお盆に、各農家で飼育している牛を、お宮の前の広場などに集め、牛に相撲をとらせることをいう。スペインやメキシコで行なわれている闘牛とはちがい、牛同士が闘う競技だ。

角突場（闘牛場）が神社の近くにある例が多いことから、神事と関係があるのではないかと考えられるが、はっきりした起源はわからない。とにかく一トン近くも体重のある大関級の牛と牛とが激突するさまはすさまじく、見ていて大いに興奮する。何回も、いや何十回も見物していると、牛の性格や闘い方が手にとるようにわかるそうで、ファンも多くなる。村人の娯楽としては大変スリルがあり、おもしろい行事であった。そして春のうららかな一日を、牛の角突きを見て楽しみ、これから始まる農作業に精を出したという。

この角突きに使われている牛が南部牛の牡であった。かつては荷駄用として、また一部は農耕用の牛として、はるばる南部から連れてこられ、山古志近辺で飼育されていたものだ。文政二（一八一九）年に越後塩沢の鈴木牧之が、その山古志の牛の角突きを見物しており、その時の様子を滝沢馬琴に書き送った。馬琴の代表的小説である『南総里見八犬伝』の中に、二十村郷《にじゅうむらごう》（山古志を含めた近郷の村々）の牛の角突きの様子が出てくるが、これは牧之が馬琴に書き送ったものが基になっている。また、その中に、「牛は南部の牧多かり、まれには佐渡あり地牛あり……」とあるので、江戸時代中期以降には、南部牛がこの地方に入っていたのは確かだと思われる。

それでは、どうして越後の山中に南部地方からはるばる牛が入ってきたのか、またどのような人々の手によって、どのような経路をたどって、越後まで送られてきたのか、ぼくには興味のある問題だった。

かつて宮本常一先生から、

「南部地方では鉄を運ぶために牛を使ったが、その牛が越後や関東地方にまでやって来ている。長距離輸送で牛が使われたのは野宿ができたからで、重い荷物を長い間運ぶのは、馬より牛の方が適していた。それに牛は途中で草を喰いながら行くから、食料を持ち歩かなくていい。ところが、越後まで来て鉄を売って、牛方は牛を連れて帰ることはしなかった。牛は歩く速度が遅いから、牛もいっしょに売り払って、牛方だけが南部に帰っていった。だから信濃川沿岸に、ずうっと南部牛が分布していたんです」

という話をうかがった。また先生は、南部から鉄を積んで山形県の村山地方まで行き、そこで鉄と牛を売った。その牛が村山地方の特産である麻を積んで、越後まで来たようだ。村山地方の麻が、小千谷縮や越後上布の原料になったのではないか、とも話してくれた。

交通機関が今日のように発達していなかった頃の話である。僕はこのダイナミックな人間の営みに感動した。いつの日にか南部牛のふるさとを訪ねてみたいと思うようになっていた。

―牛と牛方の旅―

山のあちこちに拓かれた畑や採草地が気にかかる

山形村へ　南部地方に行く機会ができたのは昭和五五年一一月だった。地図をひろげると、うんざりするほど広かった。とても全部は歩けないから、岩手県の県北に的を絞った。県北から青森県下北地方にかけての一帯は、鎌倉時代頃から牧があり、馬がたくさん飼われていた。同時に豊かな砂鉄の産地だった。東北本線で一気に青森県八戸まで行き、そこからバスで岩手県九戸郡大野村、山形村、岩手郡葛巻町、下閉伊郡岩泉町へと下る計画をたてた。こちらの目算どおり南部牛がいてくれるだろうか、大変不安な出発であった。

八戸からは岩手県大野村、久慈、夏井川流域を見て、そこから北上山地にわけ入るコースをとった。このあたりは比較的広い水田地帯がひろがっていた。が、この年は冷害に見舞われ、稲は一粒も実をつけていなかった。皆あきらめてしまったのか、稲の収穫期はとっくに過ぎているのに、刈られている稲は少なく、水田で立ち枯れていた。すでに東北は初冬といってよく、バスの外を流れる空気は冷たかった。

久慈川河口の水田地帯をぬけると、北上山地の村、山形村へ向う道は久慈渓流に沿ってのぼっていく。久慈から山形村の中心地川井までは、バスで約四〇分の行程だ。道はきれいな舗装道路であるが、両側には山がせまり、崖がそそり立ち、大変な所に道を通したものだと思う。途中大きな崖崩れの跡が残っており、旧道に掘られているトンネルが、無残にも押しつぶされていた。新道は事故現場を避けるように、迂回してつくられている。この道は大正時代に入ってから開さくされた道で、それ以前は太平洋側から山形村へ入る道は、小国を経て関へ至ったという。

山形村へ入ると車窓からの風景が、ガラッと変ってきた。水田が少なくなり、山とその斜面に拓けた畑と採草地が目につくようになった。山の中腹や畑のわきに青々と繁った牧草が、ジュータンを敷きつめたようで美しかった。また山の中腹から上の斜面には、大きな干草の束が点々と置かれている。

山形村をひとまわりしてみて、ここに三、四日滞在することに決めた。村内のあちこちで、放牧中のかなりの牛を見かけ、南部牛のふるさとともいえる確かさ、手ごたえを感じたからだ。

山形村の概観　山形村では僕はまず役場を訪ねた。南部牛に関する何かの手がかりが得られるのでないかと期待したからだ。

役場の中は暖房がよく効いていて、冷え切った体もすぐ暖たまった。が、なによりも役場の人が本来の仕事は後まわしにして、突然に訪れた僕を嫌がりもせず、あれこれと教えてくれたことが嬉しかった。

役場の人の話から、昭和五四年現在で、岩手県全域で飼われている牛は一万六二四五頭、そのうち下閉伊郡、九戸郡、二戸郡で五〇パーセントを占めていること、また、山形村では一二二六頭の牛が飼われ、九戸郡内では一番多いこともわかった。どうやら、南部地方でも有数の牛の産地らしい。

また、役場の人が示してくれた資料には、山形村の総面積は二万九五〇〇ヘクタールとある。そのうち九二・七パーセントは広葉樹林を主体とした林野だ。耕地は水田が二三七ヘクタール、畑が七三一ヘクタール、牧草地が七三三ヘクタールになっている。これは村内の総面積のわずか五・八パーセントだ。しかも水田は大正初期頃からの村人の大変な努力の上に生まれたものだという。今でこそ冷害に強い稲の品種があるが、南部地方ではそれでも冷害で稲が育たないことが多い。そこでそれまでは畑作や、水田といっても稗の栽培が中心だったという。南部地方に牛が飼われてきたのは、牧畜以外に適さぬ気候や林野のせいだったのではないか。そうすると、南部地方で牛の果たした、また果たしている役割も以外に大きかったのではないかと思われてきた。

牛が塩を運んだのは、もうはるかな昔のことらしい

関と小国　役場で聞いた話のなかで生き生きと浮かび上ってきたのは、やはり牛と牛方の話だった。明治二四年に東北本線が青森まで通るのだが、鉄道から遠く離れた山形村、葛巻町など北上山地の村々では、荷物の輸送に牛を使用していたという。鉄の話は出てこなかったが海岸部の村々から内陸部への塩の輸送に牛が中心的に使われていたという。いわゆる塩の道に牛が大きな役割を果たしていたのである。
そしてそれを地元のテレビ局が村の協力を得て再現したフィルムを、教育委員会で見せていただいた。画面に

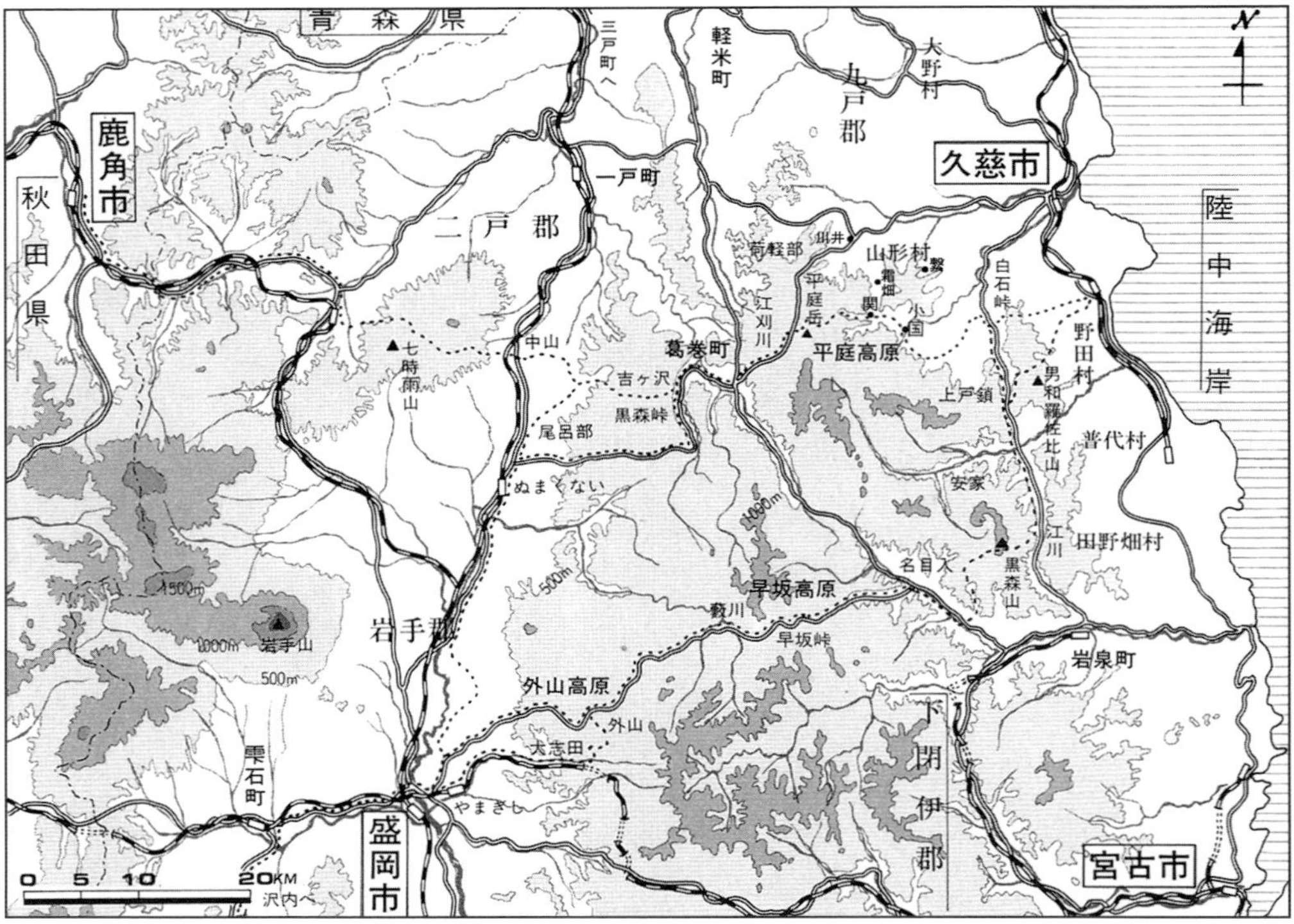

■山坂の多い北上山地では大正中期頃まで物質の輸送は牛の背で行なわれることが多かった。中でも塩は輸送の中心で、太平洋岸の野田から盛岡や秋田県鹿角盆地、あるいは雫石を経て沢内方面まで運ばれた（地図内の……は塩の通った道）

山の斜面は牧草地や放牧地に利用され、各家の領域が大まかにわかる（山形村霜畑）撮影・森本　孝

はすげ笠を被り、ワラジをはいた牛方が、山坂を越えて塩を運んで行く姿が生き生きと写しだされていた。この再現フィルムにでてくる砂川兼吉さんという老人は実際に牛方をやっていた最後の人だとのことで、山形村の小国に住んでいるという。まず、砂川さんに会ってみることだなと思った。

翌日は山形村の中心地川井から関を経て、砂川さんの住む小国を訪ねた。関は二又川と遠別岳（一二三五メートル）から流れ出る沢がつくった扇状地にできた村で、比較的水田が多かった。小国へは関から南東に分け行ってゆく。良く晴れた日だったが、十一月も半ばの空気は凍てるように冷たい。山々の紅葉も盛りはとうにすぎ、暗褐色で寒々としている。

小国は周囲を一〇〇〇メートル級の山々に囲まれた盆地状の丘陵地にあった。小国は畑作と牛飼いを中心にした典型的な北上山地の村だった。また、大正から昭和にかけては、関、小国、繋地区の牛が集まる牛市のたったところでもあるらしい。今は川井が山形村の中心地になっているが、昨日通った久慈〜川井間の道路開通以前は小国が中心的役割を果たしていたという。いうなれば山形村の牛飼いと牛方が活躍した大地ともいえる。

さて、砂川さんの家を訪ねると、家族の人がでてきてあいにく砂川さんは病気療養中とのことだった。それも川井の役場の脇にある病院に入院しているという。なんのことはない。今朝まで僕が滞在していた川井におられたのである。が、「別に重病でない。行って話を聞いてやってください。かえって喜ぶでしょう」という家族の言葉に励まされて、今来た道をひき返した。

病院を訪ねると、砂川さんはベッドに起き上って喜んで迎えてくれた。ビデオで拝見したより思いの他小柄な方だった。明治三七年生まれだからやがて八〇歳が近い。牛方というと多分に荒くれた巨漢を想像していた僕は、その柔和な顔と小柄な体に、多少拍子のぬけた気がしなくもなかった。

塩を運ぶ　「私が牛方をはじめたのは一七歳の時でやした。でも、あんたの言うような塩を運んだことはなござんした。私のじいさんの頃はさかんに塩を運んだようでやすが、私はそれを見たり聞いたりしただけで、実際にやったことはなござんした。私らが主に運んだのは木炭でやした」

想像はしていたことであったが、山形村周辺の牛方が塩を運んでいたのは相当古いことになるわけだ。一七歳で牛方を始めた砂川さんが見聞しただけというと、大正中期以前に塩の運搬は、行なわれなくなっていたのである。

砂川さんがじいさんから聞いた話では、牛方稼業が盛んであった頃は、村のうちで一〇軒あまりが、牛方をやっていたようだ。当時小国の戸数が一〇〇戸ほどであったから、一割になる。小国の牛方はたいていは太平洋沿岸の野田村あたりの海産物問屋の雇われ牛方であった。そして、直接消費地の盛岡周辺まで、つけ通しで荷を運ぶのではなく、荷継ぎ場まで運ぶいわゆる『継ぎ送り』だったようだ。

塩を運ぶときは、まず早朝に小国を出て、その日は野田の山中で野宿をする。翌朝は早く起きて牛を集め、野田の塩問屋へ行き荷を受けとった。

塩俵は普通牛一頭に、一俵三斗入りの俵を二俵に振り分けて積んだ。一人の牛方が七頭の牛を引いていくのが標準で、これをヒトハズナといった。ヒトハズナの場合は、牛六頭に二俵ずつ積んだので、結局、一回の牛方が運ぶ塩は、三斗俵で一二俵になった。残りの一頭には鍋、釜、ゴザなどの野宿用の道具や稗、味噌などの食料を積んだ。

野田で塩を積むと、山形村二又まで一気に進む。二又には、葛巻方面から葛巻や江刈の牛方によって送られてきた米、雑穀、酒、その他の日用品と、野田から送られてきた海産物を交換する荷継場があった。二又の馬場家がそれで、屋号を馬寄平《まよせたい》といった。馬場家はまた牛宿も兼ねていた。但し、小国の牛方は牛宿に泊らず付近の山に野宿し、翌朝荷継場まで塩を持って行ったという。砂川さんのじいさんの時代には帰り荷はほとんどなく、ただ牛を追って帰ることが多かったようだ。こうして野田と二又の一往復に二泊三日かかった。また冬期間は雪のために道が通れなくなってしまうので、荷物がない日でも牛方は、道つくりのために毎日通ったようだ。

塩の道　この塩の道の話は、後に葛巻町の郷土史家の近藤新吉さんからも聞いた。葛巻町は南部牛方節の一節に

　江刈、葛巻牛方の出所
　いつも春出て秋帰る……

とあるように、やはり牛方が多く出た村であった。

近藤さんの話では、葛巻、江刈、山形村の牛方が運んだのは、野田の浜で焼かれた塩であったという。野田村は久慈の南の太平洋岸にある小さな村だ。ここに明治一

四年には塩釜が六基あり、九三〇石の塩を生産している。また、その周辺の玉川浜に三基、小袖に二基、湯香浜に二基、半崎浦に一基の塩釜があったようだ。この塩が盛岡をはじめ、三戸、秋田県鹿角《かづの》地方、時には沢内方面まで運ばれた。

牛方が通った道は、大きくわけると二筋あったようだ。その一つは『野田—白石峠—下戸鎖—国坂峠—小国—角掛峠—関—二又—平庭峠—江刈川—葛巻—黒森峠—吉ケ沢—中山峠—中山—盛岡』のコースで、約三〇里（一二〇キロメートル）の行程だった。この道を九戸通りといい、二泊三日かかって、途中平庭峠の手前の二又付近と、廻立付近で泊った。さらにもう一本の道は『野田—普代—田野畑—安家—江川—黒森山（一一〇七メートル）—門—早坂峠（九一六メートル）—盛岡』のコースをたどり、これは約二六里の行程だったという。ひと口にいってしまえば簡単ではあるが、いくつもの峠を越え、とくに胸を突くような平庭高原や早坂高原の峠道を越えるときには、牛方は大変苦労したという。

さて、すべての牛が盛岡へ行ったのではない。ある牛方は沼宮内から西へ向って、平館—田山を経て秋田県鹿角《かづの》盆地へ向い、あるいは中山から西の七時雨山（一〇六〇メートル）の北の田代平を通って田山に出、鹿角盆地に入る一行もあった。鹿角は秋田県であるが、江戸時代は南部藩領で、領内きっての米の生産地だった。これらのコースも奥羽山脈を越える険しい峠だが、盛岡や零石で穀物と交換するよりは、はるかに交換率がよかった。盛岡では塩一俵に粗米一俵が標準だったが、鹿角まで行くと約三倍の交換率にはね上ったのである。帰り荷は主に米と雑穀類だった。これが北上山中の村々の食料を補った。北上山中の村々では当時稗が主食であったが、それも自給ができず、牛方が運んでくる雑穀類が貴重な食料になっていたのである。

牛は一度歩いた道は忘れるものではござんせん

炭の運搬　砂川兼吉さんは塩を運んだことはない。砂川さんが運んだものは木炭が中心だった。大正時代から昭和三〇年代までは、小国や山形村周辺の村々では、さかんに木炭を焼いていた。それが畜産とともに山村の重要な収入源になっていた。小国の牛方は周辺で焼かれた炭を、平庭峠を越えて葛巻町まで運んだ。その賃金は大正末期頃で二五銭くらいであったという。二五銭で米が四、五升買えたらしい。

また、小国周辺の炭だけでなく、牛を引き連れて秋田県境の田山方面への出稼ぎに行っている。田山方面も炭焼きが盛んで、山中で焼いた炭を町までおろしてくる山出しの仕事だった。出稼ぎには牛追い歌にもあるように、春の雪どけとともに出かけ、雪が降る前には故郷へ帰ってきたという。

しかしながら、このような牛方の旅がどのようなものであったか、具体的に知りたかったので、砂川さんに無理をいってもうしばらく話をうかがった。

牛の隊列　「牛はなかなか利口な動物でやす。一度歩いた道は決して忘れるもんではなござんした。長い間可愛いがっていると、飼主の声や動作で、何をしたらいいのかわかりやした…」

牛を追って牧舎のある家に向かう。秋にはこのような風景があちこちで見られる（山形村荷軽部）

たとえば、出発の時は牛方が声をかけ、手綱を角に巻きつけるだけで、すぐに牛は歩き出すというのである。ヒトハズナの牛の隊列も決っていたようだ。砂川さんの場合は七頭の牛の一番うしろには、ワガサとよばれる一番強い牛を用い、一番前にはその道をよく知っていて、足の速い牛を用いた。しかも他の牛より、少し荷を軽くしたという。列の中に使う牛はどの牛でもよかった。ただし、野宿用の道具や食糧を運ぶ牛は、三歳以下の若い牛を使い、荷物も他の牛よりずっと軽かった。若い牛はまだ力がないこと、そして旅に慣れさせる目的も兼ねていたのである。

荷を軽くした足の速い牛が先頭に立ち、一番強い牛を最後にもっていくのは、牛の習性を心得た牛方のすぐれた知恵であった。牛は自分より強いやつには絶対に逆らわない。列の中にいる牛はワガサに追われると、否応なしに歩かねばならなかった。牛方はムチをもってワガサだけリードしていけば、先頭の牛にくっついて、列は前へ前へ進んでいくのである。だから牛方はいいワガサを持つことが、大きな願いだった。このような話を聞いて、牛方の上手な牛の使い方に大いに感心した。

また牛方は一人歩きはほとんどしなかったという。いつも何人かで組になって歩いた。突発事故に備えたのである。たとえば、細い山道で牛の列が出会った場合は、それが見知らぬ牛であると、必ず角突きが始まる。こういう場合は牛方の人数が多い方が、牛を制するに都合がよかった。また北上山地には狼が多く、仔牛や仔馬が襲われることが少なくなかったから、野宿する場合でも心強かった。このようにして、牛方は五、六人、牛が三五

里山放牧中の南部牛（山形村）　撮影・森本　孝

～四〇頭が一つの隊を組んで、目的地に向ったようだ。

野宿の話　「野宿でやんすか。暗くなったらどこでも山さ入って泊ったでやんす。水と草さえあればどこでも構いませんが、いつも通ってる道だから、だいたい決ってやんした」

牛方の旅は野宿を重ねて続けられたものだ。野宿場に着くと、積荷と鞍をおろし、牛は放して草を喰わせた。その間に牛方はタキ木を集め飯を炊いた。牛は草を喰ったら、いい場所を捜して寝るからそのままにしておいた。

一方牛方は鞍を「亻」の字になるように立て、これを左右一組にあわせて「∩」の形につくり、それを三つつなげてトンネル状にして、更に余った鞍で一方の口をふさぎ、その中に入って寝たという。

また、牛は野宿する時は頭を外に向け車座になって寝る。これは野獣に対する牛の本能にかかわりがある。寒い夜などには牛方はそういう牛と牛の間にはさまって寝ることもあった。牛の体温が伝わってきて、暖かく寝られたという。また、別の方法では、鞍を高く積み上げて一方に高い壁をつくり、ゴザで片流れの屋根を作り、その中にも寝ている。

こういう話を聞いて僕は一瞬ため息が出た。またしても牛方のすぐれた知恵に胸がおどった。

延々と続いた木の柵は
畑や水田に牛を入れないためだった

道草を喰う　ところで、野宿場で牛を離して草を喰わせるといっても、それは他人の山のはずだ。他人の山の草を喰わせて何も文句がつかなかったのかと思った。

「そりゃあ、山にはかならず地主さんがおりやした。少々草を喰っても何も言わぬ人もおるし、喰わせんなと言う人もおりやした。私らは黙っている地主さんの山で野宿するわけです。そうですな、喰わせんなという人の方が多ござんした。そういう時はすかたねえから、牛を山から追いだして、道端の草を喰わせるわけでやんす」

水田地帯では牛の草にも困ったのではないかとも思ったがそうではなかったようだ。現在のように道の両側が水田や畑ばかり続いているわけでなく、拓き残した草地があちこちにあって、適当なところで牛の草にも困らず野宿ができたのである。草は牛を半道（二キロ）も歩いて喰わせればこと足りたという。

それでも足りぬ時は田の畔草を喰わせた。畔草は少々喰っても地主におこられることはなかった。が、のんびりとはしていられなかった。目を離したすきに畑の作物を喰うことがあったからだ。この時は、牛方は畑の持主に弁償しなければならなかった。

これについては面白い話がある。明治の末頃、新潟県長岡から山形に毎年、牛を買いに来る馬喰《ばくろう》の牛が、ある時、畑の作物を喰ってしまった。馬喰はそのまま通りすぎたが、畑の持主は毎年通る馬喰なので顔も名も知っていて、馬喰が長岡に着いた時には弁償代の通知が来ていたというのである。ここでおもしろいと思ったことは、たとえ他人のものであっても、お互いさまで許せる範囲があって、その範囲を越えた場合はだまって見過すことはなかった。一方牛方は、作物代を弁償することで、またその周辺の草を牛に喰わせることができたのである。許される範囲さえ守っていれば、草を喰わせながら自由

牛の屋敷地や畑の侵入を防ぐために設けたがっしりとした木の柵

に歩ける道があり、それが牛による長距離輸送が成り立った一因でなかったかと思った。

一方道端に面している耕地の持主は、耕地のまわりには栗の木のがっしりした柵を結って、牛が入れないようにした。この柵が北上山地では、山や原野を除いてずっと続いていた。九戸通りの場合は、野田から沼宮内までこの柵が延々と続き、大変見事な景観だったようだ。

牛の利点　初めて聞いた牛方の旅の話は、僕にはとてもおもしろかった。そして、野宿や道端の草を喰う話から、牛が長距離輸送に馬よりも適していたことを知った。馬の場合は旅籠（旅館）という言葉が、元来馬の飼料用の籠を意味していたごとく、常に馬の飼料を持ち歩くか、宿で用意しなければならなかった。しかも馬は力仕事をする時は、干草やわらのほかにフスマや麦などの餌が必要だった。それにくらべて牛は、道端や山の草を喰わせておけばよかった。さらに胃が四つあるため、一度に多量の草を喰っておけば腹も長持ちしたし、野宿も簡単にできたのである。

牛は歩みはのろいが足は丈夫で、重い荷物を背負って相当の山坂を越えることができた。とくに牛は下り坂に強く、これに関して馬はとてもたちうちができなかったという。さらに前にも述べたが牛は大変利口な動物で物覚えがよく、牛方の言うことをよくきくこと、危険な所には決して自ら行かないこと、牛方が誘導しなくても一人歩きすることなどがあげられる。馬は手綱をきちんと持っていないと危険なときがあるが、牛の場合は牛方は一番うしろからついていけばよい。さらに都合がよいことに、雨にぬれても平然としていること、雷に驚ろかないことがあげられる。

これらの牛の特性は、北上山地のような山坂が多く、しかも長い旅をしなければならない牛方にとって、大変都合のよいことであった。

鹿角盆地や盛岡、さらには宮本先生のいわれたように、はるか新潟や関東方面までも、南部牛が出かけられたのは、理由なきことではなかったのである。そして地元の関係者から話をうかがっているうちに、牛を中心にした人間のダイナミックな営みと、思いのほか広い南部牛の拡がりを知ってうれしかった。同時にこのような牛を育て、多くの牛方を出した北上山中の村々の生活が、どのようにして成り立っていたかを知りたいと思った。

—牛まぶりの日々—

塩を運んだ牛と今の南部牛は異なるのだというが……

山形村では家族が総出で牛を追い、家へ帰って行く姿をよく見かけた。道路いっぱいに広がって大きい牛や仔牛が歩き、たびたび立ち止っては道草を喰う。牛を追う者たちはそれをいさめて、先へ歩かせようとするのだが、すぐ言うことをきく牛もいれば、なかなか動かない牛もいる。車が来ようと何が来ようと、頓着しない牛中心の世界だ。

　この牛の群れは山の放牧地から家へ連れて帰るものもあり、家畜市場で購入した牛を家に連れて帰るものなどさまざまだ。とに角、村々は牛の群れで活気を見せる。

　でも、このような牛の群れは、かつて盛んに塩や雑貨を運んだ本来の南部牛とは異なっている。山形村役場の人や牛方の砂川さんの話を聞くと、昔の南部牛は、ずっと小柄で、毛色も黒く角も長かったという。文献にも江戸時代までの南部牛は、牡牛で体高が四尺（一二〇センチ）くらいで牝牛はこれより五～六センチ低いとある。

　今、僕が見ている南部牛は体格もずっと良く、色も褐色で角も小さい。つまり、今、山形村はじめ北上山地で飼われている牛は、品種も、また、その用途も、飼い方も異なっているわけだ。

　江戸期から明治にかけての南部牛は鉄や塩等の輸送に使われた。それが鉄山の閉山や、明治に入ってからは交通機関の発達と相まって、荷駄用としての用途が薄れていく。が、代りに農耕用としての需要が増していく。そして近年では肉牛としての用途がおこっている。

　幕末の頃から南部牛の品種改良が進められ、体格も次第に大きくなる。これが積極的におこなわれるようになるのは、明治四年からで、アメリカ、イギリス、オーストラリアなどからショートホーン（短角種）の種牡牛が導入されてからだ。その後も洋種短角種の導入が進められ、昭和二〇年頃には牡牛の平均体高一四〇センチ、体重六六〇キロ、牝牛の体高一二七センチ、体重四五〇キロまでに達し、毛色も黒から褐色系統に変わった。

　これが今、僕らが見ている南部牛ということになる。この改良された南部牛、つまり日本短角種は、林野で殆んど占められた北上山地には、都合の良い品種だった。短角種は山に放牧しておきさえすれば育つ、極めて世話、手間のかからぬ品種だったからだ。寒冷地、かつ、林野で埋め尽くされ、耕地に恵まれず、これといった産業のない北上山地の村々にとっては、肥育牛としての短角種の飼育は格好の産業となった。そうして、豊富な林野を利用した短角種飼育が、山の村々に拡がっていくのである。

草のなくなる限界まで山で飼う。これは牛の古い飼い方だ

岩泉町安家《あっか》へ　山形村滞在中に、二～三の村人から、牛の古い飼育法について知りたければ、一度、岩泉町に行くといいよ、との忠告を受けた。岩泉は、山形村より牛の飼育頭数も多いし、なによりも、かつて岩泉牛と呼ばれた銘柄牛の生産地とのことだった。近代化した南部牛の飼育ではなく、古いタイプの飼育法もまだ行なわれているはずという。

　岩泉町は下閉伊郡のほぼ中央部に位置する町だ。山形村の南に当たり、山形村からは一度久慈に出て、長内渓流沿いに逆上る道、葛巻から新小本街道を門まで行き旧小本街道を入る道、また、久慈から太平洋岸に沿って南下し、普代村から御沢峠（五四五メートル）を越えて、日本一の大鍾乳洞で有名になった安家《あっか》から入る道がある。

　僕はその最後のコースを選んだ。かつて野田塩を生産していたという野田の浜を一目見ておきたかったのだ。

共同放牧場。9月30日に奥山から帰ってきた牛は草がなくなるまで里に近い山で放牧する。　牛市の日まで親子ともども、のどかな日々を送る（山形村霜畑）撮影・森本　孝

いわゆるリアス式の海岸の続く陸中海岸の中にあって、野田浜だけは二キロに渡って砂浜が拡がっていた。北上の太平洋岸で野田塩を有名にしたのは、この砂浜のせいだなと思った。

普代から峠を越えて岩泉町内に入ると、周囲の景色は一変した。山形村の山々は割合になだらかな傾斜で、国有地の場合は黄色に変色した見事な唐松林が続いていた。そして、村の家々の裏山にはなだらかな放牧地や採草地がひろがっていた。が、安家から岩泉町の中心部にかけての山は、切り立った急峻な石灰岩峰だったのだ。山形村のようなおだやかな放牧地は見られなかった。

岩泉に入った日は安家川渓流沿いの安家地区を主に歩いてみた。安家、釜津田が岩泉牛の生産の中心地だったからだ。岩泉では昭和五四年度現在一七二八頭の南部牛が飼われている。

牛まぶりの日々　早朝に宿を発ち安家の中心地元村から四キロほど東の年々《ねんねん》まで歩いてみた。ここで三人連れの男たちが、一四～一五頭ばかりの牛を追っているのに出会った。その人たちに付いて歩かせてもらうことにした。川のほとりの草のある所まで来ると、牛を離して草を喰わせはじめた。人間の方は付近の大きな石や丸太に腰かけて牛の動きを見守っている。初冬の遅い太陽のこぼれ日が射しこんで、いかにものどかな風景だった。

その話の輪の中に僕もいれてもらった。いずれも各家の戸主で、三人でもやって各々の牛を、三キロばかり先の国有の唐松林の中に放牧に行く途中だという。安家での一年の牛の飼い方は、大きく分けると、春と秋は里山放牧、夏は奥山に放牧し、冬の雪の期間は舎飼いにするという。里山は村落のすぐ近くの山をいい、奥山は村から遠く離れた山の頂き付近を指す。今は秋の里山放牧の時期だった。彼らは今から放牧地まで牛を連

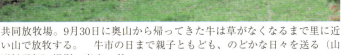

里山放牧地でたわむれる
牛の親子　撮影・森本 孝

れて行き、お昼頃まで牛が草を喰う様子を見守ってから一度家に帰り、夕方また牛を迎えに行くのだという。こうして牛の面倒をみることを牛まぶりといい、これが、十一月の中~下旬頃まで毎日続くという。

「牛まぶりの仕事と言っても格別にねえんだなあ。ただ牛の後からこうやって歩いて行くだけ、ハッハッハァー。今頃の時期になると草が少なくなりやす。それでもネグサといって細長い草が笹藪の中に生えているから、それを食べたり、バラの葉や笹を喰べるんでやす。栄養はござんせんが、腹はいっぱいになりやす。ですから、朝も夕方も餌は特別やりません。いい餌をやらなくて済むから短角牛は私らが飼うには適しているんでやす……」

山の萩や葛といった栄養価の高い草は、秋にあらかじめ刈って干草にして保存し、長い冬の舎飼に備え、里山放牧では山に残っているわずかな草を喰わせ、その草のなくなる限界まで山で飼ったのである。

「牛は利口そうに見えても、どこか抜けていやして、寒い日蔭に入って出て来ないことがありやす。また昼頃まで居ないと、私らについて帰ってしまう牛もいやす。そこで、牛を暖かい方に誘導したり、こうやって牛を見ていて、適当な時間に一度家へ帰るんでやす……」

こういう話を聞いていて、これは古いタイプの里山放牧だと思った。山形村や葛巻といった地域の秋の里山放牧では、安家地区のように、自然林を利用することは少ない。多くは家の周囲の畑地を改作し牧草を蒔き、柵をめぐらし、その中に牛を飼っておく家が多いのである。放牧の手間を省いているわけだ。

山の新鮮な草を喰み、牛は一気にたくましくなる

里山から奥山放牧へ　安家や山形村では現在の牛の飼い方についてひととおりの話を聞くことができた。おおまかにわけると、北上山地では前にも書いたように、春、秋の里山放牧、夏は奥山放牧、冬は舎飼が基本型になる。

春の里山放牧は雪の消えた五月頃から一ヶ月あまり続く。これは長い冬の間舎飼されていた牛の、夏の本格的な奥山放牧までの慣らし期間である。まだ放牧の経験の無い仔牛が混じっているし、親牛といえど、いきなり奥山に離すと足が慣れていないためにケガも多くなる。

この里山放牧の期間は、どこの地区でも、安家の秋の里山放牧と同じように、家と放牧地の通いになる。つまり、朝方に牛を放牧地に連れて行き、夕方には再び連れて帰るのである。そして放牧地に多少慣れた頃を見計って、今度は昼夜放牧に切り替える。これは、朝方、牛を連れて行き、昼頃まで牛の世話をして家に帰り、翌朝、再び牛の様子を見にでかけるものだ。つまり、一夜を放牧場で過ごさせるわけである。これを何度かくりかえしつつ、夏の本格的な奥山放牧に備える。

奥山の放牧地は村によってはおよそ二〇キロばかり離れている村もある。ここに放牧することを『山あげ』と

いった。山あげの時期はヒャクゴといって、節分から数えて一〇五日目が目安になっていた。現在では牧野組合が設立され、会則で六月一日が山あげの日となっている。

　山あげの日は飼主は各自の牛を連れて放牧地に向かう。二〇キロも離れていると、一日で着かず途中で野宿したこともあったという。足の遅い仔牛が混じっているためだ。現在はトラックで一気に運ぶため、そんなこともなくなっている。

　山に上った牛は九月末日まで生活することになる。そして、この間に冬の舎飼いで得られなかった、山の新鮮な草を喰み、一気にたくましくなっていく。北上山地は栗やナラといった広葉樹林が多く、原野にはイネ科、マメ科、ササ、スゲ、シダ、ツル、低灌木類が自生している。シダを除くと、ほとんど牛の可食植物で、中でも夏季の茅類、葛類、萩などは牛の大好物でかつ栄養価も高いという。

奥山の牛まぶり　奥山の放牧地には牛まぶり小屋が建てられている。これは、放牧の間、牛の監理を行なってくれる監理人や、その間、たびたび、自分の牛の様子を見に上ってくる飼主のためのものだ。監理人には牛飼いの経験の豊かな人が頼まれたり、同じ放牧地を利用する人が交代でおこなったりしている。僕が聞き歩いた範囲では、前者の例が多かった。

　この監理人の責任は重大であるという。何故なら、奥山放牧の間は、牛の種付けの期間にもあたるからだ。放牧は四～五〇頭の牝牛の中に優秀な種牛一頭を配する形でおこなわれている。奥山にいる間に発情期が訪れ、自然交配がおこなわれるのである。

　監理人は毎日牛の様子を見て歩く。そして牝牛に種がついたか否かを確認してまわる。お互いにうまくいかない時には介添をすることもあるという。

　種付けができると、監理人はそれを飼主に報告する。飼主はその日を基準に出産予定日を計算し、出産の準備を整えるのである。牛の飼主もこの放牧の間はたびたび、放牧地を訪れる。自分の牛に、大好物の塩や味噌を喰わせるためである。そして、自分の牛の成長ぶりを見て安心して帰っていく。夏の栄養価の高い草を喰んだ仔牛の成長は目ざましく、放牧を終える頃には飼主でさえ、見分けがつかないこともある。

　組合で定められた下山日は九月三〇日である。奥山から牛を連れ帰ることを『山さげ』というが、この山さげが結構大変らしい。広い牧野だと自分の牛がなかなか見つからぬ時があるのである。そういう時は飼主は何日も牛まぶり小屋に泊り、自分の牛を捜す。

　こうして山下げされた牛は、秋の里山放牧に移され、雪の来る十一月中旬から下旬にかけて舎飼いに移される。

闘牛の源流はこの南部の「牛あわせ」ではないだろうか

　春から秋までの牛の飼い方を聞いているときに、大変興味深い発見があった。牛あわせのことである。牛あわせというのは闘牛のことで、この行事は春の里山放牧をする前におこなわれる。牛は群れをつくる動物の特性として、その中に必ずボス牛が出てくる。これは猿や馬も

岩手県早坂高原の牛の放牧場　撮影・森本　孝

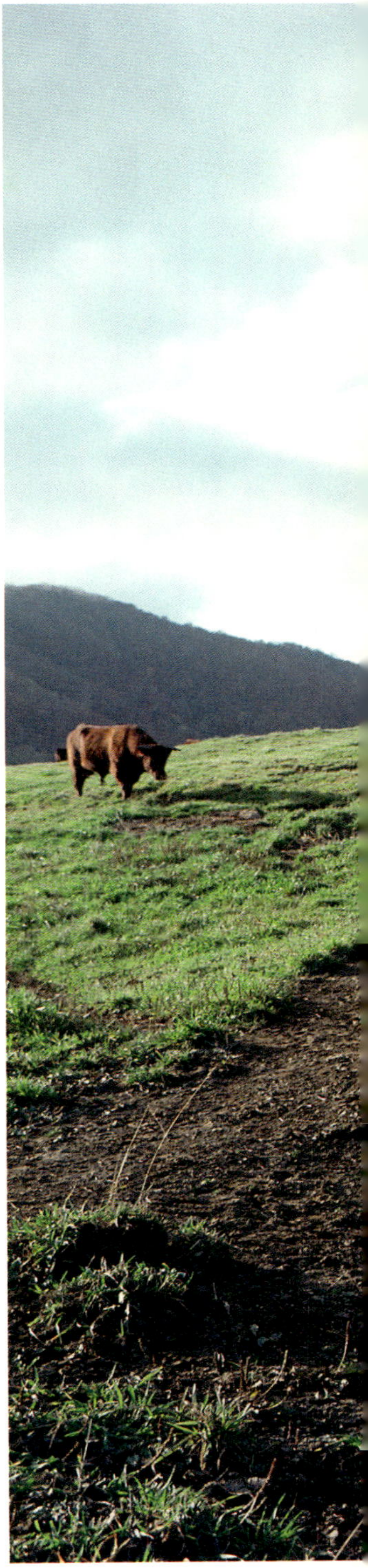

同じようだ。牛もその例にもれず、群れのなかのボスを決める戦いが、春に必ずおこなわれるのである。

牛あわせについてはいろいろな人から話をうかがったが、とくに山形村関の佐々木武司さん（明治三七年生）がよく知っていた。佐々木さんは親子三代続いた馬喰で、牛の性質について実に詳しい。

「春のはじめには例によってやるんですな。去年勝っても今年は負けるものもあるし、二年も三年も負け続けている牛も、次の年に勝つこともありやすから。しかし、たいていは年の順序に従うようでござんすな。年を経たものは体も大きいし、力も強いですから」

牛あわせをする場所は別に決っていない。ただせまい所や里山放牧したあとの山の中でやってしまうと、牛も人も危険な状態になるので、広い原っぱや河原に連れていき、そこでのびのびとやらせる。広い所であれば負けた牛は逃げ場があるので、めったに殺し合いにはならない。また二歳、三歳の小さな牛は、大牛の鼻息にびっくりして、はじめから戦意をなくして逃げてしまうことが多いようだ。角を一度だけ合わせて勝負が決ってしまう場合もあり、実力が接近している同士では、はげしくぶつかり合い、半日も戦っていることもあったという。

とにかくひとあたりしてボス牛が決まり、牛同士が納得すれば、この行事は終る。この年の一番強い牛をワガサといった。ワガサが決るだけでなく、一番強い牛から一番弱い牛まで序列がつき、以後一年間この序列は崩れない。この特性を上手に利用したのが、牛方の隊列であったことは前に述べた。放牧したときはワガサが一番おいしそうで、たくさん草のある所を独占し、二番、三番がそれに続く。弱い牛はなかなか草にありつけないことが多く、そのためいつもやせている。また放牧中に危険な場所に追いやられることも多く、崖っぷちの草を喰おうとして落ち、死亡することもめずらしくはなかった。牡牛ばかりでなく、牝牛も序列が決っているので、一番弱い牛をいかに肥らせるかというのが、現在の牛飼いの悩みだそうだ。またワガサになった牡牛は種牛として牝牛をも独占することが多い。

春には必ずおこなわれる牛あわせは、他人が見れば勇壮な行事であったかもわからないが、牛の持主はハラハラして見守っていたにちがいない。家族と同じようにして育ててきた牛が傷ついては大変であるし、殺されては元も子もなくなる。経済的にも一家の生計に直接大きな影響を与えるのである。

斜面の畑に積まれた干し草の山（山形村繋）撮影・森本　孝

上　牛の飼料づくりは一家総出　撮影・森本　孝
右　牛の飼料にする葛を刈る。草刈り場は山の急斜面に点在している。草刈り場は数人が組をつくり管理しており、春には山焼きをしていい草を育てる（岩泉町国境峠付近）撮影・鈴木　清

放牧中の仔牛を見廻る。秋は草が少ないので、牧草を刈って与える（山形村二又）

このようにして南部の牛あわせをみていくと、人間が牛を上手に使いこなしていくために、牛の特性をうまく利用した人間の知恵がうかがえる。そして僕なりの推測を許してもらえるなら、牛あわせのような行事は、古来、人間が野生の牛を飼いならし、使役に用いるために、かなり古くからおこなわれてきたものであったように思われる。これが年中行事、もしくは神事の余興にまで高められていったのが、現在沖縄、徳之島（鹿児島県）、隠岐島（島根県）、宇和島（愛媛県）、八丈島（東京都）、そして新潟県山古志村などでおこなわれている行事ではなかったか。しかも牛を生産する地帯よりも、使役してきた地帯にこの行事が多く残っていることも、それを物語っているように思われる。

南部地方では前出の地方のように、村中の人を集めておこなう盛大な行事ではないが、この牛あわせのなかに、野生の牛を飼いならしていく過程を見たような気がした。

上　牛の飼料のデントコーンの刈り入れ。細かく切って貯蔵し、冬期間に与える（山形村荷軽部）
左　飼料を背中一杯に背負って家路を辿る　撮影・森本　孝

曲屋のあたたかみが牛を守り育てている

この地方で舎飼がおこなわれるのは十一月二〇日すぎから翌年の四月下旬頃までだ。この頃になると北上地方はそろそろ本格的な雪の季節になる。昨年、僕は安家で十一月九日に初雪に出合った。牛は少々の雪では驚かないら

曲屋と敷地内に設けた放牧場。曲屋の右手の棟に牛舎がある（山形村二又）撮影・森本　孝

しく平気で草を喰んでいた。

しかし、いくら寒さに強い牛といっても、本格的な雪の季節、厳冬期ともなると話は別だ。この頃は戸外でマイナス六度～一〇度、屋内でも零下に温度が下がるからである。

その寒気から牛馬を守り育てるために、工夫されたのが、この地方で有名な「南部の曲屋」である。南部の曲屋は牛馬の住いと人間の住いが同じ棟の中にある。そして人間の憩う炉の暖ったかさが、牛馬の舎にも伝わるように工夫されている。

曲屋や曲屋内での舎飼の様子は最初の南部の旅では見ることができなかった。が、五六年の十一月に再び訪れた時に、塩の中継宿だった山形村二又の馬場憲也さんの家で見せていただくことができた。馬場さんの曲屋はこの地方では珍しい二階建ての曲屋だった。二階は多分、塩や物資の運搬にたずさわった牛方や商人の泊る部屋に使われていたのだろう。

馬場さんの家でまず驚いたのは、曲屋の突出した部分にある厩《うまや》とニワ（作業場）の大きなことだった。厩は間口五間半、奥行き四間、坪数にすると二二坪もあった。また作業場はイタニワともい

右上　牛の健やかな成長を願って厩の壁に貼られた駒形神社の御札
右下　舎飼いでは親牛は隅ずみにつなぎ、仔牛は放し飼いにする
左上　牛に飼料を与える
（山形村二又）

い、物置と土間部分を含めると四三坪もある。現在僕の住んでいる二DKのアパートの五倍強の空間が牛と農作業のために当てられているわけだ。イタニワと土間が広いのは、稗、麦などの穀物を脱穀、調整作業、そして保存するために必要だったからだ。

　また、厩や土間の部分を仔細に見ていて、柱や柱間の寸法がまちまちなのにも気付いた。五寸角の立派な柱があったかと思うと、直径三寸ほどの丸太が使われていたりするのである。ホゾ穴が開いているのもある。古材の再利用なのだろうが、単にそのためだけではなくて、僕はこの地方では牛馬の生産のために、ともかくも大きな囲いを作ることが先決問題だったからではないかと思った。雪と寒さをしのぎ、多量の飼料を確保する空間を保つことが、まず大事だったのだろう。

　そしてまたあることにも気づかされた。というのは会津地方にも南部の曲屋と形がよく似ている中門造りの家がある。が、その中門と呼ばれる部分、南部では曲って突出した厩の部分が、南部のものに対してかなり小さく狭いのである。会津ではそこで馬や牛がせいぜい一頭入る程度である。が、馬場さん宅では曲屋内に親牛三頭、仔牛四頭が飼われ

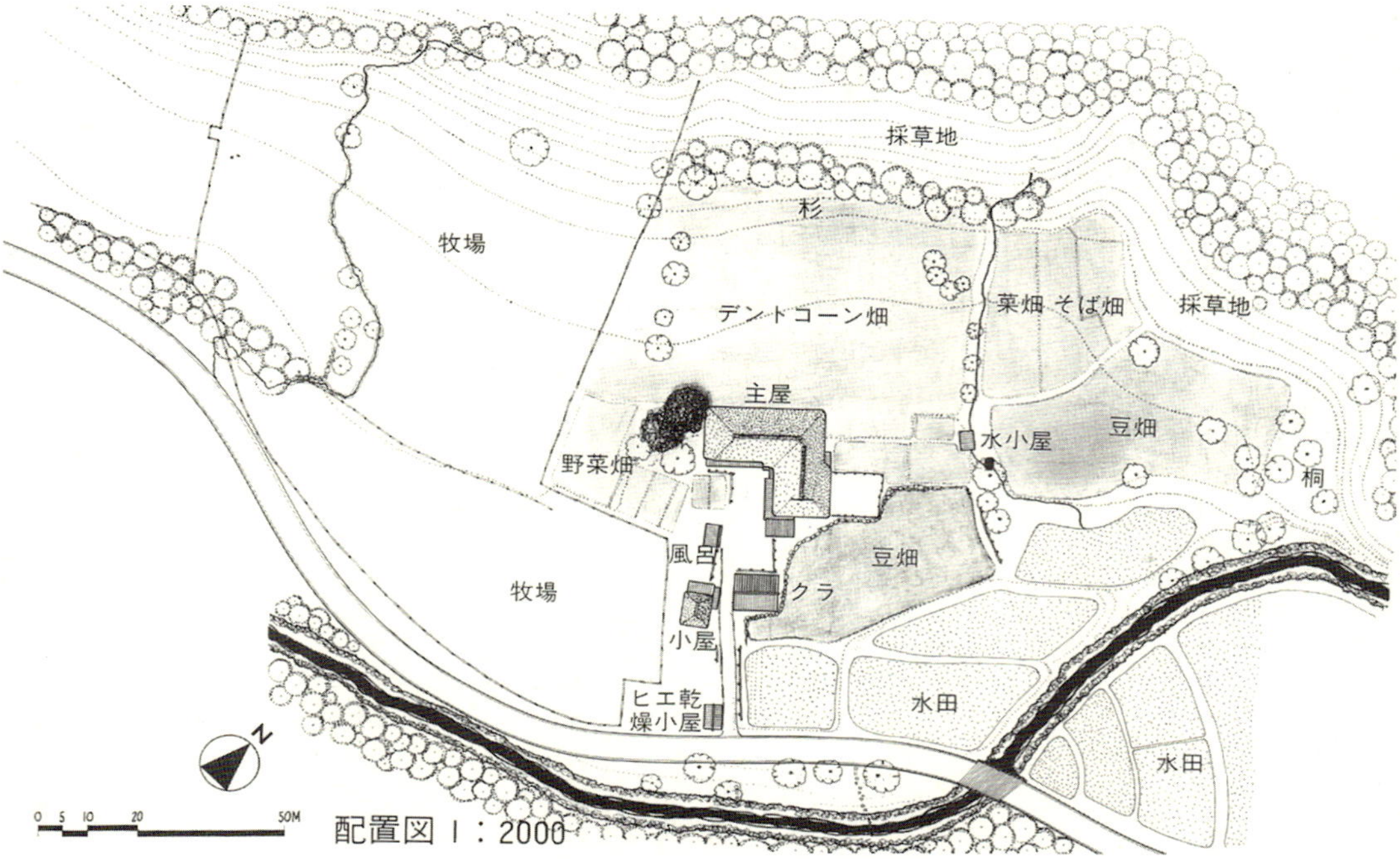

作図・鈴木　清

■小高い所に住居を構え、その周囲に耕地を拓いていく住まい方は、この地方で一般的にみられる。この家も家の前面、右側、そして背後に畑と水田があり、山の斜面には杉を植え、雪崩や風を防いでいる。山は採草地として利用している。家の左側は草地改良をして牛の放牧地に利用している

ていた。会津の場合はかつて牛馬は、農耕や荷駄用に用いられていた。つまり同じような家の造りであっても、厩の大きさが異なっているのは、生産地帯と使役地帯の差が、そこに現われていたのである。

山の斜面に何十何百という干草の束が見える

馬場さん宅では一夜を過ごさせていただいた。広い曲屋と屋敷どりの測図に手間どり、付近に宿もないことから、僕も素直にその好意に甘えたのである。そして夜はコタツにあたりながら、この地方の名物「コムギモチ」をたらふくいただいた。

このときは憲也さん（昭和二一年生）と奥さん、それに母親のきみさん（大正八年生）がつきっきりで、舎飼いの準備から、仔牛の出産にいたる飼育技術を伝授してくれた。また民家の実測中に、馬場さん一家の手ぎわのよい牛の世話をかいま見ていたので、初心者のわりにはのみ込みが早かった。

牛の飼料はだいたい干草、稗殻、麦、豆などを切りまぜたものが主で、一頭の親牛にこれを一〇キログラムずつ朝夕の二回に分けて与える。厳冬期には食欲増進のため、これをヤダ釜という大釜で煮て、味噌を混ぜて与えたりもする。この一日二回の他、昼に大根、カブ、イモを細かく切ったもの三〜四キログラムぐらい与えることもある。

でも最近は、干草ばかりでなくデントコーン（飼料用トウモロコシ）や飼料用牧草を、野菜や干草を混ぜて与えることも多くなっている。これは人の主食が稗や麦か

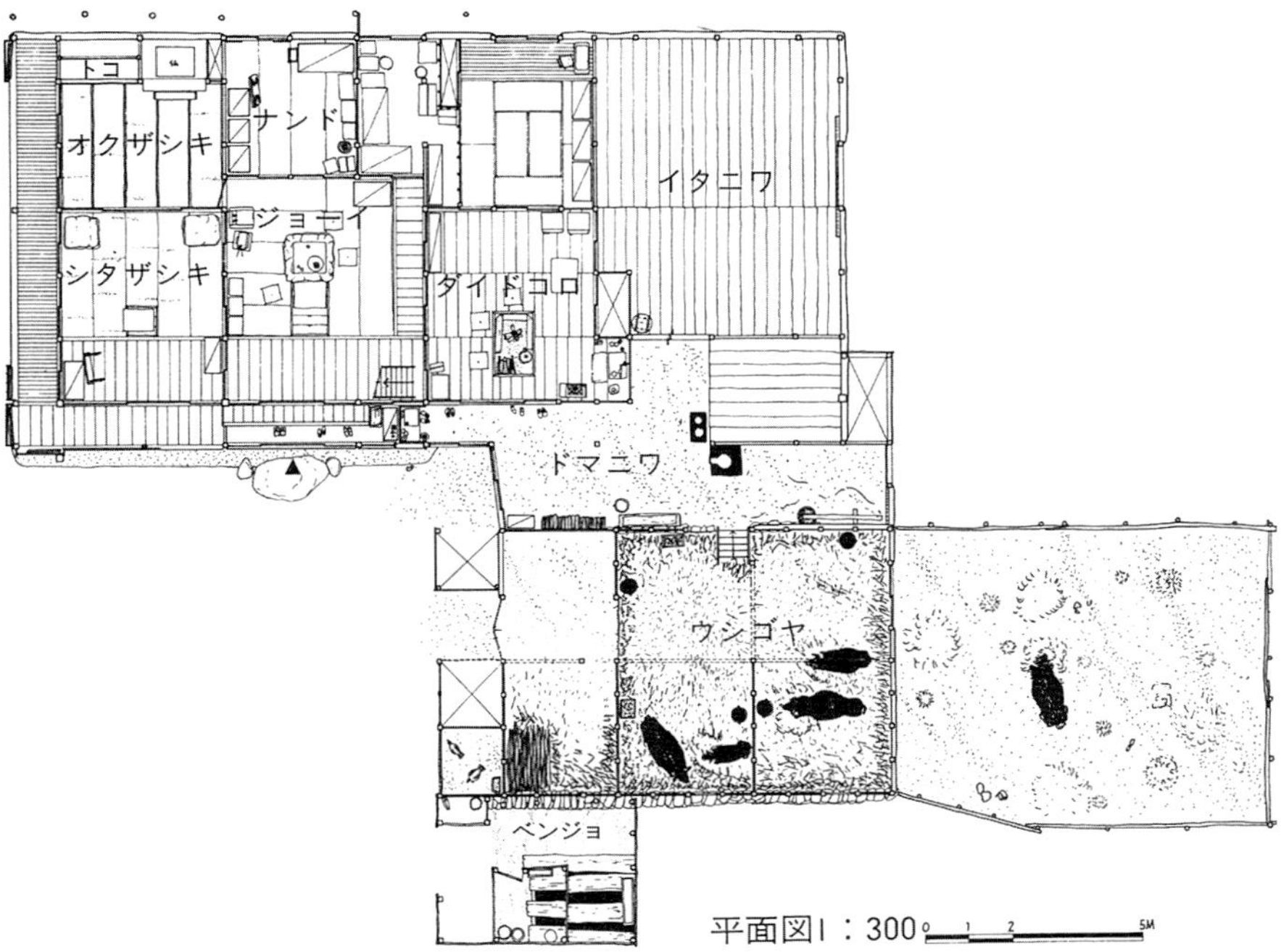

作図・鈴木　清

■南部曲屋は旧南部藩領内に分布するL字型の民家で、とくに盛岡を境にして南の方に多く分布している。この家は山形村二又の馬場家で、古くから荷継ぎ場をしていた関係上、二階建ての珍しい曲屋である。家の中央には炉のある広間（ジョーイ）があり、広間型の住まいである。広間型は北陸、関東、東北日本に多く見られ、現在は板敷き、もしくは畳敷きになっているが、古くは土間であったようだ。土の上にモミガラ、ワラ、ムシロなどを敷き、ここがイロリを中心とした生活の場でもあり、農作業や山仕事に必要な道具などを作る作業場でもあった。広間の上には座敷や納戸が配置されている。ここはもと板敷きである。また広間の下にダイドコロがある。用水は山からの沢水を利用している。その下にイタニワ、そして突出した部分が厩である。

ら米に変わり、畑が空いたこと、また、最近では水田の減反政策で水田が空き、そこに飼料作物を植えるようになったからだ。

　干草にする野草は萩や葛を主とする草と茅類を主とする草だ。葛、萩は牛の好物で栄養価も高い。また茅類は馬屋の敷草にも用いる。いずれも秋の農作業の合間に刈り取り、束にして刈った山の斜面に立てて乾燥させ、雪の降る前に貯蔵する。僕が訪れた頃は乾燥の時期にあたり、山の斜面のいたるところに何十何百という干草の群れを発見して、見事な景観に驚いたものだった。

　南部牛は舎飼の間にこの干草を一頭で、葛、萩類五〇〇把（約四五〇キログラム）、茅類一二〇〇把（約一三〇〇キログラム）を喰うという。また、その労力は収納日数も含めて二二日間ほどになる。この計算でいくと、五頭の牛を飼っている家では、一人の働き手が一年の三分の一ほどの日数を、草刈りや草運びに費やさなければならないことになる。僕は新潟県の山古志村で半日間草刈りの手伝いをしたことがある。ところが一時間ばかりで腰や腕が痛んで、たいして草も刈れなかった。この経験からすると、一年の三分の一を草刈りのために働くのは、地元の人にとってつらい作業だと実感できた。同時に、放牧が人々の労力を軽減させ、粗食に強い南部牛がこの地方の人々に喜ばれている理由もよくわかった。

　冬期間の牛の管理では牛を運動させることも大切な仕事のひとつだ。厩には出入口が表と裏の二ヶ所あり、裏の出入口から外へ出ると二〇メートル四方ほどの柵がめぐらせてある。ここが牛の運動場で一週間に一度は外に出し日光浴と運動をさせる。

生れてまもない可愛らしい仔牛（山形村二又）
撮影・鈴木　清

この出入口はまた厩肥《まやごえ》の取出口でもある。厩の敷草は牛の糞尿で汚れるとその上に新しい干草を敷いてやる。それを牛がまた踏み固める。すると一冬で踏草が一メートル余の高さになる。それで、厩の床はその分だけ掘り下げてある。春になると牛の糞尿をたっぷり含んだ厩肥ができる。厩肥は畑の土を肥えさせ、土の温度を上昇させるから、寒冷地の畑作には不可欠の肥料だ。

ベコの仔の誕生を人々は心から祝福する

「ベコの仔が産まれる時は感激だもんなぁ」と、馬場憲也さん宅のコタツの中で聞いた話は、僕にとっても感激であった。牛は妊娠すると二七五日で出産するのが標準なので、六月、七月の交配期に種付けした牛は、普通は冬の舎飼いの間に仔を産む。まれには遅れて大きなお腹をかかえて里山に出る牛や、奥山放牧で出産する牛もいる。

ともかくも牛飼いにとって仔牛の誕生は、一年間の最大の行事だ。仔牛の誕生が家計を助けてくれるからだが、それとは別に新しい生命を心から祝福しているのが感じられた。

出産予定日が近づいてくると、家族の者は夜もおちおち眠れなくなる。夜は何度も起きて厩の見廻りをする。

「昔の牛は自分の力で出産したものです。ウウッという牛の鳴き声を聞いて、厩に駆けつけた時は、もう仔牛が産れていたこともありました。私の家には当年とって十八歳になる牛がいました。これが人の手を借りずに仔を産みます。今年で一六頭目の仔牛を産みました……」馬場さんはいう。

人間の年齢にすると五〇～六〇歳になるのでないかと馬場さんはいう。ところが、安代の熱心な畜産組合の人が是非譲ってくれというので、この春手離したという。ちなみに南部牛は一五～六歳まで飼育し、その間に一〇頭前後の仔牛を産むので、この牛は馬場家にとって大変ありがたい牛だったわけだ。

しかしながら最近は人を頼りにする牛が多くなったとのことだ。出産間近になると、経験豊かな人に来てもらい、頭や手足を引っぱり出してもらう。難産の時などは、寒中なのに上半身裸になり、手を牛のお腹まで突込んで仔牛の体を回転させひっぱり出すこともある。それでも出ないと獣医さんを呼ぶ。馬場さんの家でもそんな経験があるらしい。真夜中に獣医が車を飛ばして来てくれた時は、本当に嬉しかったという。このような難産の時は、牛の目にも涙が浮かぶとのことだった。

仔牛が無事に産まれると、新しく封を切った御酒を神棚や蒼前《そうぜん》様に上げる。蒼前様はこの地方で牛馬の神としてあがめられている。そうして残った酒はみんなで飲んだ。いわゆる祝い酒であるが、たいていこれは翌朝まで続いたものらしい。

「お客様の接待をせねばなんねし、炉の火は消えてしまうで、何回も何回も寒い外さ走って薪とりに行かねばなんねし、また、出産といえばたいへんなさわぎでした……」と、母親のきみさんが昔をしのんで話してくれた。

そうして産まれた仔牛も、この年の秋には牛市にかけて手放すことになるという。畜産農家であるかぎり、仔牛を売らなければ生活が成りたたないからだ。

「家族の者が手をかけた牛を手放すというのは悲しいものでした。仔牛を引き出そうとしても親牛からなかなか離れようとはしません。昔は歩いて市場まで行きましたので、親牛も一緒に連れて行きます。そうすると仔牛が親牛のうしろからのこのこついて行くわけです。市場でも親牛と仔牛は一緒に廻しました。馬喰や農家の人たちは、その仔牛を見て値段をつけるわけです」

近年はトラックで仔牛を運ぶようになったので、親牛を一緒に連れていくわけにはいかない。牛市の前日に里山から牛をおろして厩に入れ、翌朝は親牛に餌をやって、それを夢中で食べているすきを見て、仔牛を厩から引き出すのだという。しかしながら、いざトラックに乗せようとすると、いやがって逃げる牛もあり、相当に手こずることもあった。後日、山形村繋でこの光景を見て、なるほどかわいそうだと思った。

昨年（昭和五五年）は、山形村九戸市場で一〇月二六日から二九日までの四日間に、このような仔牛が一一二〇頭取引きされ、各地に送られていった。

――南部牛を育てた山野――

この広大な山野がわずかな旦那さま達の所有なのだろうか

旦那の山　牛の一年をかえりみて、春、夏、秋の放牧が、この地方の牛飼いを育ててきた基盤であることがわかった。しかしひとくちに放牧といっても、それなりの牧野や牧草地を確保しなければならない。どの位の山野があれば牛が飼えたのだろうか、また、どのような形でこの広大な山野を利用していたのだろうか。こんな疑問が僕の頭のなかに広がっていった。

実はこのような疑問をさらに広げてくれたのは、山形村関の佐々木さんだった。佐々木さんから馬喰の話を聞いているうちにいつしか横道にそれて、こんな話が飛び出した。

「このあたりにはたいした旦那さまがおりやした。そうですな、山形村では川井、荷軽部《にかるべ》、戸呂町《へろまち》、繋《つなぎ》、関、小国には旦那さまがいて、村の山のほとんどを持っておりやした。関の場合は嵯峨吉六という旦那さまで、関の吉六といってました。しかしこの家は明治の時代に没落して、北海道へ渡ったようです。また小国の旦那さまも今はもうなござんした」

これらの旦那のなかで、一番多く山を持った人は大体三千町歩で、その他の旦那もふつう一千町歩から二千町歩の山をもっていたという。

僕はこれは大きな問題にぶつかったぞと思った。放牧や牛飼いに必要な山野を旦那が握っていたというのだ。では一般の人は、どのようにして牛を育てたのだろう……。そこで思い切って山形村での滞在を二日ほど延ばし、この間役場に通って、明治二〇年に作成された土地台帳を写させていただいた。また同じ年に作成された地籍図も見せていただいた。土地台帳と地籍図を合わせると、明治二〇年に誰がどこの土地を所有していたかが明らかになってくるはずであった。

対象地に荷軽部地区を選んだ。ここには古くから続いている小笠原さんという旦那さまが健在であり、話が聞けそうであること、牛飼いが盛んな地域であることがその主な理由であった。荷軽部は山形村の中心地川井から西へ八キロほど離れた一一〇戸ほどの村だ。

土地台帳をめくってみると、佐々木さんのいわれたように、荷軽部地区の山林、原野は、ほとんどすべてが旦那である小笠原家の所有になっていた。

その内訳は荷軽部地区全体で、山二六三〇町五反二畝、山林九二四町三反六畝とあり、合計三五〇〇町歩あまりになる。そのほか原野のなかに秣場《まぐさば》一五九町七反三畝、草生地一二町あまり、原野（藪地）三町九反あまりとなっている。

山野の利用　ところが僕にはこの「山」と「山林」の違いがよく理解できなかった。役場の人にうかがうと山も山林も、いわゆる山地のことで、あまり木の生えていない草原状の山地を「山」、広葉樹林帯の山地を「山林」というように区別していたらしい。

「山」はこの付近では野場ともいい、毎年春には山焼きをして草地を作り、慣習的に村人の共有牧場として利用してきたものであった。

また「山林」は立野ともいう。立野では薪炭用の原木を伐り、家を建てるための用材や、棟木、橋などを作るための用材を伐っていた。村人が数軒集って組をつくり、元来それぞれの組が立野として専用に使用し、造成してきた山地であった。

これに対して里に近い所に、広い秣場がある。秣場は刈場ともいい、冬期間の牛の飼料用の草地である。周囲には牛が入れないように柵を結った。ここも慣習的に村人が各自専用に使用してきた所だった。

いずれも荷軽部の山野は村人が共同で、あるいは各自専用の使用場所を定めて、古くから慣習的に使用してきたことがわかる。しかしこれらの土地はすべて旦那である小笠原家の名義になっており、村人の代りに税金を支払っていたのである。

タテ牛の慣行が南部牛の生産を支えたのではないか

広大な山野の所有者が小笠原家で、村人はそれを自由に使ってきた理由が、まだ僕にはわからなかった。が、先ほどの佐々木さんから、この地方には昔から預け牛の慣習があったことを聞いて、ようやく理解できるようになった。

「私らが若いころには、旦那さまたちはたくさん牛馬をもっていて、各農家に預けておりやした。仔牛が産れたときは、それを半分分けにするでやす。もちろん自分の牛を持っていた農家もありましたが、その数は少ないもんでやした」

旦那の牛を預かることを、ここではタテ牛、またはタテワケといった。多いときには七〇〇頭前後の牛が各農家に預けられていたという。

「山形村の四人の旦那さまが持っていた牛は、牝の牛が多ござんしたが、そのほかに立派な牡牛がいました。これが種牛でやす。いい種牛を持っている旦那さまはたいしたもんでした。みんないい仔牛が欲しいから、その旦那さまの牛を預かるわけです」

牛市の朝、親から離れるのを嫌がって仔牛はなかなか車に乗ろうとしない（山形村繋）
撮影・森本　孝

横道にそれた話だったが、佐々木さんの話から南部牛の生産を支えてきたのは旦那の力が大きかったこと、更に、それが預け牛の慣行、ここでいう『タテウシ、タテワケ』の慣行によって維持されてきたことを教えられた。明治以降、積極的に優秀な種牛を導入し、多くの牝牛を各農家に預け、より良い仔牛の生産に努めたのは旦那層だった。村人たちもそれに応えて自分の家に旦那の牛を置いた。

この地方でタテワケの慣行がおこなわれてきた理由は、一般の農家が自分の力では牛が持てなかったからだ。それは土地の生産力がきわめて低く、しかも何年かに一度くる冷害のために、生活を維持することさえできない年もあった。それにとりたてて現金収入の道が少なかったことも大きな理由であった。

また一方、佐々木さんのいわれるように、タテワケ慣行下に於いては、「仔牛が生まれれば、その売上代金の半分は旦那のものになるが、残りの半分は農家のもの」になっていた。つまり、農家では資本を持たずとも旦那の牛を預かってさえいれば、いくばくかの収入を得ることができたのである。これは農家にとってはありがたい慣行だった。そして、旦那の牛を育てていれば、いつかは自分の牛を持てるという望みもできた。事実、そのようにして牛を持った人も多かった。

こんなところにタテワケ慣行が浸透していった理由があったのである。しかしながらこのタテワケ慣行をよく聞いてみると、それは単なる畜産振興ではなく、とりもなおさず、この地方の生活のたて方に根ざし、深いかかわりを持っているのにも気づいた。

牛のタテワケは多くは次の

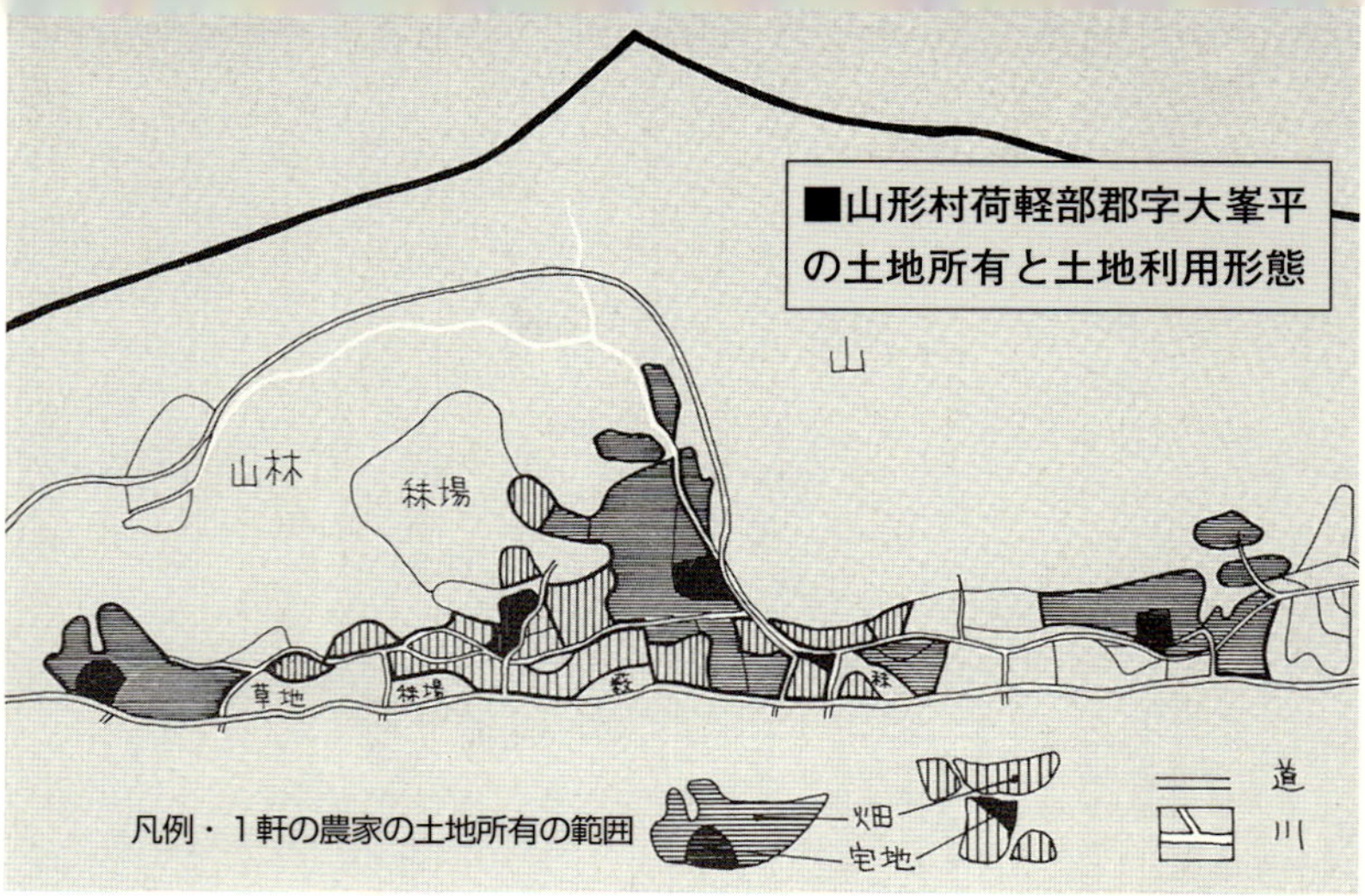

ような慣習的な取り決めがなされていたようである。

一、出産した仔牛が牝の場合、畜主と飼主が隔年交互に分ける。牡牛は市場に出して売り、折半することが多かった。原則として同じ親牛が預託となり、これを仔分け小作といった。

一、出産した仔牛は牡、牝ともに市場に出し、売買価格の折半、もしくは歩合分けをする場合もある。

一、畜主は自分の山を放牧場として開放し、また冬期間に必要な草刈場を開放する。この草刈場を秣場《まぐさば》といい、普段は柵を結って牛が入れないように管理している。

一、畜主は飼育農家が必要な薪、屋根用の茅などを伐る山を開放する。

一、厩肥は飼育農家の所得になる。

一、飼育農家は薪や草、厩肥をもらう代りに、年間決められた日数を畜主に労働提供する。

というものであった。

このとり決めでわかるように、牛を預かることによって村人は大山林地主である旦那の山を自由に使うことができ、農耕に欠くことのできない厩肥を得ていた。つまり旦那の牛を預かることが、日常生活を維持していくための重要な条件になっていたのである。

人間関係の中に中世がなお生きている錯覚を覚える

旦那が生れた背景　それではなぜ、またいつごろから、このような広大な山野を旦那層がもつようになったのであろうか。この疑問は山形村滞在中には解けなかった。が、後日、武蔵野美術大学の田村善次郎先生から教えていただいたことによると、南部藩では村人が使用していた刈場、野場、立野などには山役銭がかけられ、そのほか代官や山奉行が見廻りに来たときには、御見舞と称して木の実や山菜が徴収されたという。この山役銭を徴収したり、山林の管理をしていた下級役人を山守といい、大体一村に一人ずつ配置されていた。ところが山守は農民から山役銭を徴収せず、自分で支払っていたようである。村人は耕地の生産性が低かったために、そのような余裕がなかったのであろう。山役銭を肩がわりしてもらうかわりに、年に三日間だけ山守の家の労役をした。これをヤトイといった。この山守が後に旦那とか地頭とよばれる家になった。

明治維新を迎えても、基本的には何ら変りはなかった。旦那が健在な荷軽部、戸呂町、川井、繋などの村では旦那が村人に代って税金を支払うことで、広大な山野が民有地として残った。そして従来どおり牛を放牧したり、草や薪をとったりしていた。村人たちの間では、村の山は共有のものであり、旦那はその代表者という意識であったようだ。一方、旦那が早く没落した関、小国では税金の支払いができなかったのか、国有林に編入された山が多かったのである。

ところが、従来ほとんど商品価値のなかった山の木が売れはじめると、山の所有権をめぐって旦那と村人との対立が激しくなっていった。当初山の木で金になったのは柏と栗であった。柏の皮に含まれているタンニンの需要が多くなり、これは漁網用の染料として太平洋沿岸の漁村に多く出された。また東北本線の開通を契機として、鉄道用枕木材としての栗が、大量に伐り出される。山野が広いだけにこの収益は大きかったようで、山野の名義人である旦那がこの利益を得ることになった。これを不公平として村人の側から裁判所へ何度も訴えを出すのだが、近代法のもとでは従来の入会慣行は受け入れられず、あいまいであった山林の所有権がここで確立する。明治も末期から時代は大正へと移るにつれ世代もかわり、土地台帳の名義と裁判による決定が確固たる証拠となり、広大な大山林所有が成立するのである。

荷軽部地区の場合は度重なる裁判の末、昭和二二年に和解が成立した。その内容は山林原野の所有は小笠原家にあることを双方で確認したうえで、従来どおり使用することが認められた。立野や刈場をもたない新世帯者に対してはそれぞれ五町歩と七町歩を新設し、不足している者は増設した。また牛馬の放牧地は一千町歩を自由に使うことが認められ、立木の販売による利益も折半することになった。また山菜、きのこ、木の実などの採集も何ら制限が加わることはなかった。そのかわり年に一〇日間のヤトイに出るか、もしくは三円五〇銭を支払うことになった。そして昭和四八年までには、村人が長年使用してきた山野はすべて解放され、荷軽部の場合は大山林地主は消滅した。

田村先生の話は大変参考になった。江戸時代から明治、大正、昭和にいたるまで、基本的には村人と旦那の関係は、ずっと続いていたのである。江戸時代どころか、現在でも旦那さんを地頭さまと呼ぶお年寄があり、ここでは現在なお中世が生きているという錯覚さえする。しかし鎌倉時代の地頭の家が現在まで続いているわけでもなさそうだ。しかしながらこの人間関係は、北上山地のきびしい自然のなかで生き抜いていくために生れた、生活の手段であったように思われた。

きびしい生活　生活のきびしさの根本的な原因は土地の生産性の低さにあった。昭和初年にこの地方で生産されていた主要作物は稗、麦、大豆、ソバ、小豆、馬鈴薯、米などがある。このうち主食にしている稗の生産量が最も多く、三七〇町に作付して、八五二四石の収穫をあげているが、これだけでは村内の需要はまかなえず、約七〇〇石を移入している。また米は一八五石を生産し、三五〇石を移入している。昭和初年の稗の収穫は反当六俵ほどで、これを精白すると二俵に減ってしまう。この稗殻は牛馬の飼料になるのだが、仮に一町歩の畑に稗をつくったとしても、一家八人でなんとか一年間の主食が確保できるという状態である。

ところが寒冷地に強いはずの稗も収量が安定していない。昭和四年は初年の三分の一しか収穫できず、また昭和五年は二分の一程度の収穫であった。しかも稗を一町歩も作付けできる家は当時中農以上の農家であった。その他の家は稗のなかに大麦や野菜などを混ぜて常食にしたが、それでも一年間の食料を確保することは、並大抵のことではなかった。そしてこの土地で生活がたてられなければ大家の世話になるか、他の土地へ逃亡する以外に手はなかった。

旦那と村人の役割　このような状況のなかで、旦那の存在は大変大きなものであったように思う。なかには凶作を利用して土地を拡大していった者もあったろうが、その土地に根をはやし、村人との信頼関係のなかで、山林、原野の管理をするという慣行が続いてきた例が多かったように思う。

土地の生産性が低く、山の面積が広いこの地方では、南部牛の生産も農家の副業として大きな役割を果してきた。農家にとって旦那から預かった牛馬を家に置いておくだけで、様々な利点があった。繰り返しになるが、租税を払わずに広大な山野を利用し、厩肥を得ることによって農業生産の安定に努めることができたのである。また仔牛ができればいくばくかの収入を得、生活のたしにもなった。それをもとにして自分の牛を得ることもできたのである。

一方旦那は村人の山野に対する租税を、肩がわりするかわりに、ヤトイを利用して規模の大きな農業経営や畜産経営を行なった。仮に八〇戸の村であれば、一戸に付き一〇人として、年間八〇〇人日の労力を無償で使うことができたのである。

このように旦那と村人が、それぞれの役割を果すことで、北上山地のきびしい生活をきりぬけてきたように感じられた。そして南部牛の生産は、このような環境のなかで長い間続けられてきたのだなと思った。

―ふたたび牛方の旅―

馬喰の口から南部牛を送った土地の名がとび出してくる

新潟へ　南部地方の生活の歴史の厚みに圧倒されどおしの毎日であった。が、少しはこの地方の生活に入りこめた気がした。

しかし、牛方の話もまだ充分理解できたわけではない。また、今回の旅の目的の一つにしていた南部から越後へ鉄を運んだというそのルートは、何ら手がかりが得られていない。しかしこの話を聞くには、時すでに遅かったようだ。誰一人として覚えている人はいなかったのである。明治に入ると鉄山の開発がおこなわれなくなっていたようだし、明治二三年には盛岡まで鉄道が敷かれ、牛による長距離輸送がなくなったあとで、牛方はもっぱら鉄道が入らない地域の近距離輸送にたずさわっていた。

ただし明治、大正時代の頃まで馬喰は鉄道を併用しながらも牛を追って、長距離の旅をする者もあった。馬喰は農村をまわって牛を売買するからで、牛を追って越後まで行った人もあったようである。

久慈市に住む横川善太郎さん（八二歳）は、そうして越後まで牛を追って行った馬喰の一人であった。横川さんはもともと山形村小国の出身で、一六歳のとき見習いに入り、長い間山形村関の金子さんという馬喰の大番頭をつとめてきた。

「そうですな、牛を追って越後まで行った人は、私らの前の時代の馬喰だったでしょうな。そういう話はきいています。三〇頭位の牛を四、五人で追って秋田県の鹿角まで行き、それから新潟の方へ下ったようです。くわしい道順は聞いてなござんした。秋田へ行ったのは牛を売るあてがあったからで、必ずしも新潟への近道ではなかったようです」

牛方の話と同じように、馬喰の通った道も秋田県鹿角までで、その後の足どりはつかめない。

「私がはじめて新潟へ行ったのは一五、六のときでやしたから、明治の末か大正初めの頃だったと思います。当時山形村や葛巻町に、牛や馬を買いに来る馬喰は多ござんした。そのなかに新潟県の長岡から、お妾さんを連れて毎年三〇~四〇頭の牛を買いに来る人がいやした。二人でこれだけの牛は追えないから、ここで牛方を三、四人雇っていくわけです。私もこの人に雇われて、初めて新潟まで行ってきました」

関から沼宮内までは一二里の道を歩いて行き、沼宮内の駅から牛を貨車に積んで、宮城県の白石まで行く。このとき馬喰は客車に乗って座って行くが、牛方に雇われる者は貨車に乗り、牛と一緒に目的地まで行く。夜は貨車の天井にハンモックのようなものを吊り、その上で寝た。下では牛が寝ている。牛と行動を共にしながら、餌をやったり、牛の世話をするわけだ。これをウワノリといった。

「白石の駅の近くに広い原っぱがあって、そこで一泊野宿をして、次の日から村々の農家をまわりながら商いをしていくわけです。途中牛が必要な農家があれば売り、歳とった牛を飼っている家には若い牛と交換して、その差額をもらう。逆に成牛と仔牛を交換したときは、差額を支払ったわけです。

当時私は若かったし、責任ある立場でなかったから、どの道を通ったかはっきり覚えてなござんした。ただ七ヶ宿という街道を通って米沢の方へ出たようです。七ヶ宿で牛を売るために二泊ほどした記憶があります。牛が売れる村があればそこで何泊もして行くから、たしか長岡まで二〇日くらいかかったようです。当時は五月にも牛市が立ったから、この時に牛を買いに来て、長岡へ着いたのが六月になっていました。一日に三里か四里位しか歩けなかったわけです。私は何日か長岡の町を見物して、関へ帰ってきたのが七月のお盆の頃でやした。信濃川にかかっている長生橋は五二〇間もあり、その長さには驚いたものでやした」

横川さんの話を聞いているうちに、昔の馬喰の旅がどのようなものであったか、だんだんわかってきた。この長岡の馬喰は岩手までは鉄道を使い、帰りは牛方を雇い牛を売りながら帰っていったのである。途中老廃牛が五頭ほどになると、それを鉄道で肉牛として東京へ送り、また連れて来た牛が少なくなると、雇った牛方を一人ずつ郷里へ帰した。横川さんは一人だけ長岡までついて行ったようで、着いたとき牛は五頭ほどしか残っていなかったという。途中はもちろん野宿で、鍋、釜も用意していた。長岡から連れてきたお妾さんが炊事をして、牛のくつも上手に作ったという。牛は長いこと歩くと足をいためたり、ケガをすることがあるので、ワラで作った牛のくつをはかせた。

牛は家族同様にいとおしい（山形村二又）

馬喰の野宿は牛方の野宿とはちがっていた。牛で荷物を運ぶわけでないから鞍はつけず、ムシロを二つ折りにしたものを背中にのせ、それを縄でしばるだけのものであった。そのムシロや持ってきたゴザを使って野宿をしたようである。ただし、長岡から来た馬喰はちゃんとテントを用意してあったという。

貨車に乗せて　横川さんが経験した徒歩の旅はこれ一回限りで、あとは鉄道の旅になる。行先は主に千葉県と新潟県だった。沼宮内から東京までは二昼夜三日、千葉は当時鉄道の便が悪かったので四昼夜五日かかった。また新潟県は主に小千谷へ運び、小千谷までは三昼夜四日かかったようである。そして一年間に少ないときで四回、多いときは一〇回も往復したという。

千葉県では安房、上総地方に需要が多く横川さんの口から牛を送った地名と地元の馬喰の名が、次々と飛び出してくる。安房郡秋本村、君津郡上総湊、同佐貫町、夷隅郡大多喜町、市原郡などで、僕は千葉県市原市（元市原郡）の出身なので、これらの地名が大変なつかしい響きとして伝わってきた。まさか北上山中の村で、生れ故郷の話を聞こうとは夢にも思っていなかったが、安房から上総地方にかけての丘陵地帯では、かつて役牛として南部牛が飼われていたのである。

一方新潟県へは沼宮内から仙台へ出て、仙台から山形、米沢を経て米坂線の坂町へ出る。坂町から新潟、そして東小千谷の操車場へ入った。

「鉄道の旅は楽なようで案外神経をつかいやした。あまり時間がかかって牛の具合が悪くなると大変でやすし、それで目的地に着いたときは、ほっとします。ところが私らの貨車が東小千谷の駅に着くと、大勢の村の人たちがよく出迎えてくれていました。きっと早く牛を見たかったからでしょうし、少しでもいい牛が欲しかったからだと思います。大勢の人たちに出迎えをうけて、こんな嬉しかったことはなかったでやす。

小千谷からはたしか二里くらい山に入った村で、そこへは牛を追って歩いて行きやした。この村は闘牛がさかんで、大体南部の牡牛を持っていったものです。商売が終ってから闘牛を見物して帰ってきたことが何回かありやした」

しかしながら横川さんはこの村の名前をとうとう思い出すことができなかったが、小千谷から山に入り、闘牛が盛んな村といえば山古志村にまちがいはなかった。山古志村はもと二十村郷《にじゅうむらごう》とよばれ、小さな村が山間部に点在している。このうち種苧原《たねすはら》村、虫亀村、竹沢村、東竹沢村の四ヵ村が合併し、昭和三〇年に古志郡山古志村として誕生した。横川さんが牛を持っていった当時と村名が変っていたのである。

僕はようやく南部牛の新潟への足どりがほの見えた気がしつつ、この牛のふるさとをあとにした。

気仙大工探訪行

文・写真・図　鈴木　清

気仙町で見かけた建前の飾り。地方によって様々な形があり、興味をひかれる

僕は昭和二六年、東京都江東区砂町で生まれた。砂町は東京の下町にあり、そこは深川の木場《きば》に近い。木場は江戸時代から材木の集積地であったところである。砂町や近隣の大島、亀戸あたりは鉄工場や家内工業などの町工場が多いところだが、木場に近いせいか、僕の住む地域は、木を扱う町工場や大工、建具職人の家が多かった。生家の隣は大工だったし、奥隣は建具を作る工場で、七、八人の職人が働いていた。他にも材木屋、箱屋、竹屋などがあってちょっとした職人町という風情であった。周辺にはまだ空地が多く、そんなところは木材の乾燥場に使われていて、乾してある材木の陰に隠れ家を作ってその中に入っては遊んだ。そんな町で僕は生まれ育った。

小学校に通うようになると隣の建具屋の兄さんが普請中の家によく連れて行ってくれた。子供心に新しい家をうらやましく思ったし、大きくなったら家を建てる仕事につこうと思うようにもなっていた。高校はそんな理由で工業高校の建築科を選んだ。学校というものが無い時代であれば、僕はおそらく近所の大工か建具屋の弟子になったに違いない。僕が家を作る職人達に抱くあこがれともいえる気持は、子供の頃のこうした経験から来ているのかも知れない。しかし、僕は職人にはならなかった。

僕は高校を卒業するとすぐ、ある建設会社に就職した。ヘルメットを被って、ビル工事の現場監督になった。現場というのはなんといおうと職人の世界である。高校を出たてでは技術的なことは何も知らない。図面を見ても図面だけではどんな建物になるのか分からない。そして、工事中の建物を見てもどこがどうなるのかなど分かりっこない。だから初めは監督とは名ばかりで、職人の出づらを調べたり、夜業の電灯の準備をしたりする仕事が主になる。半年ぐらいして仕事の手順が分かる様になると、材料や資材の搬入の係になる。大きな現場になると資材は夜間早朝を問わず、大型のトラックで入ってくる。雨の日などは搬入路がぬかって車輪がとられることがある。そんな時は別のトラックで曳いたり、車輪の下に角材をかませたりして大騒動をくり広げる。そして、夜になって職人が帰ると、翌日のために、墨出しという仕事をしなければならないし、また、職人の手配、材料の手配などの仕事が待っていた。

現場監督の一、二年目は、毎日がその繰り返しだった。まさに男の職場という感じで、杭打やぐらやブルドーザーが入っている間は、さながら戦場のようで、危険この上なかった。しかし、体を使う楽しさもある。僕はそういうのが好きだ。今思い返して、感想を聞かれれば「楽しかったよ、わりあい」と答えるだろう。

工程が仕上げの段階になると、現場監督の仕事はずっと楽になる。左官、大工、塗装工、家具工、タイル工等が現場に入って来て、そういう職人達は、初めと途中に作業の指示を与えれば、自分達の技術で仕事を進めていく。監督の仕事は、その人達に図面を渡し、材料を与え、指示して、あとはその出来ばえを検査してまわるということになる。それしか出来ないといってもいい。いくら優秀な監督でも大工のまねはとうてい出来っこなかった。一年目の夏に働いていた現場で、天井張りが他の工程より遅れているというので、職人に混じって天井を張ったことがあった。板を下地の木の角材に押しあて、四隅を釘で止める作業だ。上を向いて金槌を振るうから、ときどき釘と一緒に指先を嫌というほどたたいて、指先がつぶれたかと思うぐらい痛い思いをした。そんな時に職人の親方は、「指をたたいてもだれもほめんぞ」といった。確かにそれはそうだ。職人というのはこういう経験をつみ重ねながら一人前になっていくのだ。

工事現場の仕事は二年二ヵ月でやめた。最後の現場で腰を痛めて、長く坐わっていることも立っていることも出来なくなってしまった。病院に何日か通ったが腰を深く曲げられなくなった。それでその現場を最後に会社をやめた。

会社をやめて一年浪人生活を送った後、大学へ進んだ。建築科へである。試験は一部と二部の両方を受けた。一部の方が試験日が早い。先に一部を受け、落ちるのを見とどけてから二部を受けるつもりでいたら一部が発表になった。合格であった。夜はアルバイトをすることにして、昼間の学校へ行くことにした。家ではまた出費がかさむという顔をされ、めでたくもなく大学生になった。

気仙以前のこと—①　僕の旅はこうして始まった

建築科の大学の勉強というのは、構造はやたらと数学を使って解析し、意匠デザインといえば、手本は欧米にあるとばかりに外国の建物を学ぶ。建物は風土に深く根ざすものだ。欧米の建築家には有名な人もいるし、美しい建物も多いが、欧米と日本では気候風土が違う。その風土や文化を知らずして、建物の設計は出来ないのではないか。僕は素朴にそんな疑問を持った。僕が今住んでいるこの国がどうなっているのか知りたくなって、暇をみつけては旅行に出るようになったのはそんな理由からだ。

大学二年の夏、先輩や友達と一緒にグループを組んで山口県熊毛郡上関という古い港町と広島県豊田郡御手洗《みたらい》というやはり帆船時代の古い港町の「民家調査」に参加した。旅費、宿泊費は自前で、町の公民館や教員宿泊舎に泊めてもらい、自炊をしながら古い家を何軒か見せてもらう。ただ見せてもらうだけでなく家に物差しをあてて間取りや構造を測って図にし、住んでいる人に昔の話を聞くのだ。ただの旅行よりはずっと内容が濃い。一つの町に長期滞在ができるのも案外面白かった。

同じ様な手法の民家調査で翌年は山口県岩国と広島県鞆《とも》の浦に行った。そして帰りがけに他の古い町を見て帰るという旅行のしかたをした。

初めは古い町並や田園的な村落を主に見て歩いていた。特別な方法はなかった。ただひたすら、見て、歩いていた。町も家もどんどん新しいものに建て替わっている中で、今見ておかないと、という気持に追われて旅をした。「そんな古い町や村を見て歩いてどうするんだい」と聞かれたらどう答えよう。「実測をして図面を取ってどうするんだい」といわれたら……。現にそういう問いかけを何べんも受けた。そのたびに「見ただけじゃ分からないから、測って図にすれば他の地域との比較もできる。少しでも良く分かるために沢山、しかも細かく見ている」と答えていたし、そういう思いもあるにはあったが、いつしか心の中では、まだ別の旅の方法、民家の見方があるのではないかと思うようになっていた。

家を実際に作っていた人達の話を聞いたら何か別のことが分かるかも知れない、そうも思った。それから私たちの親の時代とかその前の時代の人達がどういう考えを持って生きてきたかを知ることも大事だろう。一地域だけでそれを考えてみるのもいいが、もっと広い日本とかアジアとか世界という視野に立って考えてみたい。それには町並だけを見て旅をするのではなく地域社会に少しでも根をおろして考えてみる必要があるとも思うようになった。僕も地域社会の中に入り込んでみようと思った。古い町でも良かったが、もともとどの町にもそれぞれの歴史があるはずだ。古い新しいは問わない。それよりも建物に関係のある職人の住む町に行ってそこで暮らしながら調査を進めてみようと思い始めていた。

気仙以前のこと――②
広島県三原市・僕は初めて農村を見た

昭和五〇年の夏、僕は広島県三原市の民俗調査に仲間と一緒に参加する機会を得た。民家の調査班として市内に残る古い町屋と農家を何軒か見せてもらって実測をしたり話を聞いた。農家を見せてもらうのは初めてだった。今までは古い町屋ばかりで、旅をするときも町が多かった。

僕は下町で育ったせいもあるが農村や農家は、電車の窓から眺めるぐらいしか見たことがなかった。山の裾の方に「農家があるなぁ」と思うぐらいで、草葺きの家を見ても牧歌的な気分しか湧いてはこなかった。農家というものを全然知らないのだから、農村を歩いて、集落や家を注意して見るのは三原が初めての体験だった。

三原に深町という農村がある。中国山地のゆるやかな山合いの小さな盆地状の土地に水田を作って暮らしている。そこを初めて一人で歩いた。稲というものを意識して見たのもこの三原が初めてだ。夏の盛りでもうだいぶ穂が実っていた。道で会った老人にいつ頃刈りとるかと聞くと、稲刈りは一カ月半ぐらい先だった。他の作物もそうだが稲も、実ってそれが熟して黄色く枯れなければ刈りとらない。実ったらそれで良いというのではない。稲が僕たちの胃袋に収まるまでに、いろいろな工程がある。そういうことは丸っきり知らずに僕は毎日米を食っていたのだ。米だけではない、野菜だって果物だってそうだ。

道を歩いていて人とすれちがうと、たいてい「こんにちは」とか「暑いですね」とか言葉をかけてくれる。中には僕がこの土地でないところから来たと見破って足をとめて「どこから来ちゃった」とたずねてくれる。都会では知らない人に話しかけるなんていうことは、めったにない。それがこういうところへ来ると、道ですれ違って声をかけない方が不自然な感じだ。

深町では、乗兼さんという家が古いと教えられて、たずねた。その家には常子さんというおばあさんが一人で暮らしていて、珍しい客が来たという感じで喜んで相手になってくれた。相手するとはいっても話をするのはもっぱら乗兼さんで僕は「ええ」とか「そうですか」とかしか返す言葉が思いつかない。というのは僕はこの地方のことを知りたくて来ているとはいえ、この土地を知らない。かといって僕の住んでいる東京のことを話しては、ここのことが聞けないということもあるというジレンマがある。人と話しなれていないせいもある。それよりも身近なことで話題となりそうなことに眼を向けていないということに、その時気がつかなかった。

下見が終って、本調査に入ると、家を見せてもらうだけではなく、画板やカメラを持って家の中を動き廻らなければならない。

迷惑だろうと思っていると、二軒に一軒ぐらいは割合快く僕たちの作業を見守っている。といっても二軒に一軒はあまり良い顔をしてくれない。既して古い家でも部屋の中もキチッと整理されているような家は快く見せてくれた。家の伝統を重んじる気風があるのか、古いものが良く残っている。僕たちは古いものだけを調べるだけでなく、その中での生活がどう営まれ、どう変ってきたかを知ろうとした。町屋でも農家でも部屋が片付いているなどという家はめったになかった。だから、できるだけ家の人の邪魔にならぬよう作業をしなければならない。

三原の農村では昼寝をする習慣があって、僕たちにも昼寝をしなさいという。郷に入っては郷に従えで、初めての家で夏掛けに枕を借りて昼寝をしたこともあった。

一軒の家の図を野帳に写しとり終ると、帰りがけに「また近くに来たら寄って下さい」といわれることもある。今日は迷惑だったろうなと思っている家の人に、そういわれると、胸が熱くなる。それは僕たちが学生だったせいもあると思ったが、五年たった今でもいわれるから、若いというだけではないと思う。農閑期は退屈だからというのでもない。いやそれも多少はあるかも知れないが、本当はもっと別の心づかいではないかと思う。宮本常一先生は「水田地帯の村は大方そうだよ、長年一つの場所で稲を作ってきた安心感というのが水田農村にそういう気風を持たせたんじゃないのかな」と話された。

僕は農村を知って、初めてその魅力にひきつけられた。田舎とか農村というところには自分の知らない何かがある。町に生まれ育った僕だが、それが何かつきとめてやろうという気持が密かに自分の中に起きてきた。東京に帰ってきても面白くない、またすぐ田舎へ行きたくなった。

学校の方は結局一年留年してしまった。その頃は東京でアルバイトをしては金を貯め、また調査があるときにはそれに入れてもらい、そうでない時は一人旅でほうぼうをまわった。

貧乏旅行の貧乏調査だから旅から帰ると二、三キロは痩せている。そして二カ月ぐらい働いて旅費ができて、体重が元に戻る頃にまた出かけた。自分ではそういう生活を続けたという意識がない。無一文で帰るのが常だからすぐに働かざるを得ない。それにしても次の旅のためだから、就職をする訳にはいかない。アルバイトでがんばる。そんなことを繰り返しているうちに二回目の卒業論文の発表会も終ってしまっていた。また留年かと思っていると担当の先生のはからいで卒業させられてしまった。退学に近い卒業といった方が良いかも知れない。

卒業しても、就職口を捜すことはない。アルバイト先は、何回か働いてもう固定したものになっている。友人が勤めている建築事務所で、雑用のような仕事ならいつでも雇ってくれる。東京に帰ってきてそこへ電話をすると、仕事がないというようなことはなかったから、随分助かった。しばらく働くとまた出かける。そんなある日、僕は一つの町に目をとめた。

　日本には、僕が育った町と同じ様に、ごく自然にそこに住む人々が大工や左官といった職人になった町がある。その一つが岩手県の太平洋岸にある気仙地方（現大船渡市と陸前高田市）である。そこの大工は気仙《けせん》大工と呼ばれている。東北本線一関から大船渡線にのりかえて東へ入り、太平洋岸の港町気仙沼から北へ五〇キロ程行った宮城県と境を接する地域である。僕はこの町に昭和五四年の夏、初めて出かけた。大勢の大工が住む町がどんなところなのか非常に興味をそそられたし、何か面白そうなことがありそうな気がして……。

大工をたずねて

　気仙に出かける以前に、新潟県の刈羽郡から出雲崎の方へ旅をして越後大工の話を聞いたことがあった。また、福島県只見地方の会津大工の話を聞きに行ったこともある。出雲崎で話を聞いた時は、丁度雪の降る前の、天候の荒れる季節だった。それは小雪まじりの冷たい雨が強い風にのって日本海から吹き続け、「百日嵐」といわれている。そんな時に行ったものだから話もおちおち聞いていられない。毎日柏崎からバスで通っては何人かの老大工に話を聞いていたが、どうしたことか五日目ぐらいに急にいてもたってもいられないくらい淋しくなって、飛びたつように気候の良い奈良まで下って古寺をめぐったことがあった。

　越後大工のいる出雲崎という町は、海からいくらも離れていないところを走る北国街道沿いに細ながくのびた町で、道の西にあたる海側は一筋の家並が建ち並んでいるだけで、その向こうはもう日本海である。夏の天候の良い季節なら良いが雪の降り始める前の一一月、一二月という頃は荒れた海の潮をまともにかぶってしまう。山側に並ぶ家も一筋のところが多く、水田も畑も少ない。では、何によって生活をたてているのかといえば、表面は小さな店を構えて商いをしているが、実は大工、左官、畳屋、建具職、屋根葺き、桶屋といった職業によってである。中でも大工は正月以外のほとんどを出稼ぎで暮らしていた人達であった。

　僕が気仙地方の大工に興味を持ち、たずねてみようと思い立った時、大工について知っていることといえば、こういう出稼ぎ職人の村や町が日本中のあちこちにあって、たとえば大阪平野には三重県の志摩の大工が大勢出

陸前高田の広田湾。リアス式の海岸は津波に何度も侵された歴史を秘めている

て行っていることや、四国の民家は山口県の大島郡から行った大工の仕事という具合に、地方の民家や社寺はどこからかやって来た大工たちが建てていたということだ。

そして、漠然となぜそういう一つの職種の職人の村が出来るのだろうかという疑問が起き始めていた。話が元に戻るが、僕が生まれた家のまわりにも職人の家が集まっていた。木場が近いというだけで説明がつかないのは、道の向かいには小さな鉄工所が多かったことである。道一つへだてただけで何故そうなるのだろう。

一つの職業を持つ者が一つの場所に集まるには何らかの理由があってそうなるのだろう。そして、あるいは気仙に行けばその答えが得られるのではないかとも思い始めていた。

僕は気仙に出発した

とりあえずユースホステルに泊まることにし、気仙地方のユースを調べると陸前高田にあった。大船渡にも気仙沼にも比較的近いのでまず陸前高田に行くことにした。高田に到着。どう動けば何が分かるのだろうか。今回の旅は、目的を気仙大工の調査と心に決めてきた。目的を頭の中にハッキリ描いてきたつもりだったが、いざ高田に降り立って、途方に暮れてしまった。僕の場合、観光旅行も調査旅行も同じことで、古い町並や名所や社寺を見に行った時も、行ってみたいと思っていたその場所へ、いざ立ってみると何をしたら良いのか分からなくなってしまうことがある。高田に着いた時も夕方近くということもあって早く宿に行って明日からの計画を立てようというだけの全く余裕がなくなった気持になっていた。

　本当なら町を歩いて様子を頭にいれ、人をみつけて何でもいいから話しかけてみるべきなのだが……。そして、それをすると新しい土地への第一歩で自分の殻の中に入り込むことがない。しかし、あの時、僕は自分の殻の中に入りかけていた。

　高田の駅舎のすぐ後には、広々とした水田が広がっている。町は全体に店が多いということ以外、とりわけて面白そうな感じもしないごく普通の町のようだ。人通りも少ない。リアス式海岸が続く三陸海岸には珍しい、長く広い砂浜が高田にはあって、シーズンになると随分と賑わうという。

　翌日から僕は市内を歩きまわった。第一日目に畑で農作業をしている人に気仙大工がこの地方のどのあたりに多かったのかと聞くと、意外にもこの陸前高田市と大船渡市にかけてがそうだという。教えてくれたおじいさんも、大工だったとか。

　高田は高田町、米崎町、気仙町に大工が多くいて、今も東京や仙台に出て働いているという。大工の他に左官も多く、昔は男の子は親類の職人に弟子入りさせたもので、それがごく自然のことであった。だから、ここには大工や左官が大勢おり、ほとんどの人が一年中仕事先に出ていて、暮れになってようやく帰ってくるという生活をしていたそうだ。今の東北の寒冷地に住む人たちの出稼ぎと違い、一年を通しての出稼ぎである。

　男手が出て行った後には町には女子供ばかりが残る。女達は小さな店を営み、少しの田畑を耕して米や麦を作って家の稼ぎ手の帰りを待った。だから息子の嫁取りも、残った女達が決め、稼ぎ先から帰った息子が顔も知らぬ嫁と所帯を持つのも珍しいことではなかったという。

　立ち話だったし相手の年寄りも畑仕事をしながらであったから、ものの四、五分で別れた。というより本当は気仙の大工があまり突然に僕の身近かになってしまったのでそれ以上何を聞たら良いのか、全く見当がつかなかったのである。老人の話でこの町が大工の町だということは分かった。大工の町というとナントカ工務店とか、〇〇大工、という看板を掲げている家が、軒を連ねているような町並を想像していたが、そうではない。

　そんな、目に見えるようなものはほとんどない、何の変哲もない町だった。また小さな店を営んでいるのが大工や左官の家なのかというと、そうとも限らない。どうしたら良いのだろう。しばしの思案の後、僕はとりあえず大工さんの家に上がり込んでじっくり話を聞いてみようと思った。

　図書館へ何か参考になるものはないかと探しに出かけたが、この地の大工のことを書いたものはない。それで館長さんに三人の老大工職人を紹介してもらい、会いに行った。そのうちの二人は高田町に住む高橋盛さんと佐々木七郎さん、もう一人は小友町中里に住む戸羽清一さんである。どんな人達か、分からない。職人には口の重い人が多い。技術は言葉では伝えにくいし、結局作ったものの良し悪しでその人の格が決まるという世界に生きていた人達だから、それが当然なのかも知れない。

　そういう人達に僕は今話を聞こうとしている。新潟では話を良く聞くことが出来なかった。それを想い出すと

陸前高田市内の町屋。小さな商売を営む家が軒を連ねる

今度も足がすくむ思いがする。それよりも何よりも僕は今何を知ろうとしているのか。それがハッキリ自分に分かっていない。そのことの方が切実な問題だった。

紹介してもらった大工をたずねる前に、その人達に何を聞こうかと考えた。聞きたいことは沢山あるように思えるが、頭の中が気仙大工に会うことで硬直しているから、視野が狭まっている。そんな中で考えついたのは、気仙大工の出稼ぎ先は主にどの方面だったのか、技術的にどういう特色があったのか、一年をどういうサイクルで仕事をし、一生をどの様なサイクルで働いたのか、そして、道具はどんなものだったのかということだった。また今までに何人ぐらいの大工が他所に出ていったのかも知りたかった。自分なりに気仙大工の全体像をつかみたいと思ったからだが、しかし、陸前高田市という一つの地域をとりあげてみても、そこは大工や左官を大勢輩出はしたが、そうした人達だけの町であった訳ではなく、役場に勤める人もいれば農家を営む家や漁業を営む家、商いで暮らしを立てている人もいる。そんなことにも初めは気付かずにいたのだ。

気仙大工に会える

初めに会ったのは、高橋盛さんという、高田では有名な老大工である。

高橋さんは、おばあさんと二人で屋敷の中に隠居屋を建てて、悠悠自適の生活をしていた。おばあさんはいつも炬燵に入って、近所の年寄りの話相手になっている。

子供はやはり大工で、仙台に出ていた。

家は高田の町中にあって、僕がたずねたときには、コ

ツコツと一人で頼まれものの神棚を作っていた。そこで僕は仕事を見ながらボツボツと話を聞いていたが、高橋さんは一向に仕事の手を休めようとしない。
　いつの間にか僕はおばあさんの話し相手になってしまった。一時間ほどそこにいて、「今度はもう少し暇そうなときにうかがいます」
といって高橋さんの家を出た。

名の通った気仙大工のひとり高橋盛さん（明治31年生まれ）。黙々と仕事をしている姿は声をかけにくいほど集中力がみなぎっている

●佐々木七郎さんの話

　次に会ったのは、佐々木七郎さんという高田町に住む明治三五年生まれの大工だった。小学校を卒業してすぐにおじいさんにあたる佐々木徳治さんという大工に弟子に入った。佐々木さんには同じ年に入った兄弟子が一人と二年先輩の兄弟子が一人いた。

　弟子入りするとすぐに脇の沢から一五〇トンほどの汽船で松島へ行き、そこで汽車に乗りかえて小牛田《こごた》へ出て、小牛田周辺の農家や町屋を作ったという。それから旧の盆近くまでそこを中心に働く。今日のような季節的な出稼ぎではなく、家に帰るのは盆と正月の二回だけだ。夜の九時に脇の沢を出航すると松島へ着くのは翌朝の八時から一〇時頃、およそ一二時間の船旅で、船がゆれて楽な旅ではなかったそうだ。当時はまだ大船渡線がなくて高田から一関まで一五里の道は歩くしかない時代である。それも山坂の多い道だったという。

　現在のように八時間労働などという定まりは無い時代だから、大工の弟子は、暗いうちから起き出して、今でいえば午前五時頃にはもう現場へ行っていなくてはならず、一仕事してから朝飯になる。それからまた仕事にかかって一〇時と昼飯、三時に一ぷくして暗くなるまで仕事を止めない。弟子は職人の休んでいる時に鉋《かんな》や鑿《のみ》、鋸《のこ》などの道具を研ぐのだからもっと忙しく、職人には休み

があっても弟子にはなかったという。当時は「飯を早く食べるもんは仕事も早い」といわれていたから二分ぐらいで御飯を食べ終える者もいて、職人より遅いとしかられたというからオチオチ噛んではいられなかった。ただ仙台に近いところは米どころで、米の飯は毎日食べられた。おかずは野菜ばかりでたまに塩鮭が入るくらいで刺身など食べたことはなかったという。食事の用意は普請する家主がしてくれる。

弟子の仕事はみぞの穴ほりとか鉋がけで、建前では柱を組むのを手伝う。これが二年は続いた。道具は、初めのうちは、師匠が「これを使え」とくれるものを使う。刃研《と》ぎは兄弟子が教えてくれ、あとは自分で先輩の仕事を見よう見まねで覚え、たまに兄弟子が研いでくれるというようなあんばいであった。

鋸の目たては一年目の弟子では出来ず、早い人でも二年目頃からボツボツ覚えるようになる。師匠が弟子に直接教えることはなく、たいてい上の者が下に教えるという具合であった。でも、そのかわりに兄弟子の道具を研がねばならないということもなかった。

弟子の時代に覚えなくてはならなかった一番大事なものは自分で使う道具のこしらえ方で、師匠からもらった道具が自分のくせにあうようになり、使いこなせるようになると、鉋であれば刃と台を別々に買って鉋を作る。材料は小牛田で売っていた。だが、弟子の時代は手間をもらえない。当時職人の手間は一日三〇銭から三五銭だったそうで、弟子の時代はそれがないから、祭りや家に帰った時にもらう小遣い銭を節約しては貯めて道具を買いそろえた。

弟子の時代は四年か四年半続く。年季があけると礼奉公といって半年間師匠について働く。礼奉公の期間も手間はもらえなかった。礼奉公が終ると一人前の職人として認められる。そのまま師匠について仕事をする者もいたが、腕をみがくために他所の棟梁について出ていくものも多かったという。

昔の大工仕事というのは、今日のように請負でやるようなことは滅多になく、たいてい棟梁が一人その家につきっきりでいて、その下に脇棟梁をおき、職人、弟子という順になっていた。だから普通の規模の家でも半年に一軒ぐらい、大きな家になると一年もその家に寝泊りして仕事をすることもあった。

施主の家に泊って、その家の人達と同じものを食べて、生活をする。家作が終ると建具や家具まで作る。そして、次の仕事が決まると荷物を引き払って次の仕事先へ移っていった。

佐々木さんは大正六年から約二〇年間、出稼ぎで稼いだ。嫁は地元でもらったが、もらうとすぐにまた稼ぎに出る。昭和一二年頃から地元の高田で家を作るようになり、終戦を迎えると、学制が変って新しい学校がほうぼうに建ち始め、木工所を作って学校で使う机やイスを主に作ったという。

●戸羽清一さんの話

佐々木七郎さんに話を聞いたあくる日は小友《おとも》町中里に住む戸羽清一老人に話を聞く日と決めた。前もって連絡はしていない。でも行ってみることにする。話を聞くことを拒まれるのが恐いというより、とにかく会ってみよう、会うことが先だと思った。会って断わられても、それはそれで仕方ないじゃないか、と思っていた。実は本当にそうなると少し困る。というのは、小友町は市内でも端にある町で、駅から大船渡行きのバスで三〇分近くもゆられ、その上広田半島のつけ根の新しく開けた水田地帯を歩いて渡ってさらにまた歩かなければならない。どこの家かも分からないから相当時間もかかる。断わられればそうした時間が無駄になる。しかし、そんなことは気にしてはいられない。とにかくバスに乗ろう。

市街を抜けてリアス式の入り組んだ海岸道路を約三〇分走って「両替」というところでバスを降りた。ここから水田地帯を突っきって歩く。この水田は広田半島のつけ根いっぱいに続いていて両側は海だ。高い堤防がある。半島とはいえ、この堤防をとると田は海に、半島は島になってしまう。たぶん堤防が出来る以前は、海水の入りこむ沼沢地だったのであろう。それが今は何十丁歩かの水田に変っている。水田をつたってくる風が実に心地よく、歌を歌いながら歩いた。その歌をやめたのは、堤防が切れて道路と一体になるあたりに、頑丈なコンクリートの柱に支えられた、大きな鉄の門を見たからだ。それは津波が来た時のための水門であった。

このあたりの村々は、大正二年の大津波で殆んど全壊して、見る影もないくらいすさまじい爪痕が残ったという。その後も何回となく津波を経験している。教訓によるものだが、教訓にしてはあまりに大きな犠牲を払ったことをこの巨大な鉄の門は語っている。

水田から谷合いに入るところで稲に消毒薬を散布しているおばさんに道を聞いた。おばさんは何という薬をまいているのか知らないが、ビニールの服を被っていた。夏だというのに消毒というのも大変な仕事だ。

教えてもらったとおり山路を登って行くと、道はだんだん細くなってきて、これが道だろうかと思えるぐらいになったと思うとその道らしいものが、竹と灌木の藪の中で、消えてしまっていた。僕の眼の前に道はない。あるのは竹藪だ。こうなったら、さっきのおばさんに聞いた山の上だという言葉を信じてこの藪を登って行くしかない。僕が藪を歩いていて怖いと思うのは熊とマムシの二つだが、本当はもう一つあって、それは迷子になることである。僕は山の道を歩くときに、第一に熊が出ないかと心配してしまう。さっきのおばさんにもそのことを聞いたら、「この辺は出ません」といったから、いないわけではないのだ。

藪の間を一〇分ぐらいかけ足で登ると一軒の家の脇へ出た。その家が戸羽さんの家だった。家のまわりに小さな野菜畑があって、奥さんが柵の手入れをしていた。「東京から、気仙大工のことを知りたくて来ました」というと、恐縮したように座敷に通してくれた。戸羽さんは土のついたズボンをはたいて、僕の前に座った。今朝駅を出たのだが、もう昼になっていた。三時間もかかったのだ。

「何もないが、昼でも一緒に食べてもらってから、話をしましょう」

と戸羽さんはいった。

何だか人の家に着いてすぐ御飯を呼ばれるのもきまり悪いが、そこは都会と違うところで、緑の山に囲まれていると、ゆったりした気分になって、気持よく呼ばれる

矢作町の家普請の現場での昼食風景。このような本格的な木造建築現場は最近はあまり見られなくなった

ことにした。濃い酸素の中で食べる御飯というのは実にうまい。食べている最中に「どの道からこられた」と聞かれたので、藪のことを話すと、「よく上がれましたな」と笑っていた。別にチャンとした道があったのだ。

　戸羽さんは六人兄弟の総領として明治三六年一〇月二六日に生まれた。弟が三人いて三人とも大工になったそうだ。戸羽さんが弟子入りしたのは一九歳の時で、師匠は末崎村細浦の梅沢繁治という人だった。普通の弟子入りより遅かったので、年季は三年であったという。大正八年の頃である。その年、末崎村の小学校が火事になり、末崎村の何軒かが類焼してしまった。弟子に入って二年間はその小学校の新築工事にたずさわった。それから下閉伊郡《しもへいぐん》の遠野《とおの》に二年行き、そこで年季があけた。

　それから後の二年間は、北海道の函館で仕事をした。函館は冬でも比較的雪が少なく、仕事をすることが出来た。といっても夏に建物の外側を作ってしまい、冬は屋内にストーブをたいて内側を作るのだそうだ。函館は大正一〇年に大火にみまわれた。その復興作業で、当時は師匠とその弟夫婦が復興の仕事にたずさわっていた。戸羽さんはその弟さんを親方にして、一緒に連れて行った四人の大工の職人頭として、当時防火建築と呼ばれたコンクリートの建物の階段の部分を請負で作っていた。

　当時、北海道での大工の手間賃は一日四円位だったそうだ。後で働く宮城県の黒川あたりでは、一日二円ぐらいだったというから、倍の手間を稼ぐことが出来た。戸羽さんは毎日の仕事が終ってから夜学の工業補修課に通って新しい鉄筋コンクリートの建物について習ったという。

　こういう勤勉さは僕が会った何人かの大工に共通している。というのは気仙の大工は、大工であるからには一生に一度は神社や寺を手がけてみたいと念じ、腕をみがくのだと、ある大工が話してくれた。神社や寺は神仏を雨風から守る建物であり、大勢の人々がお参りに来て、神仏を拝むだけでなく、建物も見る。そういう建物を建てるようになりたいがために、腕をみがき、規矩術《きくじゅつ》の教科書をとりよせては、勉強するのだそうだ。それは気仙大工の一つの姿であったように思う。その成果が優れた建築となって私達に喜びを与えてくれる。

　戸羽さんは北海道で二年仕事をした後、宮城県の松島から内陸に五里ほど入った黒川村（今の大里村）に帰って仕事をした。当時の黒川村の戸長さんの嫁が、末崎村から出ていた縁で北海道の戸羽さんのところへ「こっちで仕事が忙しくなって来たから帰って稼がねぇか」といってきたので函館を引きはらってやってきたそうだ。松島までは鉄道で、そこから黒川村まで五里の道を人力車で一円二〇銭だった。大正一二年のことである。

　そして、九月に関東大震災が起きる。戸羽さんは、震災のあった翌年と翌々年の二年間、それまで建てかけた家をそのままにして東京の震災復興に出かけて行く。そして一五年に帰って、再び建てかけた家を作ったというから、相当のんびりした話だ。以後、三〇年近く戸羽さんはこの黒川村を根城に仕事をする。

　戸羽さんが旅先でわらじを脱いだのは赤間仁次郎さんという、大工仲間で親方と呼ばれる家である。この人は桧和田《ひわだ》の豪農で田を三町歩ほど持ち、ほうぼうの家へ顔を出しては仕事をみつけて来た。主屋の家作だけではない。気仙大工をはじめ、出稼ぎの大工というのは桶以外のものなら何でも作る。倉、小屋、便所、風呂場、仏壇、神棚、箪笥、炬燵、机、戸障子、俎板、鍋蓋、等々。

仕事があると、棟梁が施主であるダンナ様の家へ行って材料の見積りをし、柱は何寸で何尺の長さのものを何本、梁何本、床何本というように紙に書き出してダンナ様に渡してくる。家主はその見積りに見あう材料を材木屋から買ったり、自分の山があれば木挽きに伐らせて製板所へ持っていく。製材する際には棟梁も立ち合って木取りを見ることが多かったという。

大工は親方の家に泊って仕事場に通うこともあるが、ほとんどはダンナ様の家に泊まって仕事をする。食事もそこで食べさせてもらう。昔は、店屋というと、町まで行かなければなかったし、食物を売る店も少なかった。従ってお金を使うこともないから、稼いだ金はダンナ様があずかっていて、盆暮れの帰省の前に棟梁が集めてまわるのが普通だった。

田植の季節になると、農家の人が全員揃って田に出てしまって、大工仕事のあるような家でもその間は休みになってしまう。そうすると大工は毎年その頃は田植の手伝いをして歩き、御飯を食べさせてもらったという。職人だから田植は上手ではない。それでも水田を二町歩も三町歩も持っているような家では猫の手も借りたいぐらい忙しくなるから喜ばれたそうだ。そして田植をしてもそのアテはもらわず、ただ食べさせてもらうだけだったという。

二回目の旅

昭和五五年の秋、東北はこの年強烈な冷害にみまわれた。夏の気温も低かったが、端境期に長雨が続いたのが響いた。トヨニシキという稲は普通なら一本の稲穂に一三〇粒ぐらいの稲粒が成る。それがこの年は一〇粒か二〇粒入っていれば良いほうで、穂は出ているのに実が入らず、茎はすでに茶色に枯れているのに穂が垂れずに突っ立ったままの田がだいぶ残っていた。一〇月一七日のことである。もう秋風も膚に冷たい。調査地に入るには出来ればこういう時でないほうが本当は楽しい調査が出来ると思うのだが。村中が稲の不作で沈んでいるような時では、僕みたいな人間はそれ以上に落ち込んでしまう。

前回高田に来た時には気仙大工の話を偶然に聞くことが出来たが、さて、それで気仙大工の何が分かったのかといえば、大事なことが何かさっぱり浮きあがってこない。何か大事なこと、それは面白い話や、気仙大工を一言でいいあらわしている特殊な言葉などではない。もっと何か自分の心に響くもの、訴えかけてるような、そんなものがみつからない。僕はいつも自分のためにというか、自分と関わりのある「何か」を探しているのだ。

前回来た時に大工の一人の高橋盛さんに話を聞いた。その時高橋さんは大工の本業はすでに退いておられたが、家の脇に建てた小屋で隠居仕事ながら小さなお宮を作っていた。

耳が少し遠くなったとはいうものの、かつて高田では名の通っていた人である。そういう人は道具もしっかりと保管しているに違いない。そう思って高橋さんをたずねることにした。

高橋盛さんの道具

高橋家は以前にたずねたことがあるので初めてたずねる時のような気おくれはないが、道具を調べさせてもらうと仕事の邪魔になりはしないかと、つい気を使ってしまう。

いつも人の家をたずねる時は気が重い。それを押して、人の家に入って行く。幸い高橋さん夫婦は私の顔を覚えてくれていた。前回話をうかがった佐々木七郎さんもこの近所なので、お茶を飲んで挨拶をしたあと、たずねてみると、こちらも快く迎えてくれた。今回の調査はこの二人に道具を見せてもらうのが目的である。もし、断わられれば、小友の戸羽清一さんのところまで毎日通うか、新たに懇意にしてくれる大工職人を探さなければならない。戸羽さんの家は高田に泊って通うには少々遠すぎる。二人が調査を許可してくれたのは本当にありがたいことだった。

その夜は高田のユースに宿をとって、大工道具を見せてもらうのは翌日からにした。夏に来た時は、東北大学の女の子がヘルパーをしていたが、季節が変って、その娘は仙台へ帰ってしまったとのことだ。残念。物足りなさと、ガランとしたシーズンオフのユースの静けさと、吹きつける秋風の音で、たまらなく淋しい夜になってしまった。

翌日から僕は高橋さんの家に道具とカメラを持って通った。高橋さんはお宮作りに精を出していた。その脇で道具小屋から道具箱をひっぱり出してきては、名前や使い方、作り方の話を聞いた。高橋さんは面倒くさい顔一つ見せずに説明してくれる。といって仕事の手を休める様子もない。僕もまたのんびりと作業を続けていた。

高橋さんの道具小屋には、古い道具から新しい道具まで嫌というほど沢山の道具が積まれていた。もう使えなくなったものまで、キチッと道具箱に納められている。道具箱の数で一二、三、その他に、道具箱に入らないような大きな道具が、小屋の中にところせましと置かれている。すでに隠居しているのでどれも手入が行き届いている、という訳ではなかったが、それでも大変な数だった。高橋さんに聞くと、すぐ使う道具は四箱か五箱にしまってあって、鉋、鋸、鑿など種類別に入れてある。

こんなに道具を持っているとは思いもよらなかった。すぐに使える道具、例えば同じ大きさのものでも幾種類か持っている。こうなったら覚悟を決めて、時間の許す限り片っぱしから実測していくしかない。二、三日で作業を終らせようと思っていた僕の見通しは変更だ。

気仙大工の道具

職人が大切にしている道具、特に鉋や鑿などの刃物類を見せてもらう時には、手袋をするのが礼儀だそうだ。素手で刃先に触れるなどというのは論外で、刃に人の塩分がついて錆びてしまうのだそうだが、その頃はそんなことは知らなかった。後で、東京に帰ってきて聞いた話である。「盲蛇に怖じず」というが、僕はそんなことに頓着せず、ノギスをあてて実測をした。今考えると空怖ろしい。

高橋さんが保有している道具の数と種類を見ると、お

気仙大工の道具1

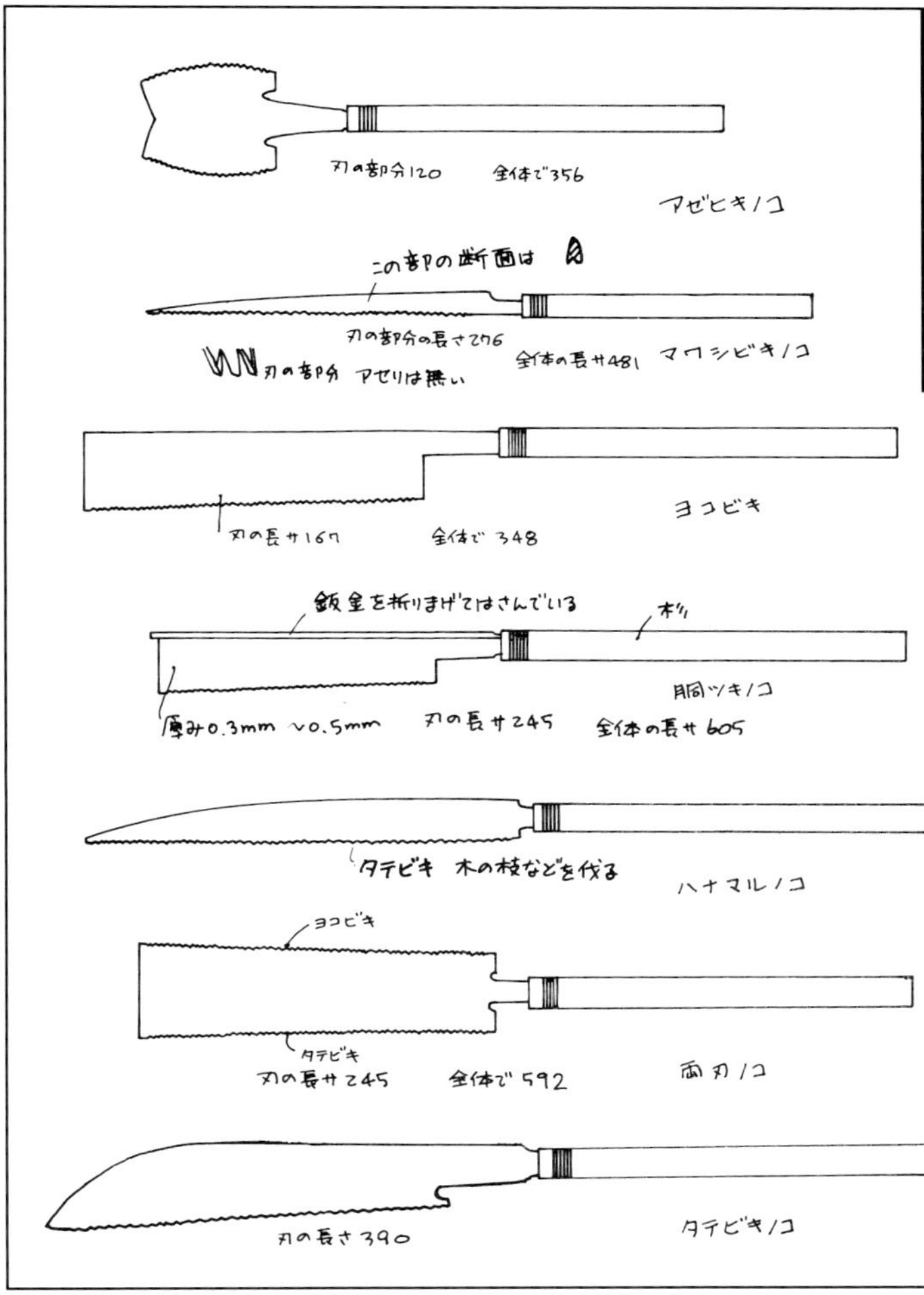

よそ気仙大工が使っていた道具がどんなものか分かるのではないだろうか。他の地方の大工職人の使った道具と年代的なことも頭にいれて比較できれば面白いと思う。この地域では民家をジョッカと呼んでいるが、そのジョッカ造りに必要な道具というのは次のように教わった。

まず道具は家を作ってゆく工程で分けると荒道具と造作道具の二種類に分けられる。荒道具というのは主に建前の前に使う道具でツボ（墨つぼ）、カネ（差し金）、オノ、荒ガンナ、中仕ガンナ、仕上ガンナ、ノコ（縦挽き、横挽き）、尺ノコ（両刃のこ）、それにミゾキリというみぞをほる道具、ゲンノウなども含まれる。カケヤなども荒道具だが、カケヤは現場でケヤキなどを六角に削って作った。その他に現場で作った道具もいくつかある。

しかしもう少し分ければ荒道具、仕上げ道具、造作道具、建具というように分けられる。鋸はまず尺三寸の横引きと縦挽き、尺の横挽き、九寸の横挽きと縦挽きの六枚の他に、九寸か八寸の胴つきノコを一枚か二枚持っている。

他にマワシビキも持って行く。両刃やアゼヒキノコは大正の終り頃から使われるようになった。アゼヒキノコというのは、大きな鋸の使えないところに使う道具で、これは大正の中期頃から使い始めるようになった。鋸は、その他にハナマルやアナヒキノコ、またカンナ台を作るときに使うオサエワキヒキノコなどもある。鋸の柄はそれぞれ使い手がつけるが、ほとんど桐の柄である。胴つきノコだけは杉だった。これはノコの厚みが薄くて長く使うとゆるみが出て抜けてしまう、そこで胴つきノコだけは杉の柄でないともたなかった。

柄のつけ方は、柄の長さに切った桐の角材を二つに割って鋸のコミの部分をかきとり、ごはんのりでつけて合わせ、乾いたら自分の手に合うように円筒型に削った。だから柄は職人により太さがまちまちであった。

鋸の購入先は詳しく調べていないが、仙台に神田久介という鋸専門の鍛冶屋があり、

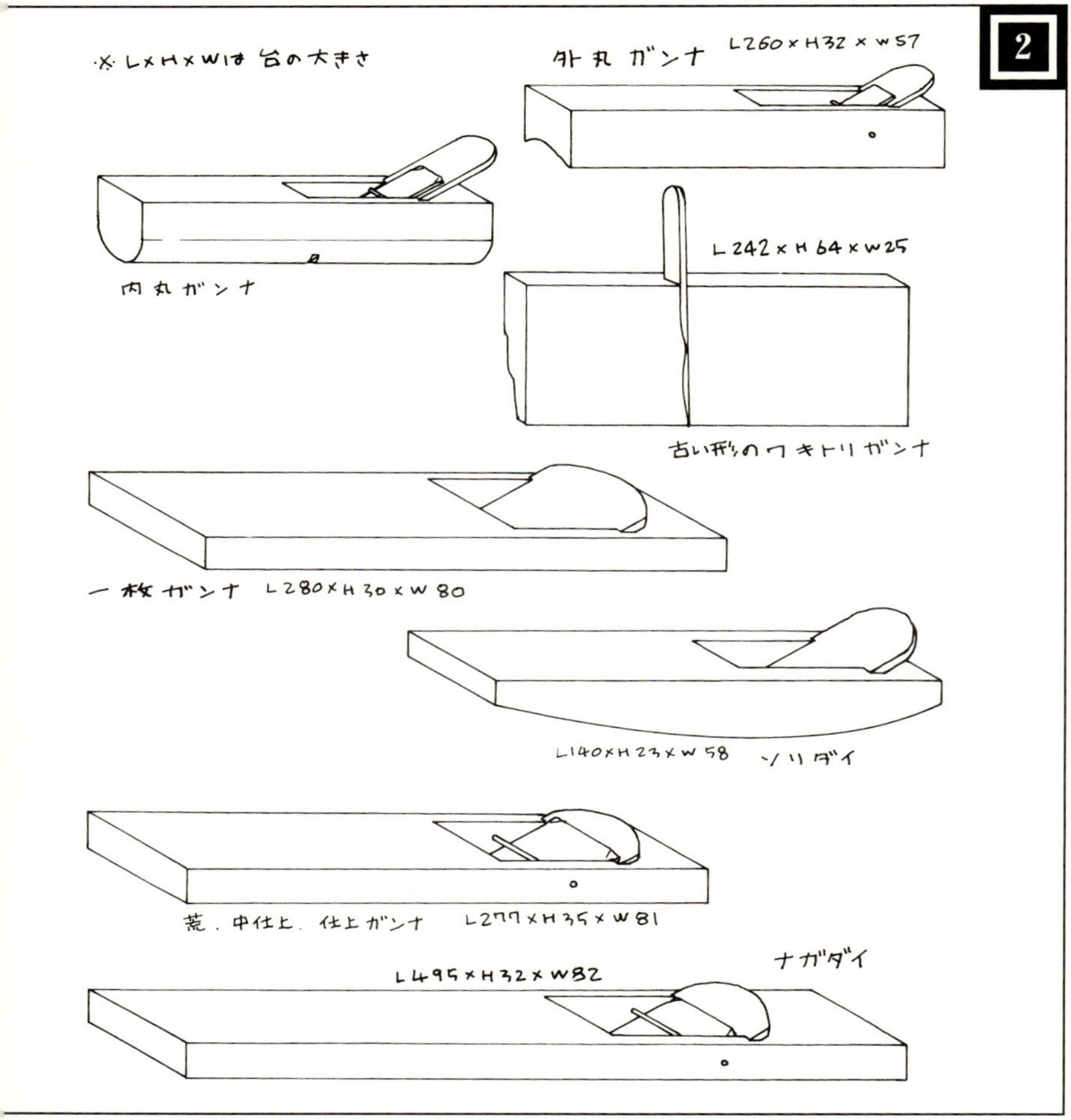

他に、越後三条の伊之介の打った鋸も切れが良かったという。

北海道に稼ぎに行った者は、名前は分からないが旭川で打った鋸が、少々鋼がこわかったが良く切れたという。鋸というのは鋼を打つ段階で一度に二丁分打つのだそうで、大工が鋸を一本買って、それが良く切れると分かると、片われを捜すそうだ。たいていは郵便で注文して買うのだが、大きな普請場などには鋸を売りにくる者があった。仙台や三条の者が多かったということだ。

鉋は今では二枚ガンナが圧倒的に多いが、二枚ガンナが気仙大工に普及しはじめたのは明治時代の終りだったようである。

今七〇代の職人の弟子の頃には一枚ガンナを使うことが多かったという。

二枚ガンナの小さい方の刃をウラガネというが、ウラガネに使ったものはタバコ切りホウチョウの刃で、古くなったのをもらってきては自分でタガネで割って刃をつけ、カンナの側面の中央に釘を打ち込んでウラガネをとめて二枚ガンナを作った。

鉋も台付で買ったのではない。刃だけを買ってきては自分で台を作ったのである。カンナ台は大阪に台の専門店があったが普通は近所の荒物屋で丸太を一尺ぐらいに輪切りにしてそれをナタで小割にしたままのものを売っていた。

材質はいろいろあるがカシが多かった。他にはイタヤ、ヤマンガ、ナガナシなどが使われる。それも針葉樹のように柔らかい木を削る場合のカンナ台は、木に合わせて柔らかいものをつけ、堅い木用にはカシなどの堅いものをつけた。イタヤは吸いつきが良く、ヤマンガはカシより柔らかい上に狂いも少なかった。

鉋の種類は非常に多い。それは、削る木の固さに応じて使い分ける必要があるのと、仕事上必要な鉋を職人自らで作ったことによる。種類をあげると、平ガンナではまず荒ガンナ、中仕上げガンナ、仕上げガンナがある。これは全部二枚刃である。それから丸ガンナが内丸と外丸の二種あって、丸い面を削り出す時に使う。建具の桟や箪笥などを作る時に、使ったのではないだろうか。刃は平らで刃先だけが丸く出ていたりひっこんでいたりする。

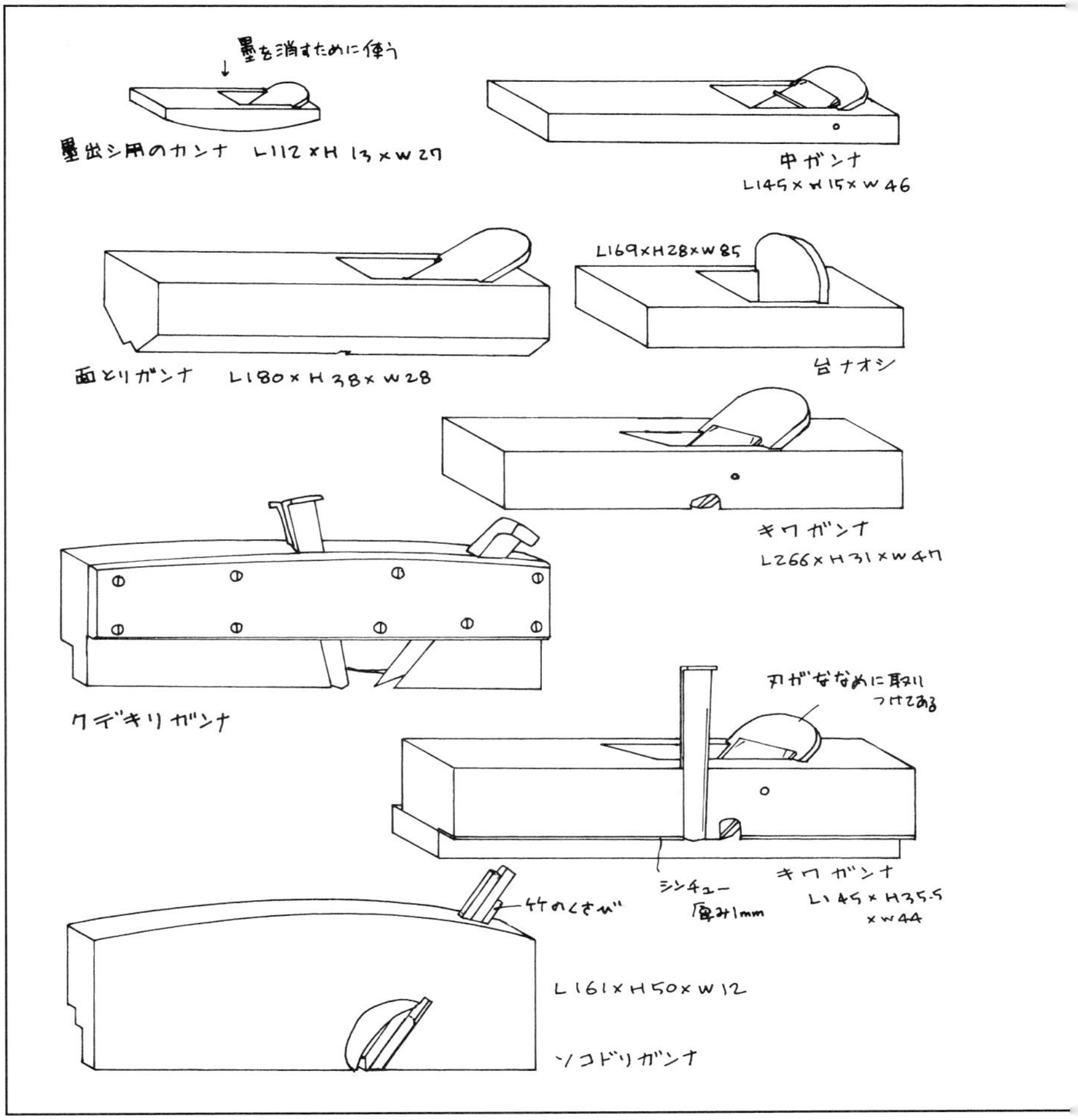

　ソリガンナがある。これは、刃は平らか、少し外丸になっていて、台にソリがつけてある。内側に湾曲した面を削る時に使う。また、平ガンナで、柱などを削るときに使うナガダイがある。

　そのほか、みぞを作るカンナが幾種類かある。敷居《しきい》や鴨居《かもい》のみぞは、古くはノミを使って掘っていたようだ。古い民家の大戸の鴨居はノミあとのみぞがついたものがときどき見られる。

　それからケビキでみぞのスジをつけ、ソコドリガンナで削っていた。大正一二、三年頃のみぞの掘りかたというのは七分幅のみぞを掘る場合だったら六分のソコドリガンナでみぞを削ってからワキドリガンナでみぞの際を削って七分のみぞを作った。だから初めのソコドリガンナはまっすぐに引けなければならない。難しい技術だ。深さの浅い鴨居のみぞを削る場合はもっと難しい。ソコドリが曲ってしまえばそのまま曲ったみぞが出来てしまう。

　大正一一年、モトイチというカンナを東京へ稼ぎに行った大工が気仙に持ってきた。これはソコドリとワキトリが一緒になったカンナで、みぞが曲がることがずっと少なくなった。さらにその後ヒフクラというカンナが出来る。これはモトイチの改良型というが、モトイチが右

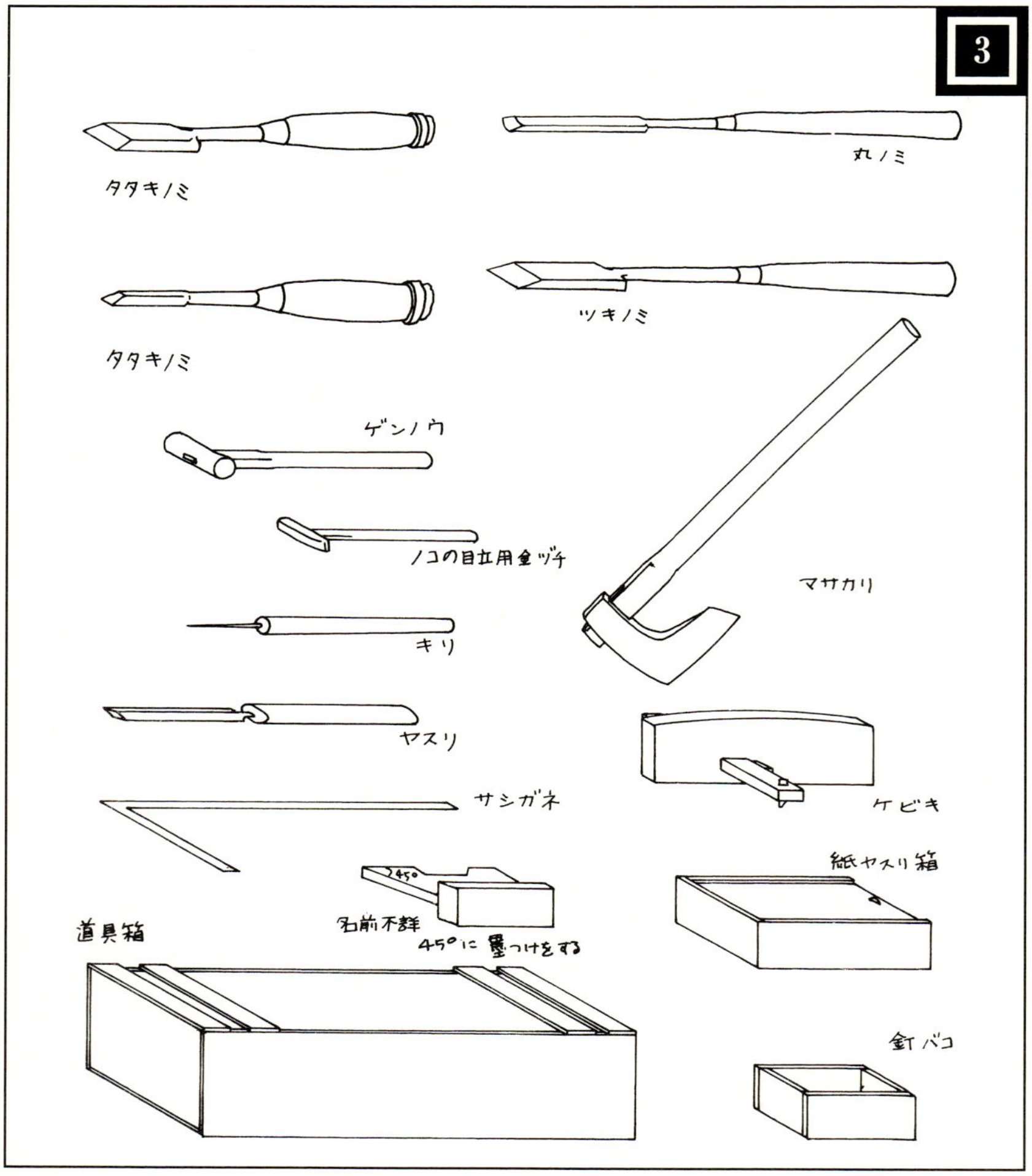

左二本で一組なのに対して、これは両脇を削るようになった鉋で、今の大工の技術につながる。みぞ一本作るのも大変だったようだ。

　これら以外にも面《めん》トリガンナや入り隅を削るキワガンナ、カンナの台を直すダイナオシなどが必要であった。ダイナオシはタチガンナとも呼んでいる。大正の終り頃から使われるようになった鉋で、市販されるようになったのは終戦後だった。それまでは自分で作るかもっと以前は普通の鉋で台を直した。

　鉋は本当に種類が多く多様だ。鉋を見ると、大正の終り頃から大工技術、道具の持っている性格が何か大きく変ったのではないか、という気がする。

　どういうことかというと、それまでの家大工というのは家の骨組みを作るのが主な仕事で細かな造作はあまり必要がなかったのが、大正の中頃から、造作、特に木の面のツヤをいかに美しく出すかが重要な仕事になってきたのではないだろうか。そのために細かな道具、その中でも鉋が重要な位置を占めていた。そしてそういう造作に使う鉋を自分で工夫して作ったところに意味がある。平ガンナの刃を丸ガンナにするためには砥石を用いて丸ガンナの刃を研ぎ出して行く。それは情熱だ。今も民家、特に町屋を見ると、明治期のものと大正期のとでは受ける印象が随分違う。大正期の町屋というのは軒も高く建物自体が胸をはっている様な姿をしているのだ。

　大工道具の中でももう一つ重要なものに鑿《のみ》がある。鑿は早くから、ある程度完成されたのだろうか、あまり大きな変り方はしていない。大別しては、タタキノミとツキノミの二種類に分けられる。タタキノミは五厘（幅）から一分、二分と有って一寸、一寸六分がある。九分のタタキノミはなかった。ツキノミは三分と五分の二種類があった。やはり刃とカブト（タタキノミの頭に

一年ぶりに訪れた僕に、高橋盛さんは嫌な顔を見せず、沢山の大工道具を見せてくれた

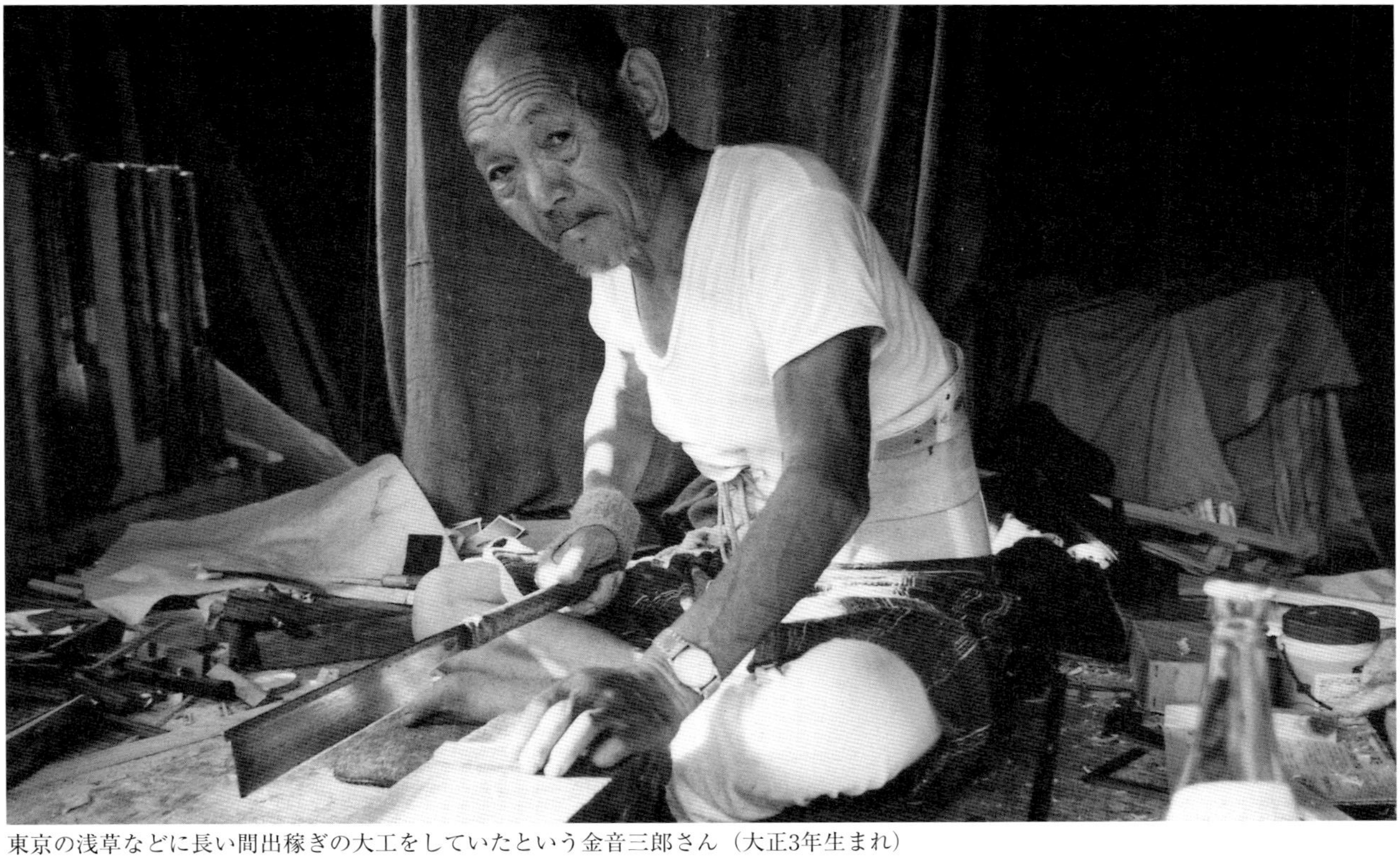

東京の浅草などに長い間出稼ぎの大工をしていたという金音三郎さん（大正3年生まれ）

つける鉄の輪）を買ってきて柄は自分でつけた。柄の材料はツゲかカシ、ミカンの木もたまに使った。

その他にも大工道具はある。例えば、家を作るために大工は現場で道具を作る。尺棒（尺ざお）やオーガネ、カケヤといったものがそれで、尺棒は貫板に軒高、床高、内法高《うちのりだか》、貫の位置を墨で書き込んで材料をきざむ場合の墨出しに使う。オーガネは同じく貫板で作った直角で一辺が二間程あり、土台その他間取りの墨を出す際の基準となった。なぜこういうものが必要だったかというと、昭和初期までのマガリガネというのは鉄製でメッキがしていなかった。仕事をしていると汗をかく。夏は特にマガリガネが汗で錆び易くなるので、毎日、仕事が終ると砥石の研ぎカスをおがくずなどにつけてみがいておくが、一年も使うと、目盛がすり減って見えなくなったりする。だから一年に一本はマガリガネを買い替えなくてはならなかった。また目盛もマガリガネによってまちまちで、一〇本あれば一〇本とも少しずつ違っていた。そんな精度の悪いものだったので基準になるサシが必要だった訳だ。

尺棒はいわゆるカナバカリである。昭和二〇年頃になって、鉄にクロームメッキしたものやステンレス製のもの、真鍮製のものなどが作られる様になったが、真鍮のものは木挽きがよく使ったが、目盛に伸びがあって大工はあまり使わなかったようだ。

他にもまだキリ、ケビキ、ゲンノウ、砥石等々、数えあげたらきりがないほど道具はあるのだが、それでは旅に出る時には最低どのぐらいの道具を持って行ったのだろう。

大正頃まで大工が持って行く道具はそれほど多くはなかったようだ。まず鉋が五丁、荒、中仕、仕上、ソリガンナ、一枚ガンナ、鋸三丁、敷居のみぞを掘る道具で、ソコドリ、モトイチ、ヒフクラ、ワキドリといった道具、タタキノミ一式とツキノミ三分と五分の二本、ゲンノウは大、中の二本で大は穴掘り用、中は鉋の刃の調節に使う。ツボ、マガリガネ、サゲフリ、それに衣類を半年分間にあうようにコウリに入れて持って行った。

夜具は、建主から借りることが普通だった。こうして一月の終りに家を出て一二月まで一年近く仕事をするのである。

一体何を考えてその間をすごしていたのであろう。それも大工に弟子入りしてから、仕事が出来なくなる六〇半ばぐらいまでである。僕には考えられない生活だ。いや、考えてみて良い生き方だ。そうして毎年「住みなれた故郷」というには程遠い故郷へ帰ってくる。家族の待つ気仙へ帰ってくるのである。気仙大工は一体何を思って旅先で暮らしていたのだろうか。

道具を調べている一週間、朝、宿を出て高橋さんの家に通い、夕方に宿に帰ってくるという生活が続いた。宿にしていたのは東屋旅館という木造の古い旅館で宿賃は安く、しかも町中なので交通の便もよい。高田には最近海水浴客をあて込んで建てられた新しい旅館が何軒かある。旧い町も道幅を拡張し、店舗にも改造が行なわれて、旧い町がどんどん姿を消している。

それにしても高田には店屋が多い。こんなに小さな町なのに駅前の新しい商店街と旧い町の商店街、それに脇道に面している家も店屋がかなりあるから、よくやって行けるものだと思う。一体どこから客が来るのだろうか。店に加えて最近大きなスーパーが駅前の一等地に出来た。商店への影響も大きい。

僕は、毎日その商店街をぬけて町はずれにある高橋さんの家に通い、帰りには宿にはまっすぐ帰らず、宿のはす向かいにあるジョニーという喫茶店でお茶を飲んで店の人たちと話をした。

ジョニーには夜九時すぎになると常連の若い客が集まってくる。皆、地元で働いている人達で、中には大工をしている人もいる。船大工もいた。カメラ屋、材木屋、土建屋で夜は塾の先生、印刷屋で働く人と職は様々だが、僕もその中に加えてもらった。

三回目の旅

三回目の気仙行きは昭和五六年の夏である。本当は春に行く予定だったが東南アジアへ一人旅に出てしまった。初めての外国旅行で、三週間で帰る予定だったのが六週間近くになった。旅費が思った以上に安くあがったのと向こうにいる兄が少し出してくれたので予定が伸びてしまった。帰ってから一カ月位ボケッとしていた。やっと気仙に行く気になった時にはもう夏に入っていた。

三回目の旅の宿は東屋旅館ではない。二回目の旅のとき、前述のジョニーで一カ月位アパートを借りて歩いてみたいといったら「そんならオレの家に泊まれ」といってくれた人がいた。高田では二万円ぐらいで風呂付きのアパートが借りられるそうだがその人は、「うちに泊れ」という。炊事道具は全部揃っているから自炊すれば良いともいった。彼はこの喫茶店の常連で、僕はあまり話をしたことはなかった。そういう人に突然「泊まって良い」といわれて驚いたが、あまり突然だったので断わる理由がすぐにみつからない。結局、次の春に一カ月間居候することを約束してしまったのだ。

僕は人の家に泊めてもらうことはあまり気兼ねをしない様にしている。「泊っていけ」といわれればその通りにする。宿代が高くて閉口していることもあるが何よりも気持ちがうれしい。泊めてもらってもたいてい床につくまで緊張しているのだし、朝起きても何だか不安で、その家に別れを告げて出る時にはホッとした気持になるのだが、たった一泊の恩儀でもやはり忘れがたい。

たった一泊でも忘れがたいのに今回は二十数日も泊めてもらった。最初の五日間は東京から来た友達まで一緒だった。僕に部屋を提供してくれた人は、村上定興さんという。村上家は高田町の旧家で、定興さんは主屋から離れて、まだ独身なのに一軒を構えている。昼間は働いて夜はそこで塾を開いていた。かなり酒飲みで僕と二人で毎日のように酒盛りを開いた。村上さんは、大工さんに連絡をしてくれたり、僕の調査のことをいろいろと心配してくれたりもした。

今回の気仙行きは、とにかく一カ月高田に落着いて気仙大工のことだけでなしに、高田のいろいろなことを知ろうと思っていた。「虎穴に入らずんば虎子を得ず」というがそれほどの気負いはないにしても外から観ていただけでは分からないものを、確実にとらえたいと思った。僕の生涯で大事にしたいものが気仙大工の調査を通じて得られたら、と思ったし、大工の世界、とりわけ一年の大半を他所で暮らしては故郷に帰る、そういう暮らしを何世代にも渡って続け、今もやっている出稼ぎ大工という一つの世界の、その一部でも知りたいと願った。そこでまず気仙大工の故郷であったこの高田、大船渡にどの時代にどれほどの数の大工がいたかを調べようとした。そしてその人たちがどの地方を出稼ぎ先としていたかを。

出稼ぎ大工の集団は気仙大工だけではない。例えば、越後大工や、飛騨の匠や長州大工の仕事先を同じように調べると日本全国の地図に大工の仕事の分布図が出来て、密かにこれは面白いなどと夢をふくらませていた。そこで、まず図書館に行って古い資料を調べてみたが、思ったほどの資料がなくガッカリしてしまった。

そうした資料のひとつ『大船渡市史』第二巻の明治一五年における気仙郡職工人を見ると、

鍛冶六五	綿打五
大工七〇一	鋳掛師三
左官七七	木地挽一
指物一	塗物師一五
柾取一五	陶器師二
木挽三九九	畳刺二四
石工七	柾挽八
曲物師四	萱屋根葺六八
桶結八三	べっ甲師一
細工飾師三	表具師二
染師二〇	紙漉八
皮細工七九	上絵師一
木履六	裁縫二
傘張一	仏師二
提灯張三	竹細工一
桐油師一	蠟燭師一

となっている。それから一〇年経った明治二五年の気仙郡職人員を見ると、

	人口	大工
延享三年（一七四六）	二九〇八五人	三六人
宝暦一一年（一七六一）	二七三一九人	六〇人
天明八年（一七八八）	二六一八一人	五五人
明治一〇年（一八七七）	四一七九七人	四〇人
明治一五年（一八八二）		七〇一人
明治二五年（一八九二）		三五五人

となっていて、明治一五年から二五年にかけて大工の数は大幅に減っている。その理由は何だろう。明治一〇年から一五年にかけて、大工の数が急激に増えた理由も分からない。僕はもう少し詳しい数字が知りたくなってきた。図書館で調べたところではこれ以上詳しくは分からない。

そこで定興さんに相談してみると高田の商工会に古い資料があるのではないかと教えてくれた。商工会は商店と職人や工業にたずさわる人達の連合会で、大工もそこに含まれていることを忘れていた。商工会の会長に頼めば、古い資料を見せてくれるという。自転車に乗ってたずねてみた。

会長の家は、山の方へ少し上がったところにある。すぐに見つかったものの運悪く、会長というのは、現役の左官屋さんで、出稼ぎに出ていて冬にならないと帰りませんという返事だった。僕は考え込んだ。せっかくたず

ねて来たのに、相手が出稼ぎに出ていて留守とは……。商工会の会長といえども地元では生きておれないのか。会いに行ったのは夕方で、普通なら仕事が終っている頃あいだったが、まさか出稼ぎに出ているとは思ってもみなかった。

結局商工会の資料はあきらめた。こうなれば一人でも多くの大工に会って、それぞれ出稼ぎ先と仲間の人数を聞いて行くしか、調べる道が見つからない。「大変な仕事になって来たなぁ」と思った。そうなるとまたコーヒーを飲みに行く機会が増えた。

喫茶店に来るお客連中の中に金さんという若い大工がいた。気仙地方には昔、金を採掘する人達がいて、首尾よく金を掘りあてたというので領主から金という姓をもらったという言い伝えがあり、金姓の人が珍しくない。金さんは大工。父親も大工である。僕は金さんと知り合いになった。見るからに温厚そうな青年で気仙の年寄り大工が皆この人のようであれば気仙大工のことを調べるのも楽しいものだと思う。

金さんは今度自分の仕事場を見に来いという。父親にもいっておくから話を聞きに来ても良いといってくれた。

●金さんの話

金さんの父親は名前を音三郎さんという。陸前高田の南の隅にある気仙町に住んでいた。気仙町は高田町と並んで市の中では古い町並の残る町である。高田には他に町らしいところはなくて、末崎町にしても矢作町にしても町と名はついているが、農村がいくつか寄り集まって出来た行政上の区分名である。気仙町は高田市内を流れる矢作川を越えたところで、僕はジョニーで借りた自転車に乗って出かけた。

音三郎さんの家は気仙町内でも町場ではなく、その背後の内野という農村ともいえないような集落の中にあった。農村とも何ともいえない、というのは、農家として見れば、あまりに耕地が小さくて、自家用の野菜ぐらいしか作れそうにない狭い畑が家を取りまいている、そういう家ばかり七、八軒あるような村だからだ。そういえば、気仙大工の家屋敷というのは町であれ村であれ、皆少しずつ畑があった。今は街になっている高田町も昔はこういう畑と家がくっつきあった形の、かといって農村というには狭すぎる規模の集落だったと思われる。それが今日、家が増えて街らしくなったのだろう。

金さんは丁度子供を連れて海水浴から帰ってきた後で、少し待たされた。大工さんというのは人にもよるが、立派な家に住んでいてよさそうなのだが、紺屋のなんとかで、自分の家はあまり気に掛けない人が多いのは何故だろう。金さんの家もそうで、子供がいて家中ちらかり放題という感じであった。そんな家のほうが気がおけなくてザックバランな気持になるのだが、反面気恥ずかしくなってしまう。そして、やっぱり大工の家だなと思うのは、きまって立派な箪笥や仏壇や神棚などがあって、それが一様に先代が作ったとか自分が昔作ったとかいうものである。

音三郎さんは二階になった作業場で欄間《らんま》の彫刻をしている最中であった。大正三年の一二月二五日生まれというから、七〇近い。もう大工は隠居し、今はこうして人に頼まれた細工物を作っている。その後を金さんが継いだ訳だ。そこで二時間ほど仕事を見せてもらいながら話を聞いた。

音三郎さんが大工に弟子入りしたのは昭和三年で、不況の始まる頃だ。当時内野は一五～一六軒の家が有って、そのうち八軒が大工、二軒が左官、一軒が経師屋、一軒が建具職で、皆「家」に関連する職人だ。当時このあたりでは一〇月から四月までは寒くて左官の仕事が無いので、冬の間だけ畳屋になるものが多かったそうだ。音三郎さんの父親は桶屋だった。音三郎さんには三人の男の兄弟と一人の妹がいたが、男子は皆大工になった。

音三郎さんは、弟子に入るとすぐに、東京の押上に師匠と出かけて行き、浅草を主な仕事場にした。その頃は非常な不景気で、大きな大工仕事はなかったが、景気が悪くなると、人は神仏に助けを求めるので、寺は不思議と富んでいたのだそうだ。そこで寺を作るようになった。

音三郎さんは話をする時だけちょっと手を休めるが、話が終ると、また黙々と彫刻をする。しばらく間をおいて、また僕が尋ねるという具合で、必要以外のことは話そうとしない。僕はまず弟子の頃の話を聞いた。

音三郎さんは下宿にしていた押上の家を出る時、毎朝おかみさんから弁当と電車賃九銭をもらった。押上から四ツ木まで歩き、そこから電車で浅草までは往復九銭では足りなかった。足りない分は歩いた。仕事場に着くと、まず作業場を片付けて先輩達の砥石を出して水桶に水を汲み、薪に火を付けて湯を沸かし、自分の道具を研いで待っていなければならなかった。

それが他の職人が来るまでにしておかなければならないことで、それをおこたるようだと仕事も教えてはもらえなかった。弟子に入って先ず第一にしなければならないのはこの修業だ。どの職人でも必ず弟子の時代の苦労を話してくれる。それは当時の若者達から見ても相当過酷な修業だったからであろう。その弟子時代を通過した者が一人前の職人になるのだ。

もう少し音三郎さんの話を続けよう。

弟子の時代は月に二円ぐらい小遣いをもらう他に、給料がない。それでは仕事に必要な道具や生活に必要なものは買えない。ではどうしたかというと、まず毎日の風呂代を節約した。風呂代は五銭だったがこれを使わずに井戸水などで顔を洗っては風呂に入って来た様な顔をした。それから大工仕事は木ッ端やカンナクズが出る。これを炭俵に入れて現場の近所の家に持って行くと、二〇銭から三〇銭の小遣い銭がもらえる。そういう小遣いを貯めておいて必要なものを買ったり、近くに祭りなどがあると遊びに行った。

着るものも、上棟《じょうとう》式などの時にもらえる手ぬぐいを五本も集めれば、シャツが一枚出来る。若い男の手ではどうしてもうまく縫えない。そこで御飯のりでバリバリにのりをきかし、両端を待針《まちばり》で留めて縫い合せ、出来あがると洗濯をし、のりを取って着る。おかみさんが見かねて縫ってくれることもあって、若い弟子の大工にはそういう手ぬぐいのシャツを着ている者が結構いたのだそうだ。朝が早いから夜遊びも出来ないし休日というものがない。他所行きの着物などは弟子の時代にはほとんど必要なかった。

昔の仕事の覚え方というのも随分職人的だと思う。師

陸前高田のジャズ喫茶店ジョニー。気仙大工の調査で歩き疲れた僕の憩いの場になった

匠は決して弟子に手とり足とり教えることはない。それでも聞けば教えてくれるが、そうでなければ何も教えない。そこで、どういう風に仕事を覚えていくかというと、自分が仕事をした柱や梁の材料がどこに使われたかを仕事が終った時や休憩の時に見て、良く出来たかとか、今度はどういう様にやろうとか考えるのだそうだ。だから覚えようとする気のある者が仕事を覚える。しかしだからといって早く一人前の職人になれるというのではない。普通は徴兵検査までは弟子であった。検査は満二〇歳で郷里へ帰って受ける。検査がすむと半年は礼奉公といってさらに修業が続く。そして弟子が明けると、新しい道具を買ってくれる親方もいたが普通は使っている道具をもらうのと、羽織と袷《あわせ》を新調してくれるぐらいだったという。

弟子が明けて職人になると初めて手間賃がもらえる。昭和一〇年頃、東京での大工の手間賃は、一日九〇銭から一円二〇銭ぐらいだった。その中から一円近くの金を家へ仕送りをする。月に三〇円ぐらいの仕送りをしないといい顔はされなかった。働いても自分の懐へ入る訳ではない。出稼ぎというのは、渡り職人ではなく、しっかりと故郷に根を持っているのだ。

これだけの話を聞くのに二時間ぐらいかかった。その間茶を飲む訳でもなく、席をはずすでもない。ただただ黙々と木と取り組んでいた。どんな寺を作ったかはまた今度来て聞こうと思ったし、仕事中にそれほど長居も出来ない。

僕も負けてはいられないぞという気になって、翌日また気仙町へ行ってみた。気仙町も大工の多くいた町だと

陸前高田で友人になった村上定興さん。釣った魚は僕の夕食のおかずになった

聞いたが、なかなか話をしてくれる人には巡り会えない。町で人を見かけては、話してくれそうな大工さんの名前を聞いたが、紹介して当人に迷惑でもかけたら悪いと気を使うのか、なかなか教えてもらえなかった。そんな時は町の写真でも撮る。写真を撮っていると小さな町だからすぐに目立って声をかけられる。

　あまり良い姿じゃない。それでも、

「それならあの人の家に行ってみなさい。話好きで隠居しているから家にいるだろう」

と教えてくれる人が必ず現れる。もう少しスムーズに調査をすすめたいものだが、いつもこんな方法に頼ってしまう。

●菅野利一さんの話

　音三郎さんの家をたずねた何日か後に、同じく気仙町で、町場に家を構える菅野利一さんという老大工に話を聞いた。菅野さんは明治三五年一二月四日の生まれである。気仙大工の生まれた月が一〇月頃から一月にかけて多いように思うが、これは出稼ぎと無関係ではないようだ。

　菅野さんは僕がたずねて行くと、礼儀正しく「あぁそれはよく来てくれました」といって、お茶をすすりながら僕の質問に注意深く答えてくれた。

　菅野さんの父も大工で、主に西磐井郡の一関周辺を出稼ぎ先にしている大工だった。菅野新右衛門といい、幕末頃の生まれの人だ。その新右衛門さんの師匠という人は花輪金次郎という人で伝承では宮城から来た宮大工系の人だった。菅野さんはこの花輪金次郎という人が気仙町で多くの弟子を育てた大先生であったという。新右衛門さんが弟子入りしたのは明治一〇年代前半で、当時の資料が無いのでよく分からないが花輪金次郎が来てから気仙町では大工が増えたという。金次郎は職人気質を愛した人で、技術の習得に重きを置き、いい仕事をするのが職人のモットーだと教えた。気仙大工の勤勉さはこの人によるところが大きいという。

（平山憲治著の『気仙大工』によれば気仙郡綾里《りょうり》出身の花輪喜久蔵という名大工がいたとされるが、関係は分からない）

　菅野音三郎さん自身は伊藤鉄郎という大工に弟子入りした。兄弟子に村上栄太郎という人がいて、下には二人いた。その四人と親の新右衛門さんと自分の六人で組を作り、一の関の東にある元田村へ出稼ぎに行っていた。元田村は五、六〇戸の村で、二棟ぐらい普請があれば、六人で一年分の仕事になった。そこに四年奉公した後、半年間礼奉公をして東京へ出た。東京を六年で退き、それから北海道の西岸部一帯の町村や樺太へも出かけて、六〇歳まで働いた。

気仙と僕

一日が終って宿へ帰ると、夕食の用意だ。自分で作るのだから、おかずはたいしたものは出来ない。毎日味噌汁と焼魚と漬物で昼には握り飯を二つぐらい作って持って歩いた。あまりいつも同じなので定興さんが差入れをしてくれる。高田は海の幸も川の幸も豊富だ。川は丁度鮎のシーズンで、そういう海川の幸が食卓に出るとすぐに二人で酒盛りになってしまう。僕は酒は嫌いではないが沢山は呑めない。そうかといって中途半端でやめられないから困る。特に海川の幸を前にすれば誰だってそうなると思う。最初の頃はそれでも旅の目的があったのでそうそう呑んではいなかった。

夜は、その日聞いた話を整理して過ごしていたが、一週間も過ぎた頃、気仙大工にばかりにこだわっていてはは駄目だと思うようになっていた。というのは、気仙の大工は今でも出稼ぎに出ていて現役の大工に話を聞くことが出来ない。いわば老人だけの過去の気仙大工になるのと、高田でも大船渡でも町に大工だけが暮らしていたのではないという、ごく当り前のことを発見した。定興さんも大工じゃない。行きつけの喫茶店に集まる若い人の中には金さんを除いて他に若い船大工が一人いるだけで、その他の人は皆それぞれの職を持っている。そういう人達は、高田で何を考えて生きているのだろう。こういう問題は気負ってみたって答の出る問題でないことは分かっている。しかし僕はすぐ気負いたくなる。

それが気仙に四週間いる間に嫌というほど分かった。だから調査の後半は、その気負いをぬぐい去ることにした。「気仙大工」から離れてみたら高田のことが少しは分かるかも知れない。いや分からなくっても自然に高田の空気が身体にしみ込むことが大事なような気がした。まずいろいろな人に会うことだと思って例の喫茶店に通った。

毎日同じ店に通い土地の人と顔なじみになると、若い人でも他所から来た自分よりははるかに高田に詳しい。これも当たり前で、そこに生まれ住んでいるのだ。で、それ以後何が分かったかとなると難しい。一つ分かったのは、こうして気仙大工の話を聞きに来た自分も、実は職人的な世界に住みたいという願望を持っていたことだ。気仙大工のことは次第に分かって来たのではなく、調べれば調べるほど次第に分からなくなって来た。でも一つのひっかかりは出来たと思う。今までは、ただ調べて帰る、いわば通りすがりの旅だったのが、高田は初めて一つの居場所になった。

昭和五七年、僕は就職をした

社寺仏閣を見てももう一つという僕が古建築を調べる事務所へ就職してしまった。高田から帰って一年後である。前に勤めていた建設会社を辞めて、ちょうど一〇年たっていた。一〇年ぶりの固定給取りになった時の喜びは忘れがたい。僕が勤めることになった事務所は、所員と事務所を主催する先生を入れ、総勢五人しかいない小さな事務所だ。それでも入社する前の生活は、森の木の実を全部食べつくして、平地に食べ物を求めに出て来た類人猿のような有様だったから、出勤日が近づくにつれて嬉しくなってしまった。平地で食べ物をみつけた類人猿になったのだ。初出勤の前の日に、近所の友達が集まってくれて朝の四時まで祝ってくれ、そのまま赤い顔をして出勤した。

事務所では今、主に東京の西部を中心に古建築を調べている。社寺だけではなくて、民家や明治以後に建てられた建物も調べるということもしていた。そこでそうした古建築の再活用を考え、地域の人達にそれをどう役立ててもらうかを考えている。今は世田谷区を中心に調べている。世田谷といえば東京を代表する高級住宅地である。

今年の夏、僕はそこを学生を連れて歩いてみた。調べるということは平たくいえば良く知ることだ。まだほんの少し歩いただけだが、現在では閑静な住宅地でも、三軒茶屋などの繁華街も、少し前までは人家のまれな、畑と林とわずかな水田がその大部分を占めていたという江戸の近郊農村なのだ。世田谷が大きく変るのは、大正一二年の震災後で東京から移住してきた人が多かったことによる。それまでは牛を飼い、畑を耕し、ワラ細工や菓子を作っては小さな店を出し、商いをして暮らしを立てるという、農業と農間余業の村々が広がっていた。

その当時の村の風景が今新しくなった世田谷の町のところどころに出ていて、それらと合わせて町を見るとなかなか楽しい。農間余業をやる家には職人も多数いた。地域というのはどれもそういうものだったのかも知れない。

そんな、以前の町の有様を、学生に聞かれれば他の地域との違いも説明しなければならないし、黙って歩くことが出来ない。こんなことなら旅をしている時もっとしっかり見ておけば良かったと考えることが多々ある。旅をしていて学んだことはうろ覚えにしか覚えていない。そういう知識で学生に向かうのも楽ではない。しかし全部知っていなくとも少しは知っているというのは随分あるものだ。全然知らないよりはるかに良い。

というのは何も知らないと見すごしてしまうものでも、少し知っているものであればそれを注意して見るようになる。

しかし、見なければならないものが、自分にはまだまだあるに違いない。どこへ旅に出ても、最後はシドロモドロになって帰ってくる理由もその辺にありそうだと近頃では考えるようになった。

事務所へ入って半年が過ぎた。世田谷を歩いて見るようになり、今までの僕の歩いて得た見聞が、これまでは別々に存在していたのがゆっくりと連絡をとり合って来たような気がする。

それにしてもそれが明確な形をとるにはまだだいぶ時間がかかりそうではあるが……。

宮本常一が撮った

写真は語る

山形県酒田市飛島

上　勝浦の浜小屋の軒にさげられた定置網の浮木。島には明治三七年に富山県より春イカ（ヤリイカ）漁の猪口網が伝えられた。定置網によるイカ漁は島民の経済を大いに潤した
下　中村集落。段丘上のわずかな平地が短冊状に地割され、家や小屋が並ぶ。港はまだ整備されておらず、岩礁に舟入り澗《にま》が作られている

飛島は山形県酒田市の沖約三九キロに浮かぶ離島である。面積三・一六平方キロの台上をなした小さな島で、北前船が通った時代は酒田の外港として賑わった。民俗学徒としてこの島を最初に訪れたのは早川孝太郎だった。早川は大正一三年六月に八日間滞在し、その間に見聞した島の生活や信仰、年中行事などを『羽後飛島図誌』（大正一四年）にまとめている。早川は昭和

右頁上　洗濯物（法木集落）。宮本はよく訪問先で干された衣類を撮影した。その地域の衣の文化や変化を知るためである。飛島の労働着にドンザと呼ばれる刺し子があった

右頁下　北西の風をまともに受ける法木集落は、切り妻瓦葺きの家が並ぶ。宮本はこの写真を撮影する前に民家にさげられた「勉強中」「じゆう」などの札に目を止めている。家のなかの少年の姿をみて、どうのような時間を過ごしているのだろうか、とカメラを向けたのだろう

上　萱簀に干されたテングサ（法木）。波打ち際までのわずかな磯が作業場と干し場を兼ねる。ノリ・ワカメ・テングサ・アラメ・イギスなどの海藻は貴重な磯の恵みで、いずれも「口明け」の慣行が生きている

六年に、渋沢敬三の案内を兼ねて再度飛島を訪問している。一行は、早川、渋沢のほか酒井仁、岡本信三、高橋文太郎の五人。このとき渋沢が撮影した8ミリフィルムが今はDVD化されていて、当時の島の様子をうかがい知ることのできる貴重な資料となっている。

宮本常一が飛島を訪問したのは昭和三八年八月二二日から二四日、わずか三日間の滞在であった。このときの宮本の訪問に応対した島民のひとりが本間又右衛門氏（本巻掲載）である。本間は自著『飛島　あの日三五話』のなかで「なんの予告もなくこられた著名なかたの訪問にいささか緊張ぎみで応対したが、先生は如才なく、離島振興法公布約八年後の島の対応や変化の視察と、民俗学の立場から島の風俗、習慣を見ることが目的で、二、三日滞在するとのことであった」と宮本の訪問の目的を記している。この滞在のなかで宮本は数名の島民から島の現状や習俗について話を聞き、また旧家の古文書などに目を通している。このときの取材がもとになった文章に「飛島　北前船ともらい子」（一九六八年）、「飛島の女　地方《じかた》流しの果てに」（一九六八年）、「酒田市飛島のもらい子」（一九六九年）などがある。北前船の寄港地として賑わった話、庄内平野の農村部とのあいだに交わされていた物々交換の慣行や農村部から島にもらわれた子供たちの話などが取り上げられていて、宮本は島民との会話に人や物の盛んな動きと、それに伴う人々の歓喜

中村集落の剣ヶ峰沢で洗濯をする婦人。島の段丘の各所にはタブの群生地があるが、島民はタブを「水をためる樹」として伐採しない。そのため山のない飛島の沢が枯れることはほとんどなかった

や悲哀の物語に心惹かれたようだ。

宮本を島の各所に案内したのも本間氏であった。前日の雨が上がった八月二三日、宮本が宿をとった勝浦集落から隣の中村集落へ入り、集落の中程にあるヨンゼ坂をあがって小物忌神社を訪れ、その後、法木集落から飛島の西海岸へと歩を進めている。この間、宮本は、家屋、小屋、屋根の葺き方、磯の利用、洗濯物、畑や水田、井戸、子供たちなど一四〇枚ほどの写真を撮影している。ここに掲載したのはそのうちの七枚である。

宮本が訪れた昭和三八年の飛島は、約二〇〇世帯、千五百人ほどの人々が暮らしていた。青壮年の男性の多くは北海道方面へイカ漁の出稼ぎで留守にしていたとしても、千人を超える人々が島で生活していたはずである。いま思えばこの頃は、明治から現在にいたる島の人口・世帯数の推移のなかで島がもっとも賑わった時代である。電気や水道などのライフラインが整い、港湾整備も進み、来島者も年々増加する大きな変化のなかにあった。宮本が聞いた島民たちのすべてが、島の発展を信じ、活気に溢れていたことだろう。

島の漁業は昭和四〇年代に最盛期を迎える。経済的に余裕ができた家庭は酒田市街地に別宅を持ち、子どもたちはここに寝泊まりをしながら高校へ通うようになった。それ以降、酒田の別宅が本宅となる家が次第に増えてい

った。現在の飛島は、約一三〇世帯、人口約二七〇名、平均年齢は六五歳を超えている。こうした状況のなか、地域住民、行政、NPO、大学など多様な人々が集い、島の将来を協議する場が設けられている。飛島は孤島ではあるが、孤立はしていない。

（岸本　誠司）

宮本写真提供・周防大島文化交流センター

シマブネ、マブネと呼ばれるオモキ造りの磯舟。シマブネは明治40年頃に、勝浦の船大工鈴木栄助氏（明治21年生まれ）によって考案された。これ以前の飛島の磯舟は、庄内浜で製造された板造り構造の舟だった。人的物的交流がより盛んになる明治に入って初めて島内で船を新造することができた。船材を矯めることなく直線的に用い、船底の厚く頑丈なシマブネは 短期間で島内に広がった

洋上から望む飛島。集落は台地の下の海岸べりに、
台地の上には畑とクロマツの林が広がっている

飛島の磯と海

文・写真　森本　孝

法木の集落

島の北西岸がらみる御積島

地図／田口洋美

定期船の入る勝浦港

ウミネコの舞う飛島へ

　山形県酒田市の北西沖合、約三九キロの日本海海上に、飛島《とびしま》という島がある。面積二・七平方キロ、周囲約一〇・二キロ。島でもっとも高いところは、高森山の六九メートル。といっても、ほとんど高低差のない海蝕台地が広がっており、はるか沖合から眺めると、今にも波間に沈んでしまいそうなほど、平べったい島である。島の集落は勝浦、中村（浦ともいう）、法木《ほうき》の三つ。勝浦、中村は南東の、法木は北東の台地の下の海岸に沿ってある。今日（一九八六年）の島の総戸数は約百七十余。人口は八〇〇人ばかりの小さな島である。

　小さな島ではあるが、かつては日本海を航行する帆船の格好の避難港として、また、庄内随一の湊であった酒田湊《みなと》へ出入りする帆船の、潮待ち風待ちの湊として、結構、賑いをみせていたという。帆船の寄港が途絶えた明治中期以後は、アラメ、ワカメなどの磯漁や、イカ、タラなどの釣漁で暮しを立て、山形県唯一の純漁村として知られた。なかんずく、一年中、イカを釣り、その生産量が多かったこともあって「イカの島」と称されたこともあった。

　その島を私は四度ばかり訪れている。最初は五七年秋に二日間、次は六〇年秋に、研究所仲間と一緒に一〇日間、続けて今年の四月、六月に各々六日間ずつの日々を飛島ですごしている。島の漁船や漁撈用具の調査、収集が主な目的であった。

　最初と二度目に訪れた時は、最上《もがみ》川河口にある酒田港を船が出たとたん、激しく荒れる日本海に肝を冷やしたものである。十月も終りの頃で、島の人のいうタマカゼ（北西風）の吹く頃になっていたのである。揺れる船上の甲板に座って、甲板よりも高い大波が後方に去っていくのをただ眺めているより他はなかった。もう飛島が見えないものであろうか、と、手すりにつかまりながら船の前部に行って見ても、黒々と大きくうねる波と、激しい風に吹き散らされた白い波の飛沫が見えるだけで、飛島までの二時間がやけに長く感じられ、飛島の東南の端にある勝浦港に船がすべりこむと、息をつく思いであった。だが、それは秋の訪島の時だけで、今年の春の二度の訪島では、海も嘘のように鎮まっていて、航路の右手に見える鳥海《ちょうかい》山の秀麗な姿を楽しめた。

　定期船の着く勝浦港は、港の北東側に館岩《たていわ》と呼ばれる高さ四〇メートルばかりの陸繋《りくけい》島が横たわり、北東からの風を防ぐ衝立《ついたて》のような役割を果たしている。港は大きくはないが、かつて、北前船が入港したのもうなずける良港であった。その館岩は、島の西の海上にある御積《おしゃく》島と共に、海猫《うみねこ》の繁殖地として、国の天然記念物に指定されている。実際、いつ訪れてみても館岩の上には海猫の群れが高く低く舞っていた。今年の春四月下旬に、私もその館岩を登りかけたことがある。が、ちょうど四月下旬は繁殖期で、卵を抱いた海猫の警戒心は思いの他強く、威嚇を加えられて、途中であきらめざるを得なかった。

　勝浦はタブや黒松が生い茂る背後の台地と海とのわずかな空地にある七〇余戸の集落であった。切り妻の屋根を海に向けて海に沿って横一列に建てられている。ちょうど海に口を向けた格好で、いかにも目の前の海に頼って生きてきたという感じがした。

勝浦の集落を歩くと、民宿、旅館の看板が目につく。勝浦には二二軒の民宿、旅館があり、およそ三軒に一軒の割合で民宿か旅館をやっているのである。勝浦の北隣りの中村にも七軒の民宿がある。島に民宿、旅館が増えたのは昭和四〇年頃かららしい。日本が高度経済成長を迎えた頃で、旅のブームもその頃おこる。なかんずく、若者を中心に離島ブームがおき、飛島は海猫やその他の野鳥類、さらにユリ科のトビシマカンゾウ（飛島甘草）や岩百合など、珍しい動植物が多く、また、島の周囲に磯や属島が多いことから、磯釣りにも最適で、年々島を訪れる人が増え、民宿、旅館が次々に建っていったのである。私が訪ねたのは春と秋であったが、釣り客や野鳥観察の人の姿は、いつでも見かけられた。

勝浦の隣の中村の戸数は五〇戸余り。海岸線の長さは勝浦の半分ぐらいでしかない。徒歩で二、三分も歩けば通り抜けてしまう。が、ここも勝浦に負けぬくらいの立派な漁港を独自に持っている

法木はその中村からいったん台地上に登り、また降りて行かねばならない。島の北東の海岸の海際に、勝浦、中村と同様、口を海に向けた家々が立ち並んでいる。しかし、海際につけられた道路は舗装もされてなく、また、民宿や旅館も一軒もない。そのためであろう、家々も古く、どっしりとした構えで、落着いた佇まいである。漁業一途に生きている集落で、かつての飛島の面影がよく残っている。

島を訪れる度に、その法木まで足を伸ばし、そこから浜伝いによく八幡崎《はちまん》に行った。八幡崎には村社の八幡神社があるが、その裏の笹薮を分けて尾根に登ると、すばらしく広大な磯が広がっているのが見える。点々とその磯を渡り歩いて、尾花蛸とよばれているマダコを獲ったり、小さな巻貝を拾って歩いている人の姿もよく見かけた。

地図でみると、飛島の周囲は、およそ、百メートルぐらいの幅で、潮がひくと露出する広い棚状の磯が広がっている。

島の東南の海岸線は、勝浦、中村の漁港ができて、その磯もかなり破壊されて、余り見られなくなっているが、法木は漁港ができても、なおその沖には広い磯が残り、船はその磯の割れ目を辿って入港するようになっている。また、法木から八幡崎を経て、島の北西の海岸部は磯も手つかずのまま残っているのである。その磯の先の海にも七、八尋から十五、六尋の深さの磯がつづいていて、海藻類や魚介の漁場となっている。

潤《にま》と島船

飛島の表情は訪れるたびに少しずつ異なっていた。最初に訪れた時は、どの集落でも道端や船揚場に大豆や小豆を干した円錐状の山を見ることができた。船揚場の船とのわずかな隙間や船の上にも茅簀《かやず》が広げられ、豆が干されている。磯や船といった海の雰囲気と、大豆、小豆などの畑、山の雰囲気が微妙に混じりあっているのが印象的であった。

次の秋の訪島では、訪れる時期がやや後にずれていたためか、大豆、小豆の山はすでに見られなかった。代っ

段丘下の海岸線にそって建つ勝浦の民家。手前の岩の割れ目はニマと呼ばれ、築港以前の船の出入りに使われていた

て晴れた午前中の浜では、釣ってきたばかりのシイラを割《さば》いている漁師やその奥さんの姿がよく見かけられた。

シイラは酒田の魚市に出す風にも見えなかったので、漁師に尋ねてみると、シイラは魚市に出しても値がつかないほど安いので、冷凍にして自家用に供するか、また、都会に出て行った家族に送るためのものということであった。本来ならハマチの曳き縄釣りの季節で、ハマチを狙っているのだが、肝心のハマチは釣れず、シイラがかかってくるのだという。

この他、時折、法木などの沖合に船を浮かべて、サザエを採っている姿も見かけた。一般にこの時期の漁は暇なようであった。若い者は夏前頃から酒田など島外の冷凍イカ釣り漁船に乗り組んでいるらしく、この時期の島の漁は、残った年寄りたちの手で細々と行なわれているのである。

二度目、つまり昨秋に島を訪れた時は、研究所仲間の榊原貴志君や田口洋美君も一緒だった。そして島の漁家を訪ねては、かつて

固い秋田杉の分厚い板材で造られたシマブネ。重いシマブネは風や潮に流されず、また磯の多い飛島には適した船だった

島で使われていた漁具や漁船を見て歩いた。

島の漁具の中で、ことに私が興味をひかれていたのは、島船《しまぶね》とよばれている、かつては島の漁船の中心をなしていた、島独得の磯船《いそぶね》であった。

島船のことは亡き宮本常一先生から話に聞いていた。それは敷《シキ》（船底材）から棚《タナ》（舷側板）にかけての船材が、分厚い板をL字型に刳《く》り、それを凹型にはぎ合せ、その上に棚をつけた、いわゆるオモキ造りの船であるということだった。先生が昭和三七年に訪島された時は、まだその島船が多く使われていたという。

私たちが訪れた秋には、その島船はもう使われてはいず、勝浦で半ば朽ちかけて草が生えたものを二隻を見かけただけであった。

しかし、丹念に聞いてみると、まだ、島船が納屋の中に納まっている家もあることがわかった。定期船の発着港の近くの村井善次郎さんという七〇歳すぎの老漁師を教えられて訪ねてみると、まだ確かに納屋の中にあるという。そして、村井さんが案内してくれた納屋には、他の漁具の中に埋もれるようにして島船が置かれていた。

頭に白いものが混じる村井さんは、日焼けした人の良さそうな顔で「いや、もう使わねぇとは思ったども、捨てるのもいたましくてな」という。確かにまだ立派に現役として使える船であった。

その島船は長さ約八・五メートル、幅が一・五メートルほどであった。分厚い板材が使われていると聞いていたが、実際、二人で船に手をかけてみたがビクとも動かなかった。村井さんは昭和四〇年頃までは使っていたという。が、その後は軽いテンマ船に代えたので、全く使わなくなったそうで、それは村井さん一人だけのことではなかったという。

飛島ではたいていどの家でも島船を二隻は持っていたらしい。そしてそれを春の海藻漁から夏冬のイカ漁、アワビ・サザエ漁と幅広く使っていた。それが、昭和三〇年代に入ると、イカは沖合で集魚灯をともして釣るようになった。島船ではかなわぬ漁に変ったのである。それでも海藻や貝類の磯漁では、重い島船は潮や風に流されず、使い勝手も良かったのだが、船外機が普及してきたこともあって、次第に磯漁にも使われなくなったらしい。船外機では重い島船は、スピードも出ず、具合が極めて悪かったのである。

村井さんの島船の板の厚さは棚板が二寸もあり、舳先《へさき》の部分は三寸厚の板が使われていた。船底は計ることができなかったが、聞いてみると三寸あるという。

重いはずである。今日、飛島で磯漁に使われているテンマは、棚で一寸、底で一寸五分しかない。テンマの二、三倍の板が使われていたのである。

正月11日のフナダマ様の祝い日には模型のエビス船やイカ、網などの切り紙を神棚に飾った

後日、島船の大工で約三〇隻の島船を造ったという鈴木永作さん（大正四年生）に会って話を聞いてみると、村井さんの島船は永作さんの父で、昭和五二年に九二歳で亡くなった鈴木永助さんが造ったものという。その永助さんは島船造りの名人とよばれ、飛島三ヵ浦の島船は彼一人で造っていたという。

島船をどのようにして造ったものか聞いてみると、永作さんは、口では説明できん、といいつつも、島船が二五人役でできたこと、底《カワラ》は五寸厚の板材を、棚との接合部の幅二寸を残して、二寸ばかり鋸で引いておとし、底に当たる部分の厚さを三寸としたこと、また、船の表《オモテ》（舳先）の部分は、三寸厚の板材を片側六枚ずつ合せて構成しており、六枚ハギと通称していたことなどを話してくれた。そのためなのであろう、島船の表は普通の船のように反《そ》りがなく、三角定規のように直線的な造りであった。

この他、永作さんは、島船の船材が秋田県の本荘《ほんじょう》から来ていたことも話してくれた。船材は船の注文主が船を頼んで積みに行き、それを半年間ばかり蔭干しにして、船大工はその材を受けとって、単に造るだけの手間仕事であったようだ。普通にはどこの船大工も船材の入手から造船までを一貫して請負う。島では船材の入手が容易でないことから、そのような習慣が生まれたものであろう。

この他、永作さんの話で興味を覚えたのは、エビス舟のことだった。飛島では正月十一日に舟玉《フナダマ》様の祝いを行なう。この時に、今ではもう行なわれてないが、台所の間にエビス舟を飾ったという。エビス舟は小さな模型の木の船で、それを、紙で切り抜いた網やイカ、魚形と共に棒に吊るしたものである。そのエビス舟は新造船を造るとかならず注文主が自分で木を刻んで造ったものだという。新造船の航海安全と豊漁を祈願したものなのだろう。

島船に関連してまた私が気づいたのは、ニマと呼ばれる船入澗《ま》のことであった。それに気づいたのは、勝浦や法木の干潮時の漁港であった。沖から帰ってきた漁船がプラットホームのように平たい海底の岩の隙間をぬうようにして、棹をさしつつ入ってきたからである。磯が完全に露出して、岩の割れ目に潮が残っていた。

どうやらその岩の割れ目が、今日のような防潮堤をもった漁港ができる以前の、飛島の船入澗でないかと思って、尋ねてみると、その通りであるという。いずれの集落も昭和二六年からの漁港築港以前は、集落の前には干潮になると露出する磯が広がっており、その岩の割れ目を通って、各家、家の前まで船をつけていた。そしてそれをニマとよんでいた。各集落で築港される時に、磯の岩盤は深く掘削されて、現在ではニマは漁港のはずれに若干残っているにすぎない。しかし、アラメ漁の時などは、家の前までアラメを満載した船を入れられることから、まだ重宝されている。

私たちが泊まっていた飛島旅館の本間又右衛門さんは

勝浦のニマとニマに係留中の漁船。防潮堤を備えた漁港が完成しても、家の前まで船がつけられるニマは使い良い

勝浦のニマをひとつひとつ覚えていた。ニマは、例えば又右衛門さんの船の入るニマは、又右衛門ニマなどと、名前もついていたという。一本のニマを二軒で共同していたものや、大ニマとよばれるものは、入口はひとつでも、中で十三本もの枝ニマが分かれていたものもあったらしい。そしてそのニマを使用していた時代は、干潮の時を見計らって、バールなどで岩をかいて、幅を広げたり底を掘削していたそうである。後に丸一ケ年かかって新しくニマを作った人の話を聞いたが、多分、他のニマも長い間かかつて人が築きあげてきたものであろう。

そのことから、飛島で、分厚い板材の島船が好んで使われてきたのもそのニマのためであったと気づいた。島船をマブネ（澗船）と呼んでいるのもその表れのひとつであろう。毎日、岩の割れ目をぬって入ってくるには、厚い、できるだけ頑丈な船が要求されたのである。

さて、村井さんや永作さんの話から島船が昭和四〇年頃からは、もう島ではほとんど使われなくなったことはわかった。永作さんが最後に島船を造ったのも、昭和二二年頃のことであったという。以後、島船は修理以外に注文はなくなったという。

しかし、ではいつ頃から島船が飛島で造られたのだろうか。それは案外と新しいことであったようだ。というのも、私たちが泊まっていた飛島旅館の本間又右衛門さんが、その著書、『飛島―うつりかわる人と自然』の中で、「磯見舟づくりの船大工鈴木永助は、腕のよい職人で、丸木舟にヒントを得て、肋材《ろくざい》のない飛島独得の島船を考案建造した人といわれる」とのべておられるからである。それに、勝浦港のすぐ近くにある琴平神社の拝殿には、その鈴木永助が昭和四〇年に奉納した島船模型と共に、神主の筆になる、「和船島船の由来」と題する額が掲げてある。それにも、「（略）明治・大正・昭和の三時代、約一世紀間島船の磯漁漁業に尽くしたことは随一であり（略）」とある。

明治・大正・昭和、という限定つきで書かれているのがひっかかる。又右衛門さんの本や、神社の額から、私流に解釈すると、島船は早くても明治後期から造られ、使われはじめたように思える。では、それ以前、島ではどのような船が使われていたかが問題になるが、残念なことに、それは今の私にはわからない。

ただ、島船が鈴木永助の考案というのは、その通りかもしれない。というのも島船とよく似た船を、どこかで見た記憶がよみがえってきたからである。それは秋田県の八郎潟で使われてきた潟船《かたぶね》にそっくりであった。もっとも今日、潟船は多くがプラスチック船になっているが、私は潟近くの昭和町の資料館で、古いタイプの潟船を見たことがある。その時は、島船を見た時と同様に、その直線的な船型と、使われている板の厚さに驚いたものであった。非公開の資料館で、なかは暗く、写真も撮れなかったが、確かに同じタイプの船であったという気がしている。

八郎潟と飛島はそう遠くない。鈴木永助が舟大工の修業に島の外に行ったかどうかは定かでないが、何かの機会に秋田を訪れて潟船を見て、それを、島に伝えたことも充分に考えられる。

もっとも、これはすべて仮の話で、実際は亡き鈴木永助に聞いてみねばわからない。鈴木永助が亡くなったのは、昭和五二年のことであるから、それまでに訪れていればそれがわかったのにと、残念に思われた。

しかしそれにしても、ただ漫然と見ているだけでは、昔からそこに在りつづけてきたと思われる島船に、どうやらモデルらしきものが存在することや、それが、一人の舟大工の手によって島に伝わってきたらしいということは、私には面白く、また、今後、再調査してみるべき問題のように思われた。

北前船が寄った港

飛島はかつて北前船《きたまえ》の寄港地だったという。だが今日の島の姿から、ここが北前船の寄港地だったとはやや想像しにくかった。

かつて北前船の寄港地だったという瀬戸内の御手洗《みたらい》(広島県大崎下島)を歩いたことがあるが、古色蒼然とした土蔵や遊郭だった町屋が建ち並び、いかにも湊町という雰囲気があった。飛島にはそうした華やかさが全くないのである。

しかし、飛島は紛れもなく北前船の寄港地だった。そのことを具体的に目に見えるかたちで教えてくれたのは、前述の本間又右衛門さんだった。又右衛門さんに聞いた、かつて北前船の錨地だったという勝浦の港の館岩の麓には、もやい綱をとった木柱と石柱が残っていたし、港の入口の岩の上にも石柱が一本残っていた。また、飛島旅館自体が、かつてはその北前船の船方の世話をした船宿の一軒であり、『客船帳』の類が大切に保存されていたのである。

実際の客船帳を見るのは初めてであった。しかし、客船帳に載っている各地から寄港した帆船の帆印《ほじるし》を見ているだけでも、なかなか面白かった。客船帳は最も古いものは元文三年(一七三八)のもので、それから寛保二年(一七四二)までのものが一冊にまとめられていた。他にはそれから約百年後の天保六年(一八三五)、八年、十年、十二年のものが各一冊、その後は明治十年、十五年、二一年、二五年のものが各一冊あった。また、天保十二年(一八四二)の、飛島の船宿間の申し合せを書いた『問屋会合帳写』や、また、諸国の帆船の持主の屋号、船名、帆印などを記したいわば得意先一覧帳のような『御客船帳控』、明治二五年の『乗客順番帳』が残っていた。

『問屋会合帳写』からは天保の頃に十三軒の船宿があったことがわかった。そしてそれには、昔から定まった宿がある帆船は、船頭が他の宿を希望してもその宿で世話すべきことや、初めて飛島に入港した帆船は、その日の当番の船宿が世話すべきことなどが書かれてあった。また、塩の売買に関する記述ものっていた。船宿はまた帆

法木の頑丈な木造の民家

船の積み荷を売買する問屋だったのである。『問屋会合帳写』ではそれぐらいしかわからなかったが、後日調べてみると、飛島の船宿では米、砂糖、ミガキニシン、棒タラ、塩ザケ、筋子《すじこ》、綿、古着、藍玉《あいだま》、半紙、蠟《ろう》、鉄、銅などが主として取りあつかわれていることがわかった。

客船帳では元文四年のものでは三月二〇日に摂州(摂津《せっつ》)神戸浦の伊勢丸十五人乗りが入港したのを皮切りに、芸州(安芸《あき》)、摂州兵庫浦、大坂、因州(因幡《いなば》)、淡路島、紀州(紀伊)、越後加茂、早川、佐渡、酒田などからの入船があったことがわかる。記録は八月二九日で終っていたが、この間一一九隻が入船しており、なかでも大坂や摂州の浦の船が圧倒的であった。天保八年のものは三月六日に越中放生津《ほうしょうづ》の北福丸四人乗りの入船を皮切りに、十月五日越中六渡寺《ろくどうじ》他二隻の入船で記録がとだえ、この間九九隻が入船している。そして、これでは元文年間のような千石船級の帆船はほとんど姿を消し、越中、越後、佐渡、能登などの三~五人乗りの、小さな帆船が多くなっていた。この頃になると、日本海沿岸のそれらの浦々にも、百石、二百石程度の小廻船が増え、北海道松前までの地域間運航が盛んになっていた様子が伺える。

明治七年のものでは、寄港してくる船はやはり、越中、越後、能登、佐渡の船と変らなかったが、船数は格段に多く、二二五隻が入港していた。各月別では四月=三一隻、五月=二〇隻、六月=二五隻、七月=五三隻、八月=三二隻、九月=四一隻、十月=一七隻、十一月=一隻となっている。かつて歩いた越前の浦々で、昔は帆前船の船方であったという年寄りから、帆前船の航海は三月にはじまり、十月末になると、船を陸上げして、莚《むしろ》やコモで冬囲いをしていたという話を聞いたことがあるが、客船帳でもそのことが確められた。

この他、『御客船控帳』には、北海道松前他、南部、津軽、秋田、庄内、越後、越中、佐州(佐渡)、能州(能登)、加州(加賀)、因州、長州(長門)、芸州、播州(播磨)、摂州、大坂、泉州(和泉)、紀州などの船名約二、九〇〇隻が記録されていた。その中には、つい一年半ばかり前に訪ねた越前大丹生浦の川上清右工門などの船名もあって、なつかしく思えた。

秋の勝浦の海岸べりではアズキが干されていた

しかしながら、飛島への入港が多かったのはせいぜい明治二〇年頃まででであったようだ。というのも明治二五年の『乗客順番帳』には、すでに六軒の船宿しか記入されてなかったからである。明治二〇年代は風向きに左右されず航海できる機帆船も増えつつあったし、また、陸の鉄道網も発達しはじめていたから、飛島へ寄港する船が減ってきていたのだと思われる。しかし、それ以後も飛島へは、越前、越中、能登などからの帆船の入港はまだ続いていた。

それにしても又右衛門さん一軒の客船帳だけでも、約二、九〇〇隻の船名が記録されているのは、私には驚きであった。と共に、かつては海が陸と陸を隔てるものではなく、帆船を通じてではあるが、陸と陸とを結ぶものであったことに、改めて気づかされる思いであった。

廻船が少なくとも明治中期以前の島の暮らしに大きな役割を果たしていたことは、ある程度理解できた。そして、廻船の寄港が少なくなった以後の飛島は、いよいよ、漁業一本で暮らしを立てざるを得なくなるのである。

磯のめぐみ

さて、島船を見た後は、島の漁具も併せて百点ぐらいは調べてみることができた。家々の軒下や納屋には樫の棹を何本もつぎ合せた先に鈎《かぎ》をとりつけたアワビ用の棹や、また、サザエ、ワカメ、アラメなどを採るらしい漁具の数々が保存されてあり、飛島の漁撈が磯漁中心であることはすぐにわかった。それはまた、漁具だけでなく、飛島の周囲に発達した磯の様子を見るだけでもわかる。イカ漁でさえ、昭和三〇年代までは、飛島では島の沖合

二、三百メートルの磯で行なわれていたという。

飛島での磯漁はワカメ、アラメ、テングサ、ノリ、モズク、イギスなどの海藻類、アワビ、サザエ、イガイなどの貝類などである。この他、他の地方では蛸壷などで獲られているマダコも、ここでは磯漁《いそあさ》りとよばれ、磯を歩いて獲る漁であったし、大きな水蛸も、五～十五尋の深さの磯で獲る漁であった。

磯漁では、この春に訪れた時は、ちょうどワカメとアラメ漁の季節で、何回かは見学することができた。アラメは荒布と書く。その名のとおり、ワカメに比べると葉がデコボコしていて荒く、また色も黒い。が、細かく刻んで油いためにしたり、カツオブシと共に煮しめてもうまいし、刻んで酢で食べてもうまい。

そのワカメやアラメ漁を見られたのは、法木と勝浦であった。飛島では各々の集落ごとにワカメ、アラメの口開けの日が異なっている。磯が集落ごとに厳密に区分けされていて、海の様子や集落の事情などで、口開けの日が違うのである。磯の区分は藩政時代からのもので、磯堺をめぐって争いが起きてもいる。たいていは勝浦と法木にはさまれ、磯がもっとも狭かった中村と、勝浦、法木間の争いである。争いは度々生じているが、それほど磯が大切であったのだろう。

法木でワカメ、アラメ漁が行なわれた日は、勝浦、中村では海が多少時化《しけ》ていて、口開けがなかった。私が法木の海に駆けつけた時は、もう五、六〇隻の船が出て、漁の最中であった。一隻に一人乗っている船もあれば、二人、三人乗っている船もあった。採っているのはアラメらしく、どの船もすでに船腹に黒々としたアラメが溢れていた。

見ていると、三人乗っている船では一人が櫂を操り、二人が二、三尋の棹の先に、縄を巻いた五、六〇センチほどの竹を二股に取りつけた道具を海中にさしこんで、アラメをはさんでねじりとり、引きあげていた。アラメが巻きついた棹は重そうにしなっていた。

十一時になると、一隻の船に赤い旗があがった。それが漁の終りの合図であったらしく、各船とも一斉に採るのを止め、エンジンをかけて帰港しはじめた。実によく統制がとれていると思えた。

そうした漁業上の規約は法木だけでなく、勝浦や中村でも、今も固く守られているという。各集落ともアラメ、ワカメの口開けだけでなく、磯の全ての漁の口開けは、日和見係《ひよりみ》がいて決めているらしい。日和見係は勝浦、法木は五人、中村は四人いて、合議で決めている。各集落の共同の費用を捻出するために、磯漁やイカ漁などを行なうこともあるらしく、それを村凪《むらなぎ》と称しているが、それも日和見係が決めるらしい。こうした漁撈慣行は、たいへん古い時代からのもののようだ。

ところで帰港した漁船からはアラメが次々に水揚げをされていく。ちょうど日曜日だったので、子供たちも出て来て手伝っている。昭和三〇年代半ばまで、このアラメやワカメ漁の頃は、漁繁休業といって、小中学生も学校を休んで、手伝いをしたらしい。ワカメ、アラメ漁は一軒から何人出てもよかった。また、今のように十一時までではなく、一日中採っていたから、アラメを刻んで干す者が必要だった。それぐらいは小学生でもでき、それで親はアラメ採りに専念できた。しかし、各集落の口開

陸揚げしたアラメはカッターで細かくきざみ、茅簀にひろげて干す。乾燥するまで三日間ほどかかる

け日がまちまちなので、漁繁休業も二〇日間に及ぶことがあり、学校の教師の方はたいへん困っていたという。

採ったばかりのアラメは黒々としてみずみずしかった。それをカッターで細かく刻んで茅簀に乗せて二日間干せば、出荷できる。

今日、アラメはキロ、一二〇〇円～一三〇〇円で漁協に卸しているという。この日、法木では茅簀に四〇枚分のアラメを採った家があるという。四〇枚分のアラメはおよそ四〇キロになるから、約四万円分の収入をあげたことになる。アラメの収入は今日でも大きいのである。

一方、ワカメの方は、三陸などの養殖におされて値が出ず、自家用程度にしか採られていない。

もっとも高値のつくアラメといえども、採ろうと思えばいくらでも採れるが、法木でも今は一漁期に三回しか口開けをしないという。つまりキロ当り一二〇〇円もの値は、生産調整をすることによって、かろうじて保って

アラメをゆがいてアクを抜く。この後、水洗いして干す。こうしておくと水に戻すだけで食べられる

いるのが実情であった。

翌日は勝浦も中村もアラメの口が開き、どの集落も船揚場や道端は、たちまちアラメを広げた茅簀で覆われてしまった。

アラメはまだ多くの収入をあげているが、他の海藻はもう、ほとんど自家用にしか採ってないという。ただ、法木では七、八月にエゴグサは多少だが出荷用に採っている。エゴグサは水でさらして煮て寒天状にして食べるとうまいもので、まだ、庄内地方では愛好者も多いらしく、キロ、四〇〇〇円で売れるという。

晒して乾燥させたテングサのゴミをとる。かつては物交に用いたが今は自給用分だけ採取する

貝類の磯漁ではやはりアワビ、サザエであるが、その漁は不振だという。昭和も三〇年代まではアワビもサザエも豊富で、サザエなどは月夜の晩に磯の上に這い上がってきて、それを籠を持って拾いに行っていたほどだというが、今日ではアワビもサザエも一日に一人の漁師が十二、三個も採れば良いという。

それでも全く出ないよりはましなので、他の漁の合間を見ては、出漁しているようで、箱眼鏡で海を視き、サザエを採っている船を見かけた。ちなみにサザエは三本の八番線くらいの針金を三叉状に樫棹の先につけた道具で、はさみこんで採り、アワビは鈎でひっかけて採っている。

アワビは九月から十一月いっぱい、そしてサザエは二月から六月までが禁漁であり、それ以外はいつでも採っていい。だが、冬はほとんど出漁できないし、春は本土の河川からの雪融け水で海が濁って海底が見にくく、また、五、六月は海藻が茂っているので、貝を捜しにくい。それで盛漁期は七 八月の夏ということであった。それでも今は「幻の貝」 のようになったということは、アワビやサザエの繁殖能力を超えて、採りつづけてきたことが大きいのだろう。

磯漁で大変面白く思えたのは、蛸漁であった。飛島では秋十月頃になると、マダコが磯に寄ってきて、磯の穴にひそむ。それも、干潮になれば干上がる磯の潮だまりの穴に入ってくる。磯を歩いて、赤い布かカニを竹棹の先につけて、穴をさぐり、蛸を誘い出して、ヤスで突きとるのである。子供たちにも格好の遊びでもあるらしく、放課後の磯では、蛸獲りに興ずる子供たちもよく見かけ

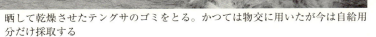

サザエの身を取り出す。かつては塩漬けにして物交に用いた

られた。

　蛸といえば「蛸穴」の話は誰からも聞くことができた。飛島では「蛸穴」は、かつては「米櫃《こめびつ》」とか、「飯喰《めしく》い種」と称され、所有者が決まっていたというのである。もっともそれはマダコのものではなく、水蛸の穴のことだ。水蛸は大きいものになると七、八貫にもなる日本最大の蛸である。島の周囲の五～十四、五尋の深さの磯には、いくつもの蛸穴があり、冬になると水蛸がはいってくる。それを蛸のマガリヤスとよぶ大きなヤスで船上から突いて獲るのである。

　この飛島の蛸穴の所有権の話は、大正十四年に島を訪れた画家でもあり、民俗学者でもあった早川孝太郎の『羽後飛島図誌』で報告され、世に広く知られた。少し長くなるが、それを引用してみよう。

「（略）蛸穴はそれぞれ所有権が定まっていた。代々持ち伝えているのである。売買は叶わぬものとしてあるが、昔は娘を嫁に出す時、つけてやる風があった。良い蛸穴の三つも四つも持って行けば、先には何一つなくても、生活に困らなかった。他から随分うらやまれたそうである。そして万一離縁の時は、穴はふたたび元へ還るのである。（略）全部の蛸穴はほとんど無数といってよいくらいで、多いのは一軒で八〇も一〇〇も持っていたのである。そうかと言って一つも持たぬ家も多かった。」

　そして併せて「別表の蛸穴は現在最も優良なもののみを示したもので、まず特等の部である」として、三六の蛸穴の名称、所有者、名称の由来、位置などを示しても

タナゴの焼節つくり。かつては本土の農家との物々交換に用いた

ある。

それによると穴と名のつくものよりは、チボタカ石、カサナリ石などと、石と名のつくものが多い。石の下に蛸がひそみ、また、海中で目安となるものも石の形状や大きさだったからと思われる。

藩政時代には、蛸穴の所有者から八枚の干蛸が藩主に献上され、また、明治三六年に漁業組合が設立された後も、蛸穴税が所有者に課されていたという。

私には蛸穴が「米櫃」と称されていた感覚がどうにも理解できにくい。水蛸は余りうまくない蛸であるし、蛸がそんなに金になったとは思えないからである。しかし、それは今日の感覚のことで、藩政時代には水田も殆んどなく、また、タラ漁、イカ漁以外に漁のない冬に、海にちょっと行きさえすれば確実に蛸がとれることから、漁業一本で暮らしを立ててきた漁家には、また別のおもむきがあったのだろう。

この蛸穴も、昭和八年以後、漁業規約上は誰が獲ってもよくなった。だが、実際上は蛸穴を見つけるのは容易ではなく、また見つけても、旧所有者に遠慮もあって、他の人は余り獲らなかったという。その蛸も今では、集落前の一番手近かな蛸穴が、築港のためにつぶれたことや、ゆでて出荷してもキロ当り二〇〇円ぐらいで、たいした収入にもならず、余り獲ってはいない。

飛島の磯が豊かであったことは、こうした話から充分理解できた。しかし、今ではかなり事情は異なっている。今日、磯で多少とも収入になるのは、春のアラメ、夏のエゴグサ、冬の岩ノリであり、貝類ではアワビ、サザエぐらいで、しかもそれも前述したように多くは採れない。かつ、これらの磯漁に熱心なのは旅館や民宿のない法木ぐらいで、他はさほどでもない。

五月船と秋船

しかし、今でこそ磯物はあまり良い収入ではなくなったが、戦前、戦後も間もなくまでは島の暮らしを支えた漁撈であった。というのも飛島では戦前までは、磯物を本土の農村に持っていき、およそ半年分をまかなうほどの飯米と交換していたからである。いわゆる物交《ぶっこう》（物々交換）だが、そういう物交のことを飛島では在郷《ざいご》廻りとか檀家《だんか》廻りとよんでいた。

在郷廻りに出かけるのは、春のワカメ、アラメ漁が終った五月頃のことで、飛島からは船を仕立てて三集落とも一斉に出て行ったという。五月に出ることから、それを五月船《さつき》とよんでいた。そして農家を訪ねては持参した海産物と米とを交換した。もっとも交換するといってもすぐに米を受け取る訳ではない。農家に渡した海産物の量を帳面に控えておき、農家が稲の収穫を終えた秋に、再び船を仕立てて米を受け取りに行った。それを秋船とよんでいた。

前掲の『羽後飛島図誌』に、その五月船の写真が出ている。法木のニマから出て行く時に撮った写真だが、旗を立てて出て行ったようである。解説には、「図に見える旗は還る時に遥かの沖からでも一目に知れるよう、船中無事の標で、また昔の名残でもあった。異変のあった際は旗はかならず巻いて来るのである」とある。写真は一隻だけしか写ってないが、春のうららかな陽射しを浴びた何十隻もの五月船が、帆に一杯の風を受けて行く様

アラメ漁の最中の法木の漁船の群れ。5月、6月には飛島の各浦ではワカメやアラメの口明けがある。
かつては小中学生も漁繁休業をとって一家総出で働くほど海藻の採取は重要な磯漁業だった

は、さぞ、美しくも壮観であったろう。

この在郷廻りは、五、六〇歳以上の人ならたいてい、一、二度は親について歩いたりして経験しているという。実際、私が会った人はだいたいその経験者であった。私が聞いた中でもっとも遅くまでやっていたのは、中村の太田ハナヨという七六歳のお婆さんで、昭和五〇年までは行ったという。しかし、この頃は特別仕立ての五月船ではなく、定期船を利用してであった。

「昔はワカメ採れたら出かけてたね、リヤカー引っぱってね。檀家は二〇〇軒ぐらいあったかね。それを一週間くらいかけて廻ってね。オラはアラメは売らなんだが、エゲシ（エゴ草）やテングサは良く売れたね。ワカメは乾燥したものより塩ワカメがよく売れたね。イカ、サザエ、アワビの塩辛も、ヤキブシ（タナゴやクデなどの小魚の焼き干したもの）も持って行ったもんだね……」

と、ハナヨさんはその経験の一端を語ってくれた。家により、持って行く物は若干の差があったようである。また、行先きも異なっていて、ハナヨさんの場合は鶴岡《つるおか》の在《ざい》の方に行ったが、隣の家の人は飽海《あくみ》郡の吹浦《ふくら》の方を廻っていたという。また、勝浦の斉藤甚八さんは東田川郡の羽黒《はぐろ》町が得意先であった。そして互いの檀家は侵さないようにしていたという。

明治四年の『飛島三ケ村掟』に、「初船五月船烏賊売《いかうり》船、秋船共に三箇村、何月何日より仕《つかまつ》り度く、何日頃風合い見合せて、乗出すべき事に相定申度、万一取極より前に乗出し候船には過怠《かたい》申付くべき事」とあることも、そうした配慮であったようである。

行先きは、昭和八年十月に、当時の島の小学校の校長の佐藤不二男が調査したところ、山形県飽海郡、東田川郡、西田川郡、最上《もがみ》郡の一部、秋田県では由利《ゆり》郡であったらしい。秋田県由利郡に行くのは法木の船が多かったという。由利郡の金浦《このうら》までは九里、酒田は一〇里で、むしろ法木からは近かったからであろう。

また、檀家数は山形県内に九、八五七戸、秋田県に一、一一一戸、計一〇、九六八戸となっている。当時、飛島の戸数は一八一戸で、そのうち檀家を持っている家は一三一戸だから、一戸当たり平均すると、八四戸ぐらいになる。前述のハナヨさんは、檀家は二〇〇軒といっていたので、少し多すぎる気がするが、誰に聞いても二〇〇軒ぐらいは……というから、ともかくも檀家が多かったことが、その苦労と共に記憶の中にあるのだろう。

それにしても、よくも一万戸を超える檀家を抱えていたものである。飛島がそれほどの檀家を抱え得たのは、庄内から秋田平野にかけての海岸の大半が砂丘地帯であって、漁村が少なく、特に磯物がとれにくかったということに関係があるだろう。飛島のアラメやワカメなどが飛ぶように売れたのも、そのためであったのである。

では、これら磯物でどれほどの米を得ていたかというと、十四、五俵から多い家では四〇俵であったという。飛島で一番多く米と交換したという、勝浦の本間利春さんの家を訪ねてみると、『郷中仕入販売帳』が残っていた。それによると、山形県東田川郡横山村、渡前村、同幕ノ内、実徳、中荒俣、荒俣、広瀬村富沢、狩谷ノ目、泉村本荒川、仙道、荒町、山荒川、今野など十四の集落へ物交へ行っていた。そして、アラメ、ワカメ、カスべ（エイ）、テングサ、エゴグサ、イギス、クデ、ホッケ、塩タラ、サイナガイカ（ヤリイカ）などを置いてきて、記帳のある分だけでも一二九斗、約三二俵強の米を得ていたことがわかる。交換した米の量が記帳されていないものもあったから、確かに四〇俵ぐらいはありそうだった。

ただし、利春さんによると、交換した庄内米をそのまま島に持ち帰った訳ではなく、大部分は酒田の米屋で外米に換えてさらに量を増やし、また一部は換金もしたらしい。どの家でも同じようにしていたという。

檀家数については先の『郷中仕入販売帳』には集落ごとの檀家名の記載がないので、それはわからない。十四の集落ごとに一軒ずつ人名が書かれているが、それは島宿にあたるものだという。

島宿は、島から海産物を持って行った時、島の人の宿泊の世話をしてくれた家であり、海産物や交換した米を預かってくれる家でもあった。また、後にはその宿の人が、島の人の代わりに、その在《ざい》での交換を引き受けてくれていたという。その場合は宿に約一割の謝礼を出したり、塩辛やスルメなどの手土産を持っていったという。

ちなみに昭和一〇年頃の交換比率は、米一升に対して、ワカメ、アラメは各二〇〇匁、塩漬けワカメは一升、塩ホッケは二本ぐらいであった。利春さんによると、比率としては農家にとってはやや割高になる計算だったという。が、それは農家にとっては春の忙しい時に先方から来てくれて、また、秋まで支払いをのばすことができ、しかも米で支払えばすむので現金を必要としないですむという利点があった。

このことが戦後までも物交が続けられてきた要因であろうし、また磯物が飛島にとっても貴重な海産物ともなっていた要因であったと思われる。

イカ釣りの島

この四月に訪れた時は、飛島はメバルやホッケ漁の季節を迎えていた。早朝の浜のあちこちで、網からメバルやホッケをはずし、トロ箱に詰める風景があちこちで見られた。メバル網やホッケ網は春三月末頃から五月頃までいれる。アラメ、ワカメがたいして収入にならなくなった今では、夏のイカ釣りのはじまるまでの、春の主要な漁となっている。

六月の末に再び島を訪れた折には、浜にはもうメバルやホッケの姿は、どこにも見当らなくなっていた。代りに島は本格的な夏イカ（スルメイカ）釣りの季節に入っていた。道端や船揚場に鳥除けのネットを張り、その中の簀の上に開いたイカが干してある光景が見られた。

しかし、その数はごくわずかであった。イカの島らしい素晴らしい水揚げを期待していたが、少々期待はずれであった。ここ数年、飛島のイカ漁は不振を極めているらしく、出会って言葉を交した誰もが、イカの不漁をなげいていた。

それでも夕方になると、集魚灯を吊した二、三トンのイカ釣り漁船が、エンジンの低い音を響かせては出漁して行き、日が落ちると、島の沖合で美しい漁火が眺められた。ただ、その数も数えられるほどで、一〇年も前に見た津軽海峡を埋め尽くすほどの壮観な漁火にくらべると、わびしく思えた。

顔見知りになった漁師によると、集魚灯をたいての夜

ヤリイカの定置網。海越しに臨む山は本土の鳥海山

出漁する飛島のイカ釣り漁船

ウミネコにさらわれないようにネットを張ってイカを干す。藩政時代以来、島の経済を支えてきたイカも、近年は不漁の年が多い

の漁は、油を結構使うそうで、イカ漁不振の昨今は経費倒れになることもあり、手控えている家が多いという。そのかわり、もっぱら昼釣りをやっているという。昼釣りといっても実際は朝の三時、四時に出漁し、日の出までの一、二時間を釣るから、朝の漁である。そしてこの方は、豆電球をしこんだイカ釣り針を、手でしゃくりながら釣るので、労力さえ惜しまなければ、少々の油代と電池代くらいですむ。ただ漁獲の方は集魚灯での夜漁に比すべくもなく、漁の少ない今日では一晩に一〇〇杯も釣れれば大漁で、ひどい時には一〇杯、二〇杯ぐらいのものらしい。

たしかにイカ漁の不振は、はなはだしいようで、昼釣りから帰った漁師のトロ箱を覗いて見ても、わずかなイカの姿しか見られなかった。こうしたイカの不振は何も飛島だけのことではない。昭和五〇年頃から全国的にイカの漁獲はぐんぐんと減っているのである。どうやら沖合で煌々と白熱灯をたく大型漁船や釣り具の進歩が、その一因のようである。

飛島でもイカ漁は今ではすっかり沖合の漁になってしまったが、かつての飛島ではイカは本来、磯に寄ってくる魚であり、磯漁のようなものであった。天保年間（一八三〇～一八四四）の飛島の風物を描いた島役人佐藤梅宇の『飛島図絵』にも、今は勝浦港内になっている、島のすぐ沖の磯で、イカ釣り漁船が群れている様子が描かれている。そして江戸時代だけでなく、戦後間もなくまでは飛島にあってはイカは島のすぐそばでの漁であり、しかも、十一月から五月のサイナガイカ（ヤリイカ）、五月から十一月の夏イカと、季節によって釣れるイカや量こそ違え、一年中切れ目もなくイカが釣れていたのである。

実際、飛島は磯漁の他はイカに頼って生きてきた島であった。

藩政時代には、ほとんど米のとれない飛島から藩への年貢はスルメで納められており、飛島三ケ村から五〇駄の年貢を納めたという記録も残っている。一駄は二千枚であったから、全部で十万枚である。例えば、寛文二年（一六六二）の三ケ村の、年貢割当ての対象となった十五歳から六五歳までの男は二二七人であるから、一人当り約四四〇枚のスルメを納めていたのである。一人当りにしてみれば、思いのほか少ないという印象をもったが、それはあくまで年貢分だけであり、実際の漁獲は当然その何倍にもなっていたはずである。そして、当時の幼い漁法を考えれば、島に寄るイカは相当なものであったろう。

このようなことが、飛島をしてイカの島といわしめたのであろう。

昔のイカ漁の話を少しは聞きたいと思っていたが、それは勝浦の斉藤甚八さんから聞くことができた。甚八さんは、かつては島船のテンマに乗って、明け方まで釣ったという。集魚灯も昭和三〇年までは石油灯で、それでも、一晩に何回も沖からオカまでイカを揚げに戻るくらい釣れた。その頃は、女の人も船に乗ったし、乳飲み子もエンジコに入れて沖に出たという。もっともそれは夏の漁のことで、冬から春にかけてのサイナガイカ釣りでは、寒くて無理だった。冬の漁では、各自が足元に火鉢を置き、その上にドンザという木綿の綿入れを被せて、体を暖めながら釣ったという。

　サイナガイカ漁については、各浦で共同の網漁をやったという話を聞いた。三月から五月頃にサイナガイカは産卵のため、岸のすぐ近くまで寄ってくる。それを二隻の船で網を敷いて待ち、茅の松明《たいまつ》をたいて、イカを網の上に集め、頃合いをみて網を上げるという、一種の敷網である。戦前まではそのような漁があったという。それほど、イカが多かったのである。

　また、サイナガイカは、釣りもしたが、定置網でも獲っている。これは今日でも見られる。十二月頃から集落ごとに思い思いの場所に仕掛け、四月から五月初旬にかけて撤去する。猪口《ちょこ》網とも、ふくべ網ともいわれ、各集落とも全戸加入の、いわば村網である。そして、今日の飛島ではこの猪口網が冬の主たるイカ漁となっている。

　この網は明治三七年に越中の竹内孝正という人物がもたらしたものであった。勝浦の月座《つきざ》神社の脇にある、明治四一年建立の石碑でそのことがわかる。

　竹内は、明治三五年、北海道への渡航中、飛島に立ち寄り、イカの多いのを見て猪口網の施設権を勝浦に交渉し、三七年にその許可を得て漁夫十四人と共に来島し、初めて網を入れた。三七、八年はさほどでもなかったが、三九年には大漁で、以後、勝浦では竹内から網をゆずりうけて、全戸加入で操業をはじめている。そして、四〇年には七〇余日で四千円、翌年も大漁で、勝浦の漁獲は飛躍的に増加したという。

イカをさばく

　以来、猪口網は飛島での主要な共同網漁となっているが、そのような主要な漁法が海を通じた人の交流によってもたらされたことに、私は少なからず感動を覚えた。
　仲間二人が同行した昨秋の旅では、法木で池田幸一郎という四〇代前半の若い漁師夫婦にも大変世話になった。納屋の前で、イカの塩辛作りに精をだしていた、奥さんの写真を撮らせてもらったのがきっかけであった。
　幸一郎さんは二七歳、昭和四一年頃から、中村にあった三九トンの大型イカ釣り船で北海道をあるき、またその後は、山形県のイカ釣り漁船としては初めて、イカの大漁場として知られる日本海中央部にある大和堆《やまとたい》に入漁した人である。今は一人で小型漁船でイカ漁をやっているが、法木では唯一隻だけ、冬のタラ漁もしているという、明るく、しかも気の張った漁師である。

イカの塩辛つくり。イカの塩辛は飛島の名物だった

奥さんは、幸一郎さんの話を聞く私たちの側で、せっせとイカを刻んでいた。夏イカも冬イカも鮮魚出荷しているが、一部はやはり、かつて物交が盛んであった時代のように、塩辛にしている。イカの塩辛は、夏イカを獲った時にウロ（肝臓）を取り出して、桶で塩漬けにして、秋までそのままにして発酵させる。一方、身の方も別に塩に漬けておく。十月末になると、ウロの塩漬けは醤油状になり、その汁に塩漬けにしていたイカの身を切って漬け合わせるのである。島の人には身よりもむしろ、ウロの方が好みであるらしい。大根などの野菜の煮つけにも醤油がわりに使ったというから、一種の醤《ひしお》なのだろう。

幸一郎さんの話によれば、今でも県外船でイカ釣りに北海道に行っている人は多いし、また、昔からそうであったという。

スルメイカは回遊性の魚である。夏から秋にかけて産まれたスルメイカは、翌年の夏、水温の上昇と共に対馬暖流に乗って日本海を北上し、北海道沖に達すると、また南下する。飛島では夏イカは秋まで釣れるとはいうものの、最盛期は六、七月までであった。それを過ぎると、夏イカは下北半島や北海道方面に移動して、めっきり少なくなる。明治の半ば頃から飛島の元気のいい漁師は、春の海藻漁を終えると、夏の海藻採取、採貝漁は婦人や年寄りに任せて、北海道に出漁するようになっていたのである。

中村の進藤仙太郎さん（大正二年生）は、

「オラが初めて北海道に行ったのは十五歳なんせ。奥尻《おくじり》島に行ったんせ。その後は能登の小木《おぎ》港の船に乗って、一〇年も二〇年も北海道あるいたな。昔は能登や越中のカワサキ船という帆前船が盆すぎになると、五隻も一〇隻も入ってきてな、飛島の若衆はそれに乗ってイカツケ（イカ釣り）に行ったんせ。オラたちが乗ったのは焼玉

刺網からホッケをはずす

右上・左上　岩陰にひそむマダコをカニや赤い布をつけた棹でおびき出して突く

右　マダコの日干し

左下　勝浦の蛸穴の図。ミズダコのひそむ穴は飛島では米櫃と呼ばれた

エンジンの発動船だったが、もっと前の人たちは、カワサキ船で行ったな」

と、話してくれた。

ちなみにカワサキ船は長さ七尋三尺五寸、幅一尋半ぐらいの漁船であったという。大小二枚の帆と、五丁櫓、四丁の櫂を備え、風があれば帆をかけて、なければ五丁櫓と二枚の櫂で漕いだものらしい。カワサキ船は飛島にもあり、もっぱら冬のタラ漁や、春、秋には物交用の五月船、秋船として使われていた。しかし、越中や能登のカワサキ船は、帆走では風上に七分も逆上ることができ、飛島のカワサキ船よりは優秀であったという。

ところで、仙太郎さんが最初に奥尻島へ行ったのは、十五歳、昭和二年のことだった。奥尻島には伯父が移住していて、五人共同の発動機船でイカツケをしていたという。しかし、奥尻島でのイカツケは、夜はイカを釣り、昼はそれを開いてスルメに加工するという、寝る間もない労働であった。眠くてたまらず、翌年からは函館を根拠地にしていた能登小木の船に乗ったらしい。小木の船は生売り船で、決まった問屋に生イカを売るだけで、昼は問屋の提供してくれる番屋で寝ることができ、楽であったという。そして、十月末か遅くとも十一月頃には島に帰ってきた。

北海道では、最初は函館を根拠にして津軽海峡が漁場であったが、次第に北へ伸びて、戦後は室蘭、広尾、釧路、さらには網走、根室、国後《くなしり》付近までも行ったという。何百隻ものイカツケ船が集まってきて、漁獲も減ったからである。

仙太郎さんが能登小木の船に初めて乗った頃は、飛島からも七、八隻のイカツケ船が出ていたが、地元の船に乗ったのは、出稼ぎをやめる前の二、三年である。能登や越中の船の方が漁が多かったことや、それまでの付合いもあってのことだろう。能登や越中の船も、飛島の人はイカ釣りに慣れているので、喜んで乗せたのである。

能登の小木や姫《ひめ》、越中、越前などのカワサキ船は、明治一〇年代後半からは、すでに下北半島や北海道のイカツケに出漁していたという。もしかすると、又右衛門さん宅に残る明治二〇年代の『客船帳』に見える能登や越中の帆船も、そうした漁船であったかもしれない。

いずれにしても、飛島が北前船の寄港地であったことと、飛島の漁師たちの出稼ぎ漁とは深い関わりがあることは確かなように思えた。

タラ漁の季節

「俺だば帆かけタラ船乗ったもんだ。カワサキ船といっていたどもな。八人で乗って出たもんだ。当時は何とも思わなかったが、後で発動船に乗ると、バカクセーと思ったな。一生懸命やっても金とれなんだものな」

今年の四月は、中村の進藤菊三さん（明治四一年生）から、昔のタラ漁の話を聞いた。タラ漁は今は法木一隻、中村二隻、勝浦で二隻がやっている。が、進藤菊三さんがタラ漁を始めた昭和一〇年頃は、勝浦八隻、中村四隻、法木四隻もあったという。もっと以前、藩政時代には勝浦八隻、中村一〇隻、法木八隻があったらしい。その頃はタラ漁は株制度になっていて、株持ちの家しかやれなかったそうで、その株を持っている家を納屋《なや》といっていた。進藤さんの始めた頃も、タラ漁をやる家を納屋といっていたそうだ。

納屋に対して、タラ船に乗組む者をタラバ若勢《わかぜ》とかタラバオジとよんでいた。カワサキ船の時代は、納屋主を含めて六、七人が、発動機船になってからは一〇名が乗組んでいたという。毎年、タラ漁のはじまる前までに納屋主は若勢を募集した。といっても小さな村のことで、ほぼ毎年、同じメンバーが乗組んでいたらしい。そして乗組員が揃うと、出漁前の適当な日に、納屋主は全員を集めて酒肴をふるまい、「カコガタメ」を行なった。カコガタメの席では納屋主は一番末席に座ったものらしい。荒れる冬海での危険な漁に参加してくれることへの感謝の気持からであったのだろう。

ついでながら、こうしてタラ船に乗組むと、物交の五月船、秋船には優先的に荷物を乗せることができたという。五月船も秋船も、タラ漁の大きな漁船が使われていたからである。納屋と乗組みの関係は、もちつもたれつであったようだ。

漁場は本土の方へ一里半ほど行った、通称タラバ海峡である。そこは海が深く切れこんで一五〇～二〇〇尋あり、泥砂の底はタラのよい産卵場になっている。

漁場へ出て行くのは朝の三時、四時であった。凪をたよりに櫓も押して、小一時間で漁場に着くと、すぐに縄を延《は》える。

縄は一枚が五、六〇尋で、一丈ごとに出した枝縄の先の鉤《はり》にイカの切身の餌をつけた。それを、五、六〇枚延えた。縄を延える時は三人位が櫓を押して、潮流に乗って延えていった。そして延え終ると、タバコ一服くらいの時間をおいて、また延えはじめの場所から順に縄をあげていったという。一回の操業で普通は一〇〇本ぐらいのタラがあがったが、五、六〇〇本もの大漁が何回かあったという。

もっとも朝方に出漁するのは寒《かん》のうちで、三月、四月になると、昼すぎに出漁して三時、四時に縄を延えて、翌朝あげに行ったという。縄を一晩海に延えておくことから、これをとめ縄（留め縄）といった。三、四月ともなると海も穏やかになるので、一晩中、海に縄を延えたままにしていても、平気であったのだろう。少しでも長い時間、縄を延えておけば、それだけ漁獲も期待できたのである。

また、この三、四月の漁では、縄の延え方も少し異なっていたという。普通には一本の縄しか延えないのだが、この時期は付け縄といって、更に一本の縄を本《もと》縄に平行につけて延えたという。そうすると、延える距離は同じでも、縄が一本余計に入っていることになり、より効果的な漁ができる。

釣ったタラは、日和のいい時には吹浦にそのまま持って行って仲買人に売った。吹浦に持って行くことをバノリといっていたという。バノリは若勢たちにとって楽しみであったらしい。普段はドブロクを飲んでいるが、吹浦では清酒が飲めたからである。漁の少ない時には各船のタラを一隻にまとめて、吹浦に持って行くこともあったという。

また、飛島の商人が魚を買うこともあったし、吹浦や酒田から商人が船を仕立てて買いに来ることもあった。その船を商船《しょうぶね》とよんでいたという。

発動機船になっても、タラ漁はなかなか厳しい漁であったようだ。なんといっても冬の海の漁であったからだ。タラ漁は一冬に七凪、つまり七日も凪げば良い方であったという。冬の荒れる海で、しかも厳しい寒さの中、一〇〇尋や二〇〇尋もの海底から重い縄を引きあげるのは、ずい分と体力のいる漁であった。そこで、村の中でも元気のいい若い者しか勤まらなかった。早朝に沖に出て昼頃帰ってくると、厚い綿入れのドンザを着こんでいても、頭の芯まで冷え切っていたものだという。

タラ縄は危険な漁であった。飛島はじまって以来の「総消《そうけ》」という大惨事もタラ縄船のものであった。明治二二年十二月四日のことで、三ケ村併せて十一隻、六二人が海に消えていったのである。その日は朝からベタ凪で、タラ船は元気に出漁していったのだが、縄を延え終る頃に、急に雲行きがあやしくなり、海が時化てきた。全船、慌てて縄を切り、大波の中、必死に櫓を漕いで帰路についた。そして、ようやく、島が間近になった頃、風向きが変わり、北西のタマカゼが吹いて、再び沖へ流されていった。その様子が島から手にとるように見えたが、何とも手のほどこしようがなかったという。夫や息子が次々に海に呑まれていくのを目のあたりにした家族の悲しみは、いかばかりであっただろう。

タラ漁に関しては、今でもタラ漁をやっている中村の進藤金一さんから掛魚鱈《かけいおだら》の話を聞いた。タラ納屋では旧の十二月十七日に、中村の小物忌《こものいみ》神社に、朝、沖から帰ってくるとすぐに、その日獲れたタラの中で一番大きいものを選んで奉納するならわしがあった。それを掛魚鱈とも、八幡鱈《はちまんだら》ともよんでいた。そしてその夜は、船主、船方全員が神社に参詣して、神主に祈祷をしてもらい、海上安全と大漁を祈願した。そしてそのまま朝まで神社にこもって、飲んですごしたという。

　掛魚鱈といえば、法木の向かいにあたる、秋田県の金浦《このうら》神社の掛魚祭りが有名である。二月の四日、金浦の二六隻の漁船からタラが奉納され、それをタラ汁にして参拝客にふるまう。今ではすっかり有名になって、毎年、大勢の観光客を集めている。規模こそ違え、同じような祭りが、飛島にもあったのである。

　この飛島の掛魚鱈のことは、島でもほとんど知られていない。今ではタラ漁船も少なくなり、昔からのタラ納屋であった人だけが、神社に奉納するだけになっているからである。

台地の上で

　飛島には一周する道はついていない。勝浦から中村を経て、中村からはいったん台地の上に出て法木にくだる。それがいわば飛島のメインストリートになる。また、中村と法木間から、島の台地を走る道路もついているが、これは途中で、細い小道になり、車は入らない。

　しかし、車の入らない小道ならいたるところについて

台地の上を縦断する道路。道の両側のクロマツは防風や燃料用に植えられた

台地上に拓いた畑。ダイコン、大小豆、ジャガイモなどの野菜が植えられている

イタドリのニュウ（束）。イタドリはガス普及前には煮炊き用の貴重な燃料だった

いる。各集落のところどころに、台地上の畑に通う小道がついているのだ。

この六月はその台地上の道を歩いてみた。勝浦の南の端から登った。その登り口には椿の木がある。四月に訪れた時は、その椿が紅い花をつけていた。対馬暖流の影響で、飛島には他にも暖地性の植物が見られる。島を覆っているタブの木も暖地性の樹である。

タブの森は法木に多い。が、中村も勝浦も集落の背後の台地に上る道がついている谷筋には、かならず、タブの深い森があった。そして、そこには例外なく墓地があった。常緑樹のタブは曲りくねった枝を張りめぐらす。葉も多い。そのため、タブの木の下は昼でも薄暗い。下生えも少ない。草刈りも必要ないくらいである。うっそうとした森は先祖が眠る地としてはいかにもふさわしく思える。また、飛島はかつて土葬であったというから、実際上も、雑草の生えない森は、墓地として都合が良かったのだろう。

勝浦の南の端から段丘上に上る道は急であった。しかし、二、三分も登ると、道はなだらかになる。そしてやがて、段丘上の道に出る。この道は勝浦、中村の背後を通り、法木まで続いている。

勝浦の南の段丘上の道からは、西側の海の展望が良い。すぐ沖に海猫の繁殖地の御積島《おしゃく》ものぞめる。御積島の付近は他にも戸《と》島、盲《めくら》島、烏《からす》島、鵜《う》島、西ノ島などが、ひとかたまりになって浮かんでいて、勝浦の人のアワビ、サザエなどの磯漁場になっている。また、タナゴやクデなどを獲る小さな定置網の漁場でもある。この四月に行った時は、その島々の間の浅い海に小定置網をいれている船を何隻か見かけたものである。

御積島には大きな海蝕洞がある。その洞穴は、飛島の人の信仰の対象にもなっているらしく、新造船を造った時は、かならず、洞穴前に船を寄せ、神主に祈祷をしてもらい、お神酒を海に呑ませて、船の安全、大漁を願ったという。

その御積島を展望する道の下は、急な斜面が海岸まで落ちこんでいた。下に賽《さい》の河原が見える。斜面には黄色いトビシマカンゾウが点々と咲いていて、なかなか見ごとであった。

賽の河原は、島の中ではそこだけが石浜となっている。すぐ沖合にある御積島を含む小岩島群は烏帽子《えぼし》群島と呼ばれているが、そこから崩れ落ちた材木石が、波に洗われてここに打ちあげられたものという。賽の河原には、誰が積んだのか、こぶし大の黒い丸石がピラミッド状にいくつも積みあげられている。小さな地蔵祠もあり、中には二体のお地蔵様もある。かつて、島の人は、死んだ人の霊は賽の河原に行くといっていたそうだ。

賽の河原にはいくつかの不思議な話が伝わっているようで、『飛島図誌』には、明治四四年に、島の神社の屋根葺きに来た秋田県の大工八人が、賽の河原近くの浜に小屋を建てて泊っていたところ、夜中に用足しに起きると、賽の河原で何かひそひそ話声がしたり、石の音がする。それが毎晩のことなので、気色が悪くなって、中途で小屋をひきはらったという話や、梯子でもかけて積まない限り、積めると思えない高い岩の上にも、石が積まれていて、風が吹いてもそれが決して落ちないという話、また、積んだ石をつきくずしておいても、翌朝行くと、また元どおりになっているという話などが、紹介されている。

展望のきく尾根を離れると道はすぐ松林に入る。その松林の中に船見山の看板があった。松が生い茂っているので海上は見えなかったが、その以前は海が見渡せたのであろう。北前船の航行の盛んな頃は、船宿の下働きの者が、船見山に立ち、沖行く船の帆印を見て、入港するような船があれば、注進に走ったのであろう。

実際、船見山の松は明治の頃にはなかったという。船見山だけでなく、今日、島を覆っている松の大部分は、明治末に植えられたものである。

勝浦と中村の境の、通称、盤《ばん》の磯には、そのことを示す大正三年建立の、次のような内容の石碑がある。

庄内藩の酒井氏の治世の頃は島の原野は村民の入会地で、自由に利用していたが、明治の地租改正で、田畑宅地を除く他はことごとく官有地となり、一木一草たりとも刈れば刑法に触れることとなり、島民の困ること久しかった。時に久留村長はその島の窮状を察し、官有地の払い下げを官に陳情し、明治四〇年になって、その許可を得ることができた。島民は大いに喜び、久留村長以下協力して杉、檜、松、落葉松を植林した。その面積は用材林として三六町一反八畝、防風魚付林として八町四反ばかりにのぼる。やがて樹々は立派に育ち、植林は成功した……。

その時に植えた松が、今は立派に育っているのである。

官有地になって島民が困ったのは何よりも燃料であった。島では入会原野の樹木の枯れ枝や茅や草まで刈って、燃料に当てていたからである。それが再び、とがめの心配なく、自由に利用できるようになったのだから、その喜びもひとしおのものではなかったと思われる。それが村民こぞって、植林に打ちこむエネルギーともなったのであろう。そして樹木が育てば、その枯れ枝や落葉もまた、燃料としても使えるのである。

島では燃料用としてはイタドリが多く使われた。イタドリは放っておくと、夏頃には人の背たけよりも高くなり、茎も太くなる。それを秋に刈りとって、円錐形のニュウに積んで干しておき、燃料として用いるのである。イタドリ刈りとニュウ積みは女の仕事で、飛島ではその数を競う風があったという。ニュウの数が多ければ多いほど、働き者の嫁と見なされたし、また、迫りくる冬に備えて、豊かな気分になれたのである。

イタドリは原野に自生していたが、畑の周囲の畔にも植えていた。ちょうど畑の風除けにもなったし、また、刈るのに手間もかからないからである。

この六月に島の畑を歩いてみると、そのイタドリがすでに一メートル余にも育っていて、遠目には桑畑と見間違えてしまった。「イタドリでご飯を炊いた」という島の人の話も、うなずける思いがした。

燃料といえば、海岸に流れ寄った寄り木も重要であった。寄り木は早い者勝ちであったから、争って拾ったという。特に海が時化た日の二時、三時になると、浜回りに出る者が多かった。そういう日は寄り木が多かったからである。拾った木は大きなものであれば、鉈《なた》で屋印を刻みこみ、小さな流木は一ヶ所に集めて小石を置いておいた。そうすると誰も手をつけなかった。

又右衛門さんによると、新潟県で洪水があると、かな

6月、飛島の北西海岸はトビシマカンゾウの花で彩られる

らず何日かたつと、流木が流れてきたという。阿賀野川や荒川の上流の小屋などが大雨で流され、それが潮流にのって飛島の沖に流されてきたのである。ちょうどイカ釣りの頃に多かったが、沖でそのような流木を見かけると、汗びっしょりになりながらも船で曳いてきたそうだ。大きな流木だけではなく、三、四〇センチの木片も余さず拾った。小さな木片はピッチョと呼んでいた。遅く行った者は、そのピッチョしか拾えず、ピッチョも拾えぬ者は茅クズを拾った。茅クズまで拾ったところに、島が燃料にいかに不足していたかをうかがい知ることができる。

今では、プロパンガスや電気釜が普及し、日常の煮炊きの燃料にこと欠くことはない。一部の家で風呂を炊くのに使ったり、大量のアラメを煮る時に利用する以外、すでに流木などに用はなくなった。そのため、昨年か、一昨年だかに時化に遭ったソ連船が海に捨てたラワン材が流れ寄って、海岸に雑然と散らばっていた。

中村の背後の台地上の松林の中の小道を下ると、五、六分で西海岸に出る。西海岸は高さ五メートルばかりの海岸段丘が発達している。降り立った付近から北を眺めると、法木の八幡崎まで弓なりのカーブを描いて浜が続いている。八幡崎までは台地上から切り立った崖が浜まで落ちこみ、その斜面一面に草が生えて緑のじゅうたんを敷きつめたようだった。またその緑の八幡崎がはるか先で、青い海に落ちこんでいた。

海岸段丘には、水田の跡があった。今は茅が生い茂っているが、かろうじて判別できる畔を辿ると、一枚が二間四方ぐらいであった。一〇年くらい前まで、中村の人、六軒が稲作をやっていたと聞いていたところだ。水田は全部で一町五、六反はあったという。一軒あたり二、三反ということになる。

苗は作らなかった。そこで共同で船を仕立てて本土の吹浦に農家の余った苗を分けてもらいに行った。余り苗であるので、品種も混じり合い、一枚の水田でも実りの時期に差があって、具合が悪かったという。また収穫前の二ケ月ぐらいは、スズメボイ（スズメ追い）をしなければならなかった。水田の近くに小屋を立て、その中にひそんでいて、スズメがくると、鳴子を鳴らしてスズメを追うのである。スズメボイは年寄りの仕事であった。

しかし、それでいて反当り二石ていどと、収穫は多くはなかった。収穫には人を頼み、稲を刈っては船で村まで運んできた。結局、手間ばかり多くて収穫は少なかったから、水田を持っている家同志で話し合って止めたという。

水田は止めたが、畑ではまだ耕作が続いている。畑は各々の集落背後の台地上に拓かれている。この六月に行った時には、ジャガイモや豆、ネギ、ニンジン、ゴボウ、夏大根などの野菜が植えられていた。終戦直後は、各集落とも共同で新しく畑を開墾し、勝浦では一戸あたり二畝を一枚とし、約七〇戸に平等に分けたという。中村や法木でも同じようにしたという。それで野菜ぐらいは不自由しなかったらしい。

畑の作物だけではなく、飛島の原野も意外なほど豊かで、山菜をそこから得ることができた。四月に訪れた折はトビシマカンゾウの茎を折っている人を見かけたので、尋ねてみると、塩漬けにしておいて食べるという。その花びらもまた塩漬けにして保存食にするらしい。また竹の子も出るし、アザミも食用に採っているという。春にはワラビやゼンマイ、イタドリも採る。秋には少しではあるがキノコ類も採れるらしい。

しかし、これらも今は採る人は少なくなった。畑の方も昔ほど盛んではないようで、荒れたままになっているものが多かった。定期船が毎日通うようになり、また現金収入が増えたこともあって、たやすく野菜を買うこともできるようになったからであろう。

だが、前述したように、大豆、小豆はまだどの家でも作っている。小豆は節句などの時の赤飯用に入用なことが多いし、それに買えば案外と高いものだからであろう。また、飛島では味噌は、ほとんど町から買わないで済ます。大豆は味噌作りに用いられているのである。

放棄された水田跡

海で洗った魚を家に運ぶ（勝浦）

水田の跡から、八幡崎とは反対の西に海岸線を辿ると荒崎に出る。そこだけは海岸段丘が海中にコブのように突き出している。この荒崎が、勝浦と中村の海の境界になる。

黄色いトビシマカンゾウの群生する六月の荒崎は美しかった。トビシマカンゾウは昭和の初期にユリ科の新種として国際的に話題をよんだが、それは誤認であったらしく、今では長野県の霧ヶ峰などで咲くニッコウキスゲの一種であるということが植物学者によって確かめられている。新種であろうとなかろうと、六月の荒崎を彩るトビシマカンゾウの美しさには変わりがない。

荒崎の海岸の見事さはトビシマカンゾウだけではない。岩間には小指の先ほどの小さな黄色い花をつけたベンケイ草が、潮風に小刻みにふるえ、また、小石を抱えこむようにして這うハマヒルガオも、その薄く青い、清涼感に溢れた花を咲かせていた。

冬には北西風が吹きすさび、黒い大波の押し寄せる荒涼たる海岸線にも、六月にはこんなにも多くの花が咲き乱れているのだ。人っ子一人見当らぬ荒崎から賽の河原への海辺を辿りながら、六月の飛島から何か素晴らしい贈り物を与えられた気がした。

＊

かつて飛島は海に生きてきた。日本海を航《ゆ》く帆船を相手に生業《なりわい》をたてた。

広大な磯でワカメやアラメ、アワビを採った。夏から秋には夏イカを釣り、夏イカが北に去ると、北海道までそれを追って行った。冬には吹雪く海の合間をぬって冬イカやタラを釣った。

マダコが産卵のために磯に上がってくる秋になると、磯を巡り、タコを漁る人々が多くなる

今日の飛島もやはり海に生きている。

しかし、帆船の姿はすでにない。そして磯物もずい分減ってしまった。イカも遥か沖合に去って、以前ほどは獲れなくなった。六月の夜の海に、煌々とともる漁火を見たが、それは数えるほどでしかなかった。

そのかわり、市営の定期船「とびしま丸」は、大勢の観光客を運んでくるようになった。

私は、飛島が変わりつつあるのを感ずる。島の人の意志の届かない大きな潮流によって、島は変わらざるをえないのであろう。漁だけの島から、観光客の訪れを大きな支えとする島へと。そして、島にはそれに応えるだけの、豊かな自然が残っている。

飛島は昔も今も、常に何かが寄りついてく島であったし、引きよせる何かの力をもった島でもあった。

帆船が寄り、磯の魚介が寄り、イカが寄り、イカを釣る漁船が寄り、流木が寄り、観光客も寄りついている。

願わくは、その飛島の最後の砦ともいえる自然が、島の人たちの意志のもとに、いつまでもあれかしと、思わざるをえない。

勝浦の館岩の麓には帆船を繋いだ石や木の杭が残っている

北前船と飛島湊

―船宿盛衰のことども―

文・本間又右衛門
写真・森本 孝

はじめに

酒田は、江戸時代の積出し港としておおいに栄えたが、川港であるため銚子口《ちょうしぐち》のはげしい変化や、強風地帯でもあって入港に難渋をきわめる日がしばしばであった。

したがって酒田をめざした船は、沖合いの飛島に日和《ひより》待ちすることが多かったし、ときには積荷の中継地として荷役、保管もおこなわれたりもした。

そんなわけでこの島は、古くから日本海沖乗《おきのり》航路の要衝《ようしょう》であるとともに、酒田の補助港としての役割を果していたようであり、酒田港の繁栄は沖合いに飛島があったためと言われる。つまり酒田あっての飛島であり、飛島あっての酒田であって、むかしから両湊はふたつでひとつの密接な関係にあった。

帆船寄港の歴史は古い

この島では南西の風を「わかさ」とよんでいる。島の南端に近い高所柏木《かしわぎ》山（五七・八メートル）から日本海を一望すれば、上《のぼ》りに、下《くだ》りにと足しげく航《い》き交う船影を追って転ずる目に、越後の山並みはるか、越前岬や若狭湾もが見えるような錯覚にとらわれて、そのむかし帆船の往来でにぎわった北前《きたまえ》船時代に、ひきもどされたような思いにひたる。

そして上方や北陸方面、はたまた蝦夷《えぞ》地との交易に、大きな役割を果したこの島を物語る「わかさの風」の語源が実感をおびて、この風にのって数多くの帆船が馳《は》せて来、駆《か》けて行ったさまが彷彿《ほうふつ》としてくるのである。

北前船が飛島に避難し、あるいは日和待ちのため入港したのは、現存する記録では享保年間（一七一六～三五）から明治末期までにとどまっているが、寛永（一六二四～四三）頃すでに船乗客人の扱いをしていたと伝えられており、寛文十二年（一六七二）に河村瑞賢《かわむらずいけん》が西廻り航路を開く以前から、すでに寄港船があったことになる。

さらに平安時代前期の元慶二年（八七八）この島に鎮座したといわれる、延喜式内社小物忌《こものいみ》神社は、鳥海山《ちょうかいさん》にある大物忌神社の五穀豊穣《ごこくほうじょう》守護神に対して、風波をつかさどる神として、乾《いぬい》（北西）方角の海上の飛島に祀《まつ》ったとされており、この当時から海上平穏を祈願した祭事があったことを想わせる。

とすれば、日本海を航行した帆船がこの島に寄港した事実は、さらに遡ることができるだろう。このように古代から利用された港ではあったが、なんといっても、太平洋の東廻り航路に比して、日本海航路の安全性を唱え、西廻り航路を開設した河村瑞賢以後からが、この島も注目をあつめて重視され、もっとも繁栄した時代を迎えたことになる。

日本海沖乗航路の要衝

飛島は面積二・七平方キロ、周囲一〇・二キロの小島であるけれども、能登《のと》、佐渡《さど》、粟《あわ》島を経て、男鹿《おが》、松前《まつまえ》と連なる点を結んだ、日本海航路のメインストリート上の重要な位置にある。

とくに湾内は、南西から北東にかけて山を背負っているため、冬期間はいうに及ばず、晩秋から初冬にかけての季節風には、きわめて安全であるのみならず、湾内は岩礁もなく、深い海底は砂の層が豊富なために錨《びょう》地としても最適で、全国津々浦々の船乗りにひろく知られ、荒波とたたかう海の男たちは、「飛島まで馳せつこう」とか、「ひと休みは飛島や」を合言葉に、荒海を乗切ってこの湊に錨《いかり》をおろしたという。

このように良港として名をはせた飛島湊を、端的に表現しているのは、つぎの幕末の記録からもうかがい知ることができる。

安政二年（一八五五）、幕府が欧米諸国から開港をせまられて、下田、長崎、兵庫、神奈川、新潟、箱館など六港を開港する仮条約を結んだおりに、ロシア領事が、酒田川港である新潟の開港に異議を唱え、酒田の開港を主張したくだりである。

延喜式内社小物忌神社

新潟ハ遠浅《とおあさ》ニテ不宜旨申候由《よろしからざるむねもうしそうろうよし》、右ニ付《つき》酒田モ遠浅ノ場所ニ候ヘ共、沖合ノ飛島ハ深湊ニテ日本一ノ湊ノ由、此所ヲ中継トシテ酒田ヲ交易場ニ・・・

と記された、注進状による裏面史はきわめて興味が深い。まさに、むかしから良港とされ、日本海沖乗航海者にとってオアシス的存在であった、飛島湊の真価を裏づけているようである。

帆船の寄港は船宿稼業をつくった

飛島港に北前船（島では大船《おおぶね》といった）の寄港がもっとも多かったのは、寛政年間（一七八九〜一八〇〇）から天保年間（一八三〇〜四三）にかけてで、ときには年間三百艘から五百艘にもおよぶことは珍らしいことではなく、湾内には帆柱が林のように立ってにぎわっていた。

このように入港船が増してくると、必然的に船乗り相手の生業《なりわい》がはじまることになるが、記録に明らかな享保初期（一七一六）から明治の末期（一九一一）までだけでも、二百年もの長いあいだ船宿がつづいていたことになる。

帆まかせ、風まかせで荒波と闘ってきた船乗りたちは、古今東西を問わず、同じものを求める。航海が厳しければ厳しいほど、その欲求は強かったであろう。「港々に女あり」といわれるゆえんである。ところがこの島には、ほかの港町のような岡場所もなかったし、遊女もいなかった。不粋といわざるをえないようなものであったが、これは限られた人数しか住めない狭い土地柄であれば、当然のことでもあった。そしてまた、そうした稼ぎ場のないことを伝え聞いたからでもあろうか、本土《じかた》の稼業《しょうばい》女たちが流れ渡ってくることもなかった。このように、春をひさぐ女たちが存在しなかったことは、流刑地としての過去がなかったことと共に、離島であって湊としても栄えたこの島の歴史の特色であるといえよう。

海の男たちが垂涎《すいぜん》する慰安の対象が求められない小島にもかかわらず、ながい間船乗り相手の生業が栄えたのは、日本海航路の要衝であり、避難港としての条件をそなえた良港であったためであるが、何はともあれと、温かい風呂や青い畳の上での酒を用意する、島人の素朴でこまやかな接客ぶりも要因のひとつであった。

それでは、日本海の船乗りを相手にして生業とした、船宿の盛衰について少しく綴ってみよう。

船宿で繁昌

かつて、島には二〇軒をこえる船宿があった。当然、漁業との兼業商法であったが、時代のうつり変りに対応して次第に営業が身についてゆき、いつの頃からか客の争奪による物議を防ぐため、問屋寄合いの組織をつくり、扱い船を国ごとに決めた。

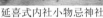

天保年間頃の飛島勝浦湊。館岩の付近や小松浜の付近に帆船が描かれている。手前に描かれている小舟はイカを釣る漁船（島役人佐藤梅宇の『飛島図絵』より）

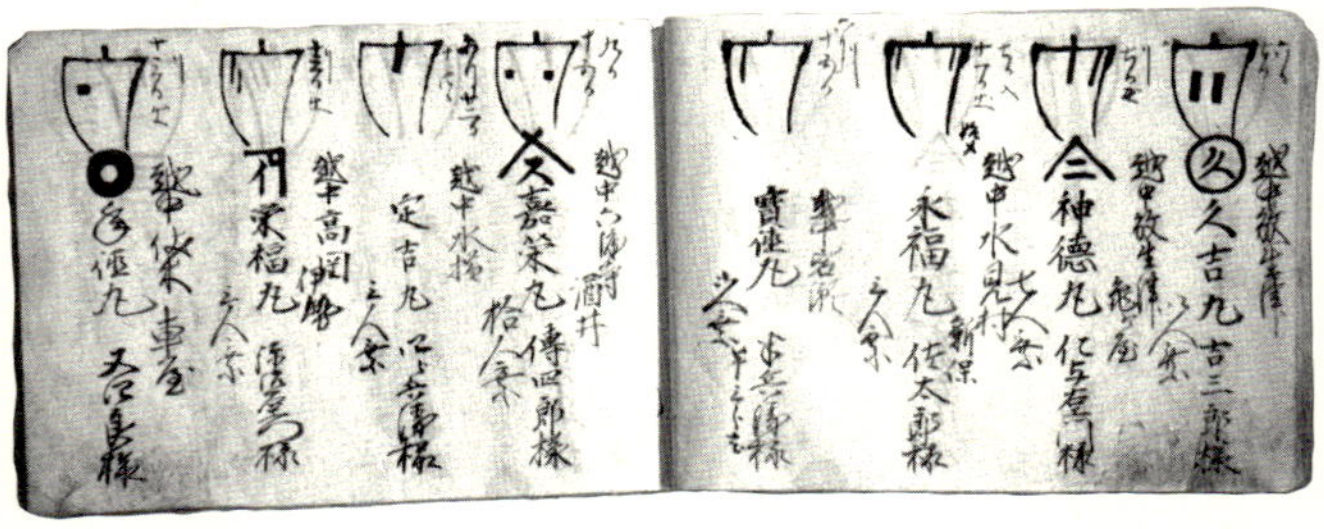

明治10年の『入船帳』に記帳された帆船名と帆印。この頃は越中船、越後船の寄港が多い

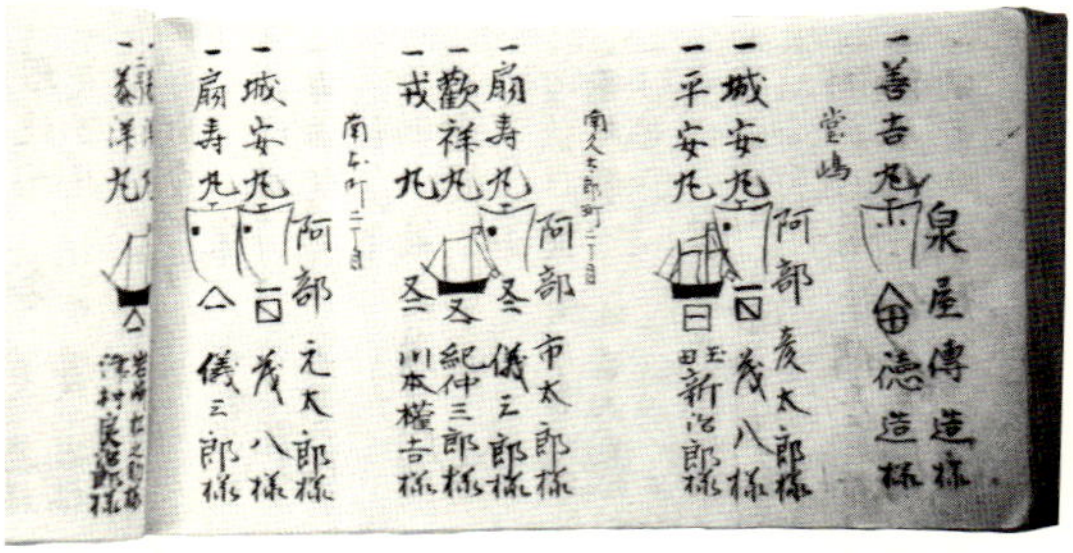

明治二〇年代の『入船帳』になると西洋型帆船がみられるようになる

すなわち加賀の船は某宿、越前の船は何宿というふうに定めて、これを法度《はっと》として守った。また数多く入港する国の船は、複数以上の宿をあてることにし、さらに船宿は屋号を用いたようであり、「越前屋」、「津国屋《つのくにや》」などの記録が残された。

また船宿は、村の有力な立場にある者が多かったため、藩、郡代の布令の伝達や、澗役《まやく》銭の取立てなども委託さ

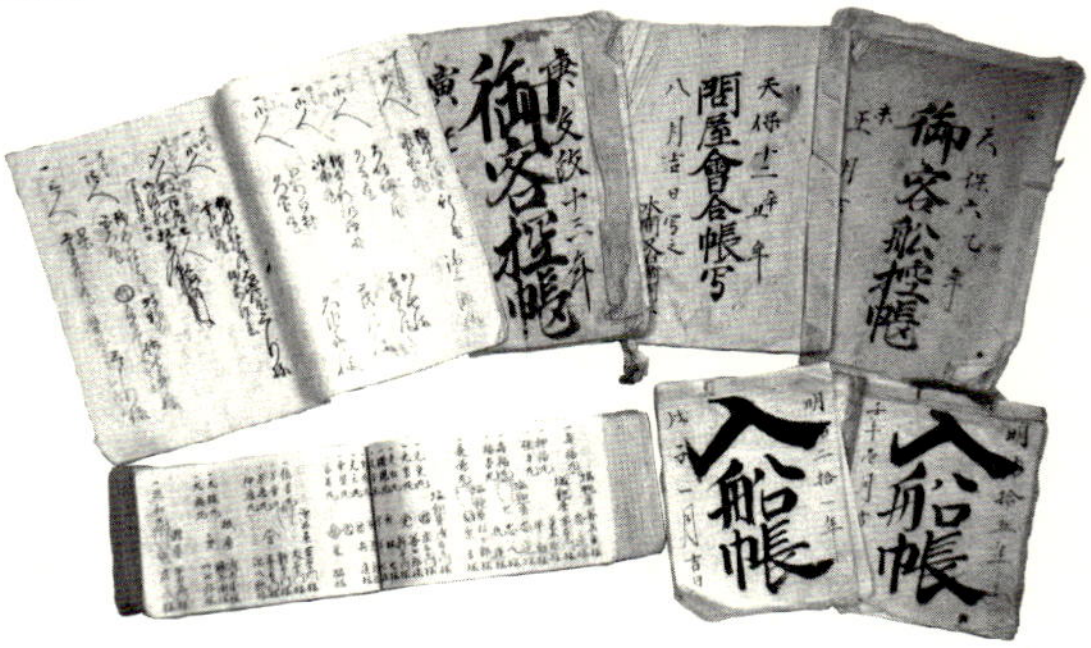

『御客船控帳』や『問屋会合帳写』と『入船帳』など

れ、さらに船つなぎの棒杭《くい》の設置や、浅瀬の磯岩掘さく作業はもとより、難破船の発生した場合は現場にかけつけて救助にもあたった。

とくに酒田が川港であるため、河口が浅くて入港出来ないときは、無駄な逗留をしないようにと、中継ぎ荷揚げの保管や転送作業も一手に引受けており、しかも遭難事故もしばしば発生していたから、濡《ぬ》れ荷のしまつなどかなり忙しい商売であった。その一方で、相当の利益となる場合もあったようである。

島の人は日和の判断に敏感である。沖合いに帆船の姿を見ると、通過してしまう船か、事故船か、または日和待ちに入港する船かを見分け、近づくにしたがって帆印で判別し、小廻舟《こまわし》を漕ぎ出し、

「長い航海ほんに大儀しなさった。風呂も酒肴も準備してござります。今宵は皆さんもどうぞごゆっくり…」

と、乗組水夫《かこ》にも愛想よく労をねぎらって、まずは船頭衆を乗せてかえり、航海中の苦労話などを聞きながら歓待する。

明け暮れ潮風とのくらしが続く船乗りたちにとって、久びさで湯につかり、畳の上で飲む酒の味は、快よく五臓六腑にしみわたる。やがて船繋《つな》ぎを終えた乗組衆も、腰に手拭い、着替えを小脇にかかえて訪れてくる。

船宿には「戸風呂」といって、冷えた体を温めるように工夫された、湯壺《ゆつぼ》の戸を閉

小松浜に係留した廻船の船頭を迎えに漕ぎ出す船宿の小舟（飛島図絵）

難破船の救助や濡れ荷の扱いも船宿の任務であった（飛島図絵）

めきって湯気を逃がさないようにした蒸し風呂があり、

「生きかえったようじゃ、極楽じゃ」と、幾日もの垢をとり、潮気や汗を洗い流して先着の船頭衆とともに、つつがない寄港をよろこぶ酒宴がはじまるのであった。

花街を思わすにぎわい

船乗りは酒に強い。飲むほどに酔うほどに宴は高まる。客人の唄も、芸も多種多様で小唄、端唄《はうた》、甚句《じんく》とお国自慢の喉《のど》が披露されて、にぎやかさが増してくる。

酒や馳走を運ぶ合間に酌をしていた船宿の者も、客人の雰囲気にあわせて唄い、踊って宴をもりあげる。何軒かの宿には三味線や太鼓もそなえられ、素人ながらも歌に合わせて夜のふけるまで、出雲《いずも》節あり、貝殻《かいがら》節あり、おけさ、宮津《みやづ》節、江差追分《えさしおいわけ》と、底抜けににぎわって、いわゆる明日の順風を祈る心をこめた「日和《ひより》上《あ》げ」の宴は、つかの間の花街を思わせる観を呈したほどであった。

こうして船乗りたちによって披露された数々の歌は、日ならずして島の祝い唄となり、作業歌となり、はては盆踊唄となっていった。大正の末ごろから昭和のはじめにかけて、越中おわら節や博多《はかた》節を三味線にあわせて唄い、出雲節のどじょう掬《すく》いを踊っている光景が筆者の記憶に残っているし、盆踊唄は越中の船乗りが、北海道から持ち込んだ替え歌と言われ、島には日本海沿岸各地の歌が運ばれ、船宿の座敷を通して島中に広まってゆき、長く口ずさまれて、定着したかにみえたものもあった。

日常生活に関連する多くのことは、酒田をはじめ庄内地方との交流が基本となっていたが、歌についていえば、この方面のものよりも、遠く九州から北海道にわたる範囲のものが愛唱され馴染まれていた。北前船の寄港は、上方や北陸そして松前の文化や、生活様式をこの島に注ぎこんでいたことになる。

船宿稼業のエピソード

幼少のころ越中の国あたりの「カガテント」とよぶ、北前船を小型にしたような和船を見た。ときおり十艘あまりが、島の渚に帆柱を林立させ、繋船していたさまが、いまも筆者の記憶にのこっているが、北前船の偉容については、思い描くしかない。

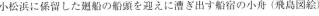

しかしわが家もかつては船宿として久しく営業していたので、かなりの古文書とともに、船乗りたちにまつわるエピソードも伝わっている。

例えば、俳句をしたためた短冊や色紙が残っているが、これはわが家で句会が開かれた折のものである。大半は船頭衆の発句であるようだが、順風に恵まれず、思いのほかの長滞在の無聊《ぶりょう》の挙句にでも思いついて開かれた句会でもあったのだろう。赤銅《あかがね》色に焼けた額にしわを寄せ、窓の外の海をにらみながら腰折れをひねり合っている様が眼にうかぶ。また、囲碁に熱中していて出帆に間に合わず、船が次に寄港する間、宿の手伝いをしていたという水夫の話などは、潮臭く荒くれた男というイメージの船乗りの、意外に風流な一面を見せてくれるようだ。さらに、長い日和待ちの間に島の娘に想いを寄せた若者が綴った恋文からは、北前船時代の熱いロマンスの香りも漂ってくるようだ。

そして、こんな話も残っている。

船宿であったある家で、客扱いに馴れない娘をもらった。特に教養があるわけではなく、働き者のごくふつうの嫁であった。ある日得意先の船が何艘もやってきて、嫁もてんてこ舞で料理にかかっていたが、この忙しさの中に男の児が、嫁の足もとにつきまとうように追い廻していたが、やがて小便をしてしまった。

板の間に流れた小便を、嫁は児のおむつで拭い、その手を洗いもせずに料理にとりかかった。座敷からこの様子を見ていた船頭は、用事が出来たからと言って船に帰ってゆき、宿を引かれてしまった。

これが評判になって、この船宿に客は寄りつかなくなり、商売は上がったりになってしまった。もちろん、嫁に悪意があったわけではなかったが、この嫁がいては船が寄りつかないということで、離縁されてしまった。

そして何年かあとに、庄屋が仲に入って後妻をもらったが、今度の嫁はおきゃんで客扱いもうまく、たちまち客をとり返し、その船宿は前にもまして繁昌した。ところが、得意客のとりもどしにサービスが過剰すぎるとして、問屋寄合いにかけられ「詫《わ》び状」を書かされた、というのである。

船が寄港した時の船宿の忙しさ、見る所は見ている船頭の世間の広さ、素朴なだけでは客を寄せられなくなっている船宿の競争、そして、それでも「出る釘」は打って足並みを揃えようとする島の社会などがわかって興味深い。

大正12年創業の飛島旅館。明治末までは船宿だった

船宿が旅館や民宿に転身

北前船の交易も、陸《おか》蒸気や、蒸汽船の出現によって、年とともにその姿を消して、船宿もまたさびれ、途絶えてしまった。

筆者の家も、ついに船宿廃業の運命を背負ってしまっていたけれども、父が幼少のころからの接客への思いを断ちがたく、時代にそった宿屋として再生を期したもののようである。

海軍水兵として徴兵された父は、大正十年（一九二一）春、摂政の地位にあった今上陛下が欧州諸国の巡遊にさいして、供奉《ぐぶ》員としてヨーロッパ各地を旅行したこともあって、当時としては進歩的な視野を身につけていたのであろう。時代の変遷におし流されてしまった船宿を、大正十二年（一九二三）、十五年ぶりに旅館業として変身させた。父は島内業者にさきがけて伝統の商売を再生し、軌道にのせたことを、北前船にまつわるもろもろの話とともに、満足げに幼い私どもに語るのであった。

その後しだいに同業者も増えて、観光地の仲間入りをした飛島で営業しているわけであるが、これらのなかには、やはり船宿を前身とした者が多いのである。

思えば、日本海交易という北前船時代に、船乗り相手の生業《なりわい》に踏みきった先人たちは、時の動きをたくみにとらえて、ややもすれば経済基盤の弱いこの島に、二世紀にわたって船宿繁昌の時代を謳歌せしめたものであった。

この小文を書き終えた今日、復元北前船の辰悦《しんえつ》丸が酒田に入港した。日本海沿岸が北前船の交易によって、表日本として栄えた、往時の再現をねがって、さまざまなイベントが計画されてるようである。

私も明朝は酒田へ行き、辰悦丸に対面しよう。

著者あとがき

会津茅手見聞録その頃、その後

相沢韶男

南会津に茅手を最初に訪ねたのは昭和四十二年（一九六七）九月、時の早さに驚く。しかしこの旅はまだ終わっていない。今もこの地に通い続けている。四十四年を経ての出版、またも恥をさらす感がある。ここに拙い文のまま手を加えなかったのは初心を忘れないためである。

この稿を書いたのは昭和四十四年六月、そのさなか、朝日新聞が「この宿場、残して！」の記事を全国版で取り上げた。その日から電話が鳴り続いた。村は報道関係の取材でただならぬ様子、村に行かねばならぬ、中途の原稿と知りながら日本観光文化研究所に提出して夜行列車に飛び乗った。文末に大内のことが書かれているが、当時の私にこれほどまとまった文を書く力はない。編集をしていた宮本千晴さんが、私の話をもとに書き足したものである。しかし責任は私にあり、印刷された活字の怖さを初めて知ることになる。口に出した以上、大内を放り出せなくなった。あらためて宮本常一、千晴親子に育てられ、何をすべきかの道を敷かれたといえる。のちに観文研の中で私はモルモットだったと聞く。千晴さんによれば、どのぐらいの旅費を出せば餓死しないか、実験の被験者だったらしい。

茅手に関しての聞き書きや調べは途中になったままである。中断したのは、草屋根宿場保存の賛否に分裂したままの村に関わり続け、その対応に追われたからである。草屋根を保存する考えに反対する村人の理解はなかなか得られなかった。保存を訴えた時は、人類の月面着陸と同時期だった。月に人が行く時代になぜ草屋根保存なのか、という問いに返す言葉がなかった。文化財というのは説明の難しい概念であった。今の私なら誇大妄想と言われようが、地球永住計画の村にしたい、と応えるだろう。

ＮＨＫのドキュメンタリー放映が痛かった。文化財保存問題に、トタン屋根に改造した人は賛成派、草屋根に住む人は反対派の内容で全国に放映した。番組を見た草屋根の村人は、好きで貧乏をさらしているわけではないぞ、と腹を立てた。村に保存の気運が起こらぬまま膠着状態になり、私の話を聞く者は少なくなった。

昭和四十五年十一月、親と水杯を交わして、ユーラシア大陸一周の貧乏旅行に出た。海外の古い町を見て歩くためであった。途中、パリのユネスコ本部のドアを叩いて、大内の実測図面を見せて保存を訴えてみた。反応は意外にそっけなく「あなたの国が保存しない村をユネスコが保存することはできない」であった。日本は高度経済成長のただ中、文化財の法律に集落保存がないから、はるばる来たのにユネスコも頼りにならないことを知る。帰国してから餓死を覚悟でやるしかない、と気を取り直した。案の定、倒れて入院生活が続いた。世界遺産という考えが出たのは、その二年後である。日本での文化財保護法の改正は昭和五十三年で、集落保存が「重要伝統的建造物群保存地区」として新たに加わった。文化庁に訴えたことが法律改正へとつながった。

昭和五十二年には、村の北に揚水式発電のダムが建設され始めた。原子力発電の余剰電力を利用するためである。夜に東の大川から水を汲み上げ、昼にその水を落として電気を作る方式で、発電量は東洋一だった。後に原発事故が起こることになる。

電源三法による補償金が出て、家の改造と草屋根にトタンをかぶせる家が続出した。さらに国の選定を受ける直前に、今のうちにと建て替える家も出た。保存する価値があるのか、危ぶまれる事態なった。もう駄目だと思う一方で、それならどこまで村が変わるのか、とことん村の変貌に付き合う覚悟を決めた。

膠着していた時期に、村の保存を政治生命にした大塚実町長が出て、村の保存問題は急転した。昭和五十六年に重要伝統的建造物群地区として大内は国の選定を受け国庫補助事業の対象となった。しかし村人に自発的保存の意識は薄かった。これが後々まで尾を引いた。村の何に価値があり、何が悪しきものなのか区別がつかぬまま、現在に至っている。

今も伝統文化の破壊は止まない。

見学者から稼ぐ以上に何が与えられるのか、村は話し合わねばならぬのに、中国製の土産物を並べた物産店、怪しげな食文化の食堂、新建材による改造民宿など、新たな稼ぎに夢中になって、伝承してきた真の価値を見失っている。そうした状況の村をさもしいと感じる客もいるが、村の人に悪口を言うことはしない。面と向かって批判する人がいないから、村人は稼ぐことに疑問を感じない。

大内の批判を私に直接いう者がいる。悪口の多くは外見だけをみて俗化したという批判である。批判する者の多くは大学教育を受けている。口からでる言葉には、底浅い文明開化の官軍教育を受けた影響と意識がただよう。村を俗化している一員に自分がいるのに、批判の目を己には向けない。日本の伝統建築を破壊した西欧文明、これが官軍建築となって、日本中が無国籍の建造物で充満した。その官軍建築に犯された中に住みながら、村人が文明化しようとすることには批判的なのだ。

村は戊辰《ぼしん》戦争の時、激しい戦場となった。この地に生きる人々は官軍を西軍と呼ぶ。会津人には、会津藩は賊軍でも朝敵でもなかった、という自負が心の底にある。明治維新の嘘と偽りを多くの人が知っている。命がけになるから口には出さないだけなのだ。過去の日本の姿を残す村は少なくなった中で、西洋文明に犯されない村が一つぐらい残らねば、何のための近代化だったのか、未来の子供たちに示せないし、申し訳が立たない。

ポーランドのワルシャワという町は、ナチスドイツに破壊されたあと、残された写真や油絵をもとに復原している。他民族に犯されたくないという攘夷《じょうい》の考えは、ヨーロッパの古い町を歩けばすぐに気がつくことなのに、日本人は太古から文化変容に慣れすぎて、自分を見失うことに疑問すら抱かなくなっている。

村は自分たちのことを知りたがっている、といったのは宮本先生だったが、自分が感じたことを村に適切に返す人は稀である。深い洞察と未来予測がいるからだ。怪しげな物を喜ぶ団体の観光客や、何が本物なのか見抜けない報道機関にも責任はある。

俗化したと言われる中で、村には若者が戻り子供が生まれている。草屋根保存が稼ぎになることを知ったからである。訪問者の悪口もなんのその、村の女たちは活気づいている。過疎化といわれる中で新たな命が生まれてもいるのだ。この新たな命が、親たちの稼ぎを修正してくれるはずだ。村の保存には気が遠くなるほどの時間がかかる。

原発事故が起こる前年、大内は百万人以上の見学者が訪れる村になっていた。この頃から村人は観光という言葉を出すようになった。日本観光文化研究所の一員でありながら、村の人と話す時に、観光の語を使わないように意識していた。保存を金稼ぎの手段と誤解されるからであった。やがて年商一億円を超える家も現れ、補助事業で国から税金が流れてくる村になった。ところが突然、国税改めが行われる村ともなった。早朝、大型バスから降り立った税務署員が三人一組に分かれて、めぼしい家の申告漏れを調べ、追徴金を請求して帰った。脱税をさせまいと目をつけられる村となったわけである。草屋根をめぐって、国民の税金が村へ流れ草屋根保存に使われ、反面で村人の稼ぎは所得税として国へ循環している。国に抜け目はない。

国税改めの翌年に福島第一原発事故が起こった。機動隊による放水の映像は、まるで東電と警察の戦いに見えたし、官軍の内部紛争にも感じた。時代錯誤といわれるかもしれないが、国税改めにしても原発事故にしても戊辰戦争はまだ終わっていない。それほど会津人が受けた辛酸は大きい。原発のある地域の多くは、反官軍や反政府だったことを考えれば、明治維新や近代化は見直さねばならぬ。

拙い私の小文を読んだ人の中に、郡山の菅野康二さんがいた。私も会津茅手を調べたいという丁寧な手紙をいただき、資料のすべてをさしあげた。やがて平成十二年に『茅葺きの文化と伝統』歴史春秋出版（株）を出され、私の報告内容をはるかに超えた本になった。私が訪ねたすべての集落と茅手に会っている様子が伝わってくる。ぜひ読んでいただきたい。今度は私が菅野さんの後を追うこと

大内の人々に茅屋根集落の保存の重要性を説く宮本常一　昭和44年（1969）　撮影・須藤　功

になった。菅野さんが調べ残したこと、特に技術伝承にかかわる問題と、後継者を育成することに力点をおきたいと考える。

しかし茅手を育成するといっても、草屋根の技術は過去のものとなり、茅手の家さえトタンを被るか建て替えられていることが多い。伝承するにも草屋根は激減し、副業にはならないのが現実なのだ。

大内の保存を考え始めた頃、私は出稼ぎの無い村を目指していた。出稼ぎは収入と支出の不均衡や、欲しい物がある時に生じる。村人は家電や農機具などの工業製品のために都会へ稼ぎに出た。村での収入を増やせば出稼ぎは無くなると考えたが、これは茅手の育成に関しては間違っていた。出稼ぎ修業をして、多様な屋根を葺かないと熟練の技は習得できない。腕の良い職人の育成には、出稼ぎを避けて通れない。

草屋根は数万年単位の技術伝承の結果として我々の目の前にある。目の黒いうちに茅手の技術を絶滅させてなるものか、という思いが私にはあった。村を残すことに追われて、囲炉裏に座して老茅手から話を聞いている余裕が私にはなくなった。壊さない建築家を意識し始め、記録を残すのは後でもよいと考えた。

後継者の育成には草屋根の集落保存が密接に関連している、と予想した。草屋根の集落が残らなければ、茅手の仕事を生業の一つとして後を継ぐ者はあらわれない。熟練の若い茅手が育たなければ、草屋根の集落保存もありえない。どちらが欠けても双方が絶滅する。日本中の草屋根が激減する中で、文化財の建造物すら草屋根の修理はできず、やがて雨ざらしになる。

平成になって、ある企業の会長の別荘に草屋根が数棟あり、その草屋根の修理と監理を依頼された。私にとって、これが茅手育成の最後の機会になると予感した。

そこで下郷町役場に勤めていた吉村徳男さんに、屋根屋に弟子入りしないかと持ちかけた。ずいぶん悩んだ末、四十を超えての弟子入りをしてくれた。この地方ではあこがれの地方公務員が、草履取りからの出稼ぎ修業に身を投じたわけで、半端な人生ではなくなった。弟子として千日以上の修業をし、一人前となってから屋根葺きの技術を若者に教え始めた。いつでも技の伝承ができるように原寸大の小屋組を学校統合で空いた大内分校の屋内に作った。現在は週一日の夜間、三十代の若者十人ほどに草屋根の葺き方を教えている。技術を伝承しつつ組を作り、村の外の屋根葺きに出ている。いずれ全国の文化財の屋根に上るに違いない。

この徳男さんが技術を教わったのは、八十四歳になっても屋根に上がり続けた武田福次郎親方と、その後を継いだ小椋八十吉親方だった。出稼ぎ先で工事監理をしていた私は、八十吉親方の職人としての技量が並はずれていることを知っていた。この人が元気なうちに早く徳男さんが技を継承して欲しいと願っていた。ところが八十吉親方は、平成二十一年病に冒され亡くなり、孫弟子の職人の熟練技を見ることはなかった。徳男さんの弟子入りがあと数年遅かったら、未来を担う茅手は育たなかった。数万年続いた草屋根の技術が、間一髪で継承されたといえる。もしかするとこの若者たちが、将来、大内を世界遺産にするかもしれない。草屋根を残すのは国でもユネスコでもないのだ。

草屋根は茅手の技術と結《ゆい》の労働交換によって維持されてきた。いわば村の力の結晶が草屋根なのだ。村の生活とはいかなるものなのか、茅手見聞を中断したのは、村の生活のすべてに関心が移ってしまったからでもあった。調べなければならないことは山ほどあった。わからないことを一つ一つ理解していくと、さらに疑問が待ちかまえていた。まるで広大な底なし沼に引きずり込まれる思いがした。

宮本先生は「君の本が読みたかった」を最後の言葉にして逝かれた。申し訳ない気持が自分の本を出す出版社をつくらせた。「ゆいデク叢書」として茅手の村の記録を出し始めた。売捌所は大内の中にある。近いうちに「会津茅手」の単行本もまとめねばならない。

今、茅手育成も宿場保存もやっと端緒についた、と自信をもって言える。必ず双方を成就させたい。私はそのために生きている。会津茅手見聞録の旅は、私の心臓が動いているうちはまだ続く。

三陸沿岸の旅で聞いた津波体験

森本　孝

「宮古湾でのカキの養殖は明治四十年代に隣村の高浜の人が、山田湾でカキの種をもらってきて地先に蒔いたのが始まりだと聞いています。今のようにカキイカダにつるす方法は、昭和七年から始めました。磯鶏の漁業会で組合直営事業として開始しました。ところがその翌年が昭和八年三月の津波です。それで養殖イカダが全部流れて、組合事業としては断念し、組合員の中から希望者を募ったところ七名が手を上げた。この人たちで二十台のイカダで養殖を再開したんです。

津波にはその後もたびたびやられました。昭和三十五年の五月二十四日には前触れもなく津波が押し寄せてきて、施設は全滅です。総額十億円という被害でした。チリ津波地震で、地球の反対側からやってきた津波だというニュースを聞くまで訳がわかりませんでした。その三年後には南千島、カムチャツカ沖地震の津波、昭和四十三年五月には十勝沖地震、この津波は地震発生から三十分もしたら最初の津波が押し寄せるという随分せっかちな津波でした。合計十一波も押し寄せるというしつこい津波でもありました。養殖施設も港湾も船も大被害を受けたのですが、人の被害がなかったのが幸いでした」

平成二三年三月一一日、宮城県沖を震源とする地震が引き起こした津波が、東北地方の太平洋岸、中でも宮城県や岩手県沿岸の町や村の家々、漁船そして人々を呑みこんでいく様子の映像を息をのんで見つめながら思い出したのは、平成元年の五月、宮古湾岸沿いの磯鶏の神林に住む伊藤平五郎さん（明治三六年生まれ）に、カキ養殖の話を教わりに伺ったときに聞いたこの話だった。

「昭和八年の津波の時には学校へ行っていて助かったお婆さんが、この上の家にまだ住んでいるのよ」と聞いたのも、同じ旅で泊まった宮古市重茂《おもえ》半島姉吉の民宿のおばさんからだった。姉吉は明治二九年の津波では全一二戸が流出し、生存者は二人、昭和八年には再度全戸流出し、四人を除いて津波に呑まれた歴史がある。このため津波の到達点に「高き住居は児孫の和楽　想え惨禍の大津波　此処より下に家を建てるな　明治二九年にも昭和八年にも　津波は此処まで来て部落は全滅し生存者僅かに前に二人、後に四人のみ　幾歳

明治29年の重茂半島里の海嘯記念碑。50戸全滅、死亡者250名と記されている　撮影昭和53年10月

津浪を避け高台に建てられた両石の民家　昭和50年6月

経るとも要心あれ」と記した石碑を建てて戒めとした。戒めが功を奏し現在の集落は石碑より高い位置に建てられたので、今回の津波では漁港施設以外は被害がなかった。

昭和五〇年代に何度か三陸を旅し、多くの漁民の方々とお会いしたが、その誰もが問わず語りに自分の津波体験を語りだすのだった。それが彼らの人生で記憶に染み込んだ最大の体験であったからであろう。大船渡以北の綾里《りょうり》や両石、宮古湾の沿岸村落では、四メートルもの高い防潮堤が海と集落を隔てているのも、山中に建てられた重茂半島の漁村集落の景観も、度々の津波が作った景観だと納得がいった。

津波襲来から三か月後の六月下旬、青森県八戸市から宮城県気仙沼市までの沿岸を歩いてみた。被災地の被害実態は報道で誰もが知っているので、私が特記するまでのものはなく、万里の長城のごとき防潮堤を超えてきた津波が破壊した田老町の家々の瓦礫を重機やトラックが忙しげに片付けている様子などを見つつの旅となった。しかし重茂半島の音部漁港に立ち寄った時、村人たちが共同で、被災した施設の跡片付けや、次期の海藻養殖の準備に勤しむ光景や、その南の山田湾ではすでにカキのイカダが海に浮かんでもいる景観を見た時には、熱い思いも湧いた。家族や友人知人を失った悲しみを超えて、人々は立ち上がろうとしていた。それはかつて聞いた宮古湾のカキ養殖漁家の伊藤さんの話を髣髴とさせてくれた。

そして自然と真摯に向き合い、自然を生かし、自然に生かされてきた三陸沿岸の人々のたくましさを目の当たりにした気になった。この人々が、きっとまた三陸の新しい豊かな沿岸風景を創りだすことだろう。

釜石市両石の防潮堤。3.11の津波でこの防潮堤は破壊された。昭和50年6月

著者・写真撮影者略歴（掲載順）

宮本常一（みやもと　つねいち）
一九〇七年山口県周防大島の農家に生まれる。大阪府立天王寺師範学校卒。柳田國男の『旅と伝説』を手にしたことから民俗学への道を歩み始め、一九三九年に上京し、渋沢敬三の主宰するアチック・ミューゼアムに入る。戦前、戦後の日本の農山漁村を訪ね歩き、民衆の歴史や文化を膨大な記録、著書にまとめるだけでなく、地域の未来を拓くため住民たちと語りあい、その振興策を説いた。一九六五年武蔵野美術大学教授に就任。一九六六年、後進の育成のため近畿日本ツーリスト（株）・日本観光文化研究所を設立し、翌年より月刊雑誌「あるくみるきく」を発刊。一九八一年没。著書『忘れられた日本人』（岩波書店）、『日本の離島』、『宮本常一著作集』（共に未來社）など。

須藤　功（すとう　いさを）
一九三八年秋田県横手市生まれ。川口市立県陽高校卒。民俗学写真家。一九六六年より日本観光文化研究所所員となり、全国各地を歩き庶民の暮らしや祭り、民俗芸能の研究、写真撮影に当たる。日本地名研究所より第八回「風土研究賞」を受賞。著書に『西浦のまつり』（未來社）、『花祭りのむら』（福音館書店）、『写真ものがたり　昭和の暮らし』全一〇巻、『大絵馬ものがたり』全五巻（共に農文協）など。

相沢韶男（あいざわ　つぐお）
一九四三年茨城県水戸市に育つ。武蔵野美術大学建築学科卒。宮本常一の教えを受け、日本観光文化研究所に入り、福島県南会津郡下郷町の大内の保存運動にかかわる。武蔵野美術大学教授（民俗学）。著書に『大内のくらし一』『村への提案』『この宿場、残して！一』『瞬間の遺産一』（ゆいでく有限会社）がある。

内藤正敏（ないとう　まさとし）
一九三八年東京都生まれ。早稲田大学理工学部応用化学科卒。東北芸術工科大学大学院教授・東北文化研究センター研究員。著書に『東北の聖と賤』『鬼と修験のフォークロア』『江戸・王権のコスモロジー』『江戸・都市の中の異界』（以上、法政大学出版局）、『遠野物語の原風景』（筑摩書房）、『修験道の精神宇宙』（青弓社）、『日本のミイラ信仰』（法藏館）。写真集に『出羽三山』（新人物往来社）、『出羽三山と修験』（佼成出版社）、『遠野物語』（春秋社）、『婆・東北の民間信仰』（朝日ソノラマ）、『日本の写真家38・内藤正敏』（岩波書店）など。土門拳賞、日本写真協会年度賞など受賞。

岸本誠司（きしもと　せいじ）
一九七一年生まれ。兵庫県出身。近畿大学にて野本寛一に師事し民俗学を学ぶ。東北芸術工科大学東北文化研究センター専任講師。主な論文は「飛島の生業空間と土地利用―島嶼環境の畑作をめぐって」、「戦前期のレンゲ栽培からみた近江の農耕環境と施肥慣行」など。近年は地域資源のデジタルアーカイブスに関する実践的な研究を続ける。

須藤　護（すどう　まもる）
一九四五年千葉県生まれ。武蔵野美術大学建築学科卒。龍谷大学国際文化学部教授（民俗学）。著書に『暮らしの中の木器』（ぎょうせい）『東和町史各論編4―集落と住居』（東和町教育委員会）、『木の文化の形成―日本の山野利用と木器の文化』（未來社）などがある。

鈴木　清（すずき　きよし　現姓　福永）
一九五一年東京都生まれ。法政大学工学部建築学科卒。日本観光文化研究所で柳井、周防大島、御手洗、三原などの瀬戸内海沿岸や桧枝岐、山形村、宮古市などの東北地方の民家調査を行なった後、日本建築文化研究所、（株）歴史環境計画研究所に勤務。一九九〇年に独立し「民俗建築研究所」を設立。日本全国の古民家の保存・移築計画、施工を行ない現在に至る。

森本　孝（もりもと　たかし）
一九四五年大分県生まれ、北九州育ち。立命館大学法学部卒。日本観光文化研究所では漁村調査や『あるくみるきく』の編集を行なう。平成元年から平成二一年まで水産・漁村社会経済専門家として発展途上国の水産・漁村振興計画調査に従事。この間、水産大学校教員、周防大島文化交流センター参与等も務めた。著書・編著に『舟と港のある風景』（農文協）、『鶴見良行著作集フィールドノートⅠ・Ⅱ』（みすず書房）、『宮本常一写真図録Ⅰ・Ⅱ』（みずのわ出版）他がある。

本間又右衛門（ほんま　またえもん）
一九一七年山形県飛島生まれ。一九三九年に海軍主計兵として入団後、南海方面に転戦。終戦を舞鶴港で迎える。戦後は飛島で家業の旅館業を営みつつ、飛島旅館組合長、飛島漁協組合長、山形県下全漁協の合併後は山形県漁協支所長、監事等を務めた。一九八九年没。著書に『飛島―うつりかわる人と自然』、『飛島―あの日三五話』（本の会）がある。

監修者略歴

田村善次郎（たむら　ぜんじろう）

一九三四年、福岡県生まれ。一九五九年東京農業大学大学院農学研究科農業経済学専攻修士課程修了。一九八〇年武蔵野美術大学造形学部教授。武蔵野美術大学名誉教授。文化人類学・民俗学。

大学院時代より宮本常一氏の薫陶を受け、国内、海外のさまざまな民俗調査に従事。『宮本常一著作集』（未來社）の編集に当たる。著書に『ネパール周遊紀行』（武蔵野美術大学出版局）、『棚田の謎』（農文協）ほか。

宮本千晴（みやもと　ちはる）

一九三七年、宮本常一の長男として大阪府堺市鳳に生まれる。小・中・高校は常一の郷里周防大島で育つ。東京都立大学人文学部人文科学科卒。山岳部に在籍し、卒業後ネパールヒマラヤで探検の世界に目を開かれる。一九六六年より近畿日本ツーリスト・日本観光文化研究所（観文研）の事務局長兼『あるくみるきく』編集長として、所員の育成・指導に専念。

一九七九年江本嘉伸らと地平線会議設立。一九八二年観文研を辞して、向後元彦が取り組んでいた「（株）砂漠に緑を」に参加し、サウジアラビア・UAE・パキスタンなどをベースにマングローブについて学び、砂漠海岸での植林技術を開発する。一九九二年向後らとNGO「マングローブ植林行動計画」（ACTMANG）を設立し、サウジアラビアのマングローブ保護と修復、ベトナムの植林事業等に従事。現在も高齢登山を楽しむ。

あるくみるきく双書

宮本常一とあるいた昭和の日本 16 東北 3

2012年2月25日第1刷発行

監修者　田村善次郎・宮本千晴
編　者　森本　孝

発行所　社団法人　農山漁村文化協会
郵便番号　107－8668　東京都港区赤坂7丁目6番1号
電話　03（3585）1141（営業）　03（3585）1147（編集）
FAX　03（3585）3668
振替　00120（3）144478
URL　http://www.ruralnet.or.jp/

ISBN978－4－540－10216－5

Printed in Japan

印刷・製本　（株）東京印書館